U0507631

A STUDY OF MIGRANT WORKERS'
LANGUAGE URBANIZATION

农民工语言城市化研究

夏 历◎著

中国社会科学出版社

图书在版编目（CIP）数据

农民工语言城市化研究 / 夏历著 . —北京：中国社会科学出版社，2017. 3
ISBN 978 - 7 - 5203 - 0110 - 7

Ⅰ. ①农… Ⅱ. ①夏… Ⅲ. ①民工 - 言语 - 城市化 - 研究 - 中国 Ⅳ. ①H1

中国版本图书馆 CIP 数据核字（2017）第 056911 号

出 版 人 赵剑英
责任编辑 任 明
责任校对 冯英爽
责任印制 李寡寡

出 版 中国社会科学出版社
社 址 北京鼓楼西大街甲 158 号
邮 编 100720
网 址 http：//www. csspw. cn
发 行 部 010 - 84083685
门 市 部 010 - 84029450
经 销 新华书店及其他书店

印刷装订 北京市兴怀印刷厂
版 次 2017 年 3 月第 1 版
印 次 2017 年 3 月第 1 次印刷

开 本 710 × 1000 1/16
印 张 16
插 页 2
字 数 227 千字
定 价 68.00 元

凡购买中国社会科学出版社图书，如有质量问题请与本社营销中心联系调换
电话：010 - 84083683
版权所有 侵权必究

序

陈章太

　　近半个世纪以来，中国的社会、经济、文化等方面发生了巨大变化，作为社会交际工具的语言和民众的语言生活，也随之发生改变。在这样的社会背景下，关注语言变异现象，关注群体语言生活的变化，及时了解民众语言方面的新需求，制定合理有效的语言政策等成为现实之需，其具有重要的实用价值和社会意义。

　　尤其是改革开放以来，我国民众的语言生活发生了很多变化，也产生了很多新的社会语言问题，例如怎样切实维护公民语言权利，包括群体语言权和个体语言权，如少数民族群体、方言群体、残疾人群体、农民工群体、移民群体等学习、使用语言的权利，个人学习、使用语言的权利等，这些都是急需关注和研究的问题。

　　作者夏历2004年考入中国传媒大学，攻读应用语言学专业社会语言学方向的博士学位，我是她的指导教师。她入学时提交的科研设想就是关于农民工群体语言方面的，我当时就觉得她的选题很好，具有很强的研究价值。农民工群体应我国发展需要大量产生，从21世纪初开始以亿计，近十年间数量一直在两亿以上，这样一个带有深刻社会烙印并在全国总人口中占有很大比重的群体，十分值得研究。

　　当时关于农民工语言方面的研究还较少，我建议她深入农民工群体中实地观察和调查，摸清该群体的语言状况，为国家了解该群体的语言现状和制定相关语言政策提供参考依据。后来，她的博士论文《在京农民工语言状况》中的相关数据被呈现在《中国语言生活状况报告（2007）》的《农民工语言状况》一文中，并被多次引用，产生了一定的社会效应。

如今她的这本书将农民工群体"工"化阶段的语言状况和"市民"化阶段的语言文字需求结合在一起，初步架构起了农民工语言城市化的脉络，概括出了"一个变化趋势""两个发展阶段""三个推进层次"的语言城市化模式，对农民工的语言城市化问题进行了阶段性总结，这种对农民工语言城市化问题进行的历时性研究目前还不多见。

她在研究中也有学科理论方面的思考。例如较早关注到了言语社区的新变化，提出了精神层面的言语社区，是对"社区"提出者滕尼斯阐释的靠精神联结的社区的一种回归。从言语社区的角度和社会学学者一起打破了国内一段时间以来以地域、共有设施等划分社区的限制，是新时期农民工群体赋予言语社区的新内容，丰富了社会语言学的言语社区理论。本书概括出的农民工城市化三阶段模式和对"言语社区"理论的新思考、新阐释，都是本书的创新与价值所在。

当然，她的研究也存在不足之处。这本书只是初步、宏观地梳理了农民工语言城市化进程的脉络，但对于农民工语言城市化进程中更为具体、深入的分析还不够；书中对于农民工"工"化阶段的语言状况研究比较充实，而对于"市民"化阶段的语言研究还显薄弱，这部分的分析、论述还有待进一步充实与深化。

作为她的导师，对她十几年来坚持不懈地关注农民工群体的语言问题表示赞赏，她有研究的热情，也有学者的坚守，同时兼具人文情怀，她今天能结成这本书，真是令人欣慰！是以为序。

2016 年 10 月于北京寓所永春斋

目　　录

图表目录

绪　论

一　研究缘起

不同群体的语言状况、语言需求、语言问题等，尤其是特殊群体的语言生活，一直是社会语言学研究的重要内容之一。农民工群体应我国经济和城市化建设的需求而生，身份特别，数量庞大，是一个十分值得关注的特殊群体。

从现实变化看，农民工的语言生活随着农民工走出相对封闭的人际环境而发生了改变。农民工进城后由于生活和就业等需求，他们的语言经历着前所未有的变化，出现了许多新现象。最大的变化是普通话在农民工的语言生活中变得越来越重要，农民工无论是就业还是与人交流，都离不开普通话，这和他们在家乡时的情形大不相同。在家乡时，农民工也许只是在电视等媒体中听到过普通话，或是偶尔和陌生人交谈时说一点不标准的普通话，这些都说明农民工在外出务工之前，他们的语言生活基本上处于单语状态或是潜在双语状态，语言使用处于自发状态。

从研究需求看，进城务工后，农民工的语言生活逐渐丰富起来。以前普通话的积累被激活，很多农民工由纯粹的单语人或是潜在的双语人变成真正的双语人甚至是多语人。这期间包含着很多变化，首先是语言使用上的变化，进城以后，农民工同时使用普通话和家乡话两种语言变体，需要深入探讨农民工在什么语境下使用家乡话，在什么语境下使用普通话，普通话和家乡话在使用的场合上是否出现分离，在功能上是否有了不同的分工，影响农民工做出语言选择的因素有哪些；其次是农民工的语言能力也会发生变化，主要表现在普通话能力的提高上，不论这种提高对农民工来说是潜移默化实现还是自主进行，都是一个事实，而能力提高了多少，影响农民工普通话能力提高的社会因素有哪些？上述这些由于进城务工导致的语言上发生的改变以及引发的语言问题，需要进行专门探讨和研究。

而且农民工群体在城市务工之后，随着时间的推移，群体内部也产生了分化，有的农民工返回家乡，回归乡土生活；也有的选择一直留在城市，成了新市民。成为新市民的农民工，面临哪些新的语言问题，在语言文字方面有哪些需求，有哪些是伴随其身份转变需要的语言适应、语言调适等。这些语言文字方面的问题和需求也应该得到学界和管理部门的关注。因此，农民进城务工后，即开始了城市化之路，该群体的语言状况、语言问题和语言需求、语言责任、语言义务等都需要在实地调查研究的基础上，进行展示、发现，予以关注并得以有效解决。

从研究时机上看，改革开放以来农民进城务工这一现象已经出现三十多年了，如果说20世纪90年代研究这个群体的语言变化态势还不是十分成熟，主要是因为在此之前农民工的流动还没有形成如今的大潮涌动之势，其特点是"离乡不离土，进厂不进城"，因而语言上受到的冲击不是很大，语言的变化较小。90年代以后情况就不一样了。乡镇企业的吸纳能力下降，而基于城市建筑业和服务业的大发展，促使城市成为吸纳农民工的主要基地，外出打工的农民迅速拥向城市，跨地区、跨省市流动频繁起来，语言接触也随之频繁起来，农民工的语言变化有了一个动态的过程，语言问题显像化，这个时候进行梳理和总结是比较好的时机。而且经过三十几年的发展，农民工群体内部的分化趋势也日趋明朗，分化后产生的新型群体的语言生活、语言问题、语言需求等能够被很好地观察和关注。

二　研究意义

农民工群体作为数量庞大的特殊群体和弱势群体，对其进行关注、研究具有很强的现实意义和社会价值；同时，新兴群体在语言文字使用上的新特点、在语言生活上发生的一系列变化等也赋予了社会语言学学科很多新的内容，对其进行研究也具有较强的学科价值。

1. 现实意义

本书所选择的研究对象——农民工，是中国城市化进程的产物之一，是城市中的新移民，其语言问题也是城市语言研究的一部分。城市语言研究是新兴的社会语言热点问题，杨晋毅于1997年提出中国城市新兴工业区语言状态研究的设想，南京大学也于2003年倡导"城市语言调查"，已经连续多次举办了"城市语言调查专题报告会"和国际学术研讨会，组织了多次调查活动。

杨晋毅在对中国一些新兴工业区语言状态调查研究的基础上，提出城市语言调查研究的设想。他在《中国城市语言研究的若干思考》（2004）一文中指出："中国20世纪下半叶发生的工业化浪潮，是中国几千年历史上从未有过的最深刻的社会变革。中国开始由传统农业社会向现代工业社会、城市社会转变，中国的社会面貌、生活面貌和语言状态（普通话和家乡话的分布及使用情况）都因此发生了根本性的变化。进入21世纪，根据《中国统计年鉴2002》，2001年中国城镇人口已达到4.8064亿，占总人口的37.66%（1949年为0.576亿，占总人口的10.6%）。中国城市学专家和人口学家普遍认为，今后二十年将是中国城市化进程加速发展的阶段，2020年中国城市人口将达到8.5亿以上，占总人口的60%左右。在这一社会巨变中，中国城市出现了哪些特殊的语言现象？中国城市的语言发展有哪些特殊的规律？如何分析、把握和预测中国城市语言的发展与变革？这是摆在我们面前的亟待研究的重大课题。"

徐大明在《中国社会语言学的新发展》（2006）中谈道："城市语言调查采用社会调查的方法，集中研究城市语言特征及城市语言交际中的问题，是社会语言学研究领域中的一个新方向，是城市方言学与言语社区理论相结合的产物，是适应我国城市化发展进程的应用性社会语言学研究，也是将语言学研究引向针对现代社会的复杂多变的语言现实研究的重要途径。其理论意义为，从对语言使用的直接、实时的规模性观察中了解语言作为一个开放性动态系统的性质和运作机制。其社会现实意义为，提供城市语言状况信息、对城市化过程中产生的语言问题进行描写与分析，将其作为制定有关政策和解决实际问题时的科学依据。具体的研究课题可以包括城市方言与乡村方言、城市语言生活与乡村语言生活的类型性对比、城市言语社区的形成和发展机制，大、中、小城市语言形势及语言生活特征，城市化带来的公众语言交际的问题，城市非常住人口的语言状况及其影响，以及城市语言调查方法论方面的研究等。"

农民工群体语言状况的调查研究，是对城市语言调查研究的响应和拓展。事实上，实地考察农民工的语言使用状况、语言能力和语言态度，掌握和研究农民工的语言状况，以及农民工城市化过程中的语言需求、语言问题确实有着极为重要的现实意义。我国正处于经济大发展、社会大变动时期，这个时期产生的特殊社会群体语言状态的改变，必定带有深刻的社会烙印，反映着社会因素对语言的影响，抓住时机及时调查，描写和研究其语言面貌、语言城市化过程，必将有利于该群体的工作、生活和城市化过程。

2. 社会价值

沈立人在《中国弱势群体》一书中提到，2002 年"两会期间"的《政府工作报告》中首次出现（或是恢复）"弱势群体"字样，主要是四种人：下岗职工、"体制外"的人、进城农民工、较早退休的"体制内"人员。农民工是一个庞大的弱势群体，而且由农到工，农民工始终属于弱势群体的范畴。农民工从农村走向城市，用自己的辛勤劳动建设和美化着城市，身份和地位却处于低微的境地，经常被城里人看不起，被城里人嘲笑，在城市里生活不被认同，自己的辛勤劳动也经常得不到相应的回报，拖欠农民工工资的事情时有发生。有人指出，农民工进城之后，成为游离于城乡边缘的游民，不仅还是贫民，而且在城市里成为"贱民"。农民工长期处于城市社会的底层，不仅饱受经济上的不平等待遇，还要承受巨大的精神压力。在经济上，农民工被排斥在社会福利体制之外，公共的养老、医疗、教育与农民工无缘，中国的社会福利制度只属于市民。在职业选择方面，农民工由于受到户籍制度、城市管理政策的种种限制，即使是有技术、有文化、素质又好的农民工也只能从事市民不愿意干的 3D 工作

[Dirty（肮脏）、Dangerous（危险）、Demanding（急需）]。

国家语委原副主任、语用所所长陈章太研究员，2006 年 4 月 30 日在《中国教育报》发表的《我国当今语言生活的变化与问题》中谈到要关注农民工的语言问题："现在我们正遇到新产生的社会语言问题，还有尚未解决的问题。比如怎样进一步执行国家制定的语言平等重要政策，有效保护弱势语言和方言；切实维护公民语言权利，包括群体语言权和个体语言权，如少数民族群体、方言群体、残疾人群体、农民工群体、移民群体等学习、使用语言的权利，个人学习、使用语言的权利等。如今，我国正大力构建和谐社会，十分重视人权问题，强调以人为本，提倡人文关怀，在这种情态下，维护公民的语言权利显得尤为重要，如使用、学习母语和国家通用语言普通话的权利；怎样认真研究、总结前一时期我国的语言文字工作，完善和加强当今语言规划，有效加强语言文字规范化、标准化，不断增强语言功能与活力，使语言文字更加适应语言生活变化和社会发展的需要。"

目前，我们国家下大力气着重关注农民工的物质生活状况，出台各种政策切实解决农民工的实际问题，如农民工的医疗、子女教育等问题，但是对农民工的精神生活，尤其是对农民工语言文化生活的关注，还处于滞后状态；而且对于已经实现身份转变，成为城市一员的农民工，如何更好地融入城市语言氛围中，使其成为真正意义上的市民，也十分值得探讨。本研究关注农民工城市化后的语言状况，了解农民工的语言生活，深入分析不同层面农民工的语言需求，触及语言城市化过程中给农民工带来的语言障碍和语言问题，并对解决农民工在城市里遇到的语言问题给予切实有效的建议，会产生良好的社会效益。

3. 学科价值

一直以来，对农民工关注、研究较多的是社会学和经济学界的学者，他们关注和研究农民工群体本身，以及这一群体带来的各种社会问题，如农民工的社会地位、农民工的社会保障、社会福利、再教育和子女入学等。

语言学界对农民工语言问题的关注，不如社会学界对农民工社会问题关注得那样早、那样多，起步相对较晚。虽然农民工的语言问题已经受到政府部门和语言规划专家的重视，一些专家、学者在不同场合多次谈到要尽快对农民工的语言情况进行调查研究，一些科研单位和高校陆续开始立项进行农民工语言问题的研究，也有很多学者对农民工群体的语言问题进行了多方面的探讨，但是关于农民工语言生活、语言城市化问题等的研究和探讨还有很大空间。

对农民工群体语言状况、语言文字需求的调查研究将充实我国的社会语言学研究，将社会语言学的理论、方法等付诸我国特殊群体的实践研究，并在研究中促进社会语言学理论、方法的深化与发展。社会语言学研究的目标之一——结合我国语言生活的实际研究语言，本研究关注的对象和研究的内容正是经济大潮推动下，进城务工农民语言上发生的变异，以及影响他们语言变异的相关因素；而且在社会语言学的理论之一——透过语言共时的变异可以探寻历时的发展轨迹——的指导下，本研究正是通过对共时平面各种类型、不同情况农民工语言状况的调查研究，勾勒出农民工语言变化的一个动态过程。而且有社会学家提出农民工是中国正在形成的一个特殊阶层，其语言状况就更不容忽视，动态中的阶层语言是社会语言学研究中不可多得的第一手资料。因而，对农民工群体语言状况的客观描写，对其语言生活动态的关注和研究，都会给社会语言学学科的研究带来新的内容，会在一定程度上促进学科内容的丰富和理论体系的完善。

三 研究综述

本书研究的农民工语言城市化问题，涉及的相关研究文献资料包括关于农民工群体本身的研究，如该群体的界定、产生、发展、特点等；也包括农民工的语言研究、城市化和农民工的语言城市化研究，以及一些理论研究，如言语社区理论等。其中，关于农民工群体本身的内容和城市化的内容以及二者之间的关系，不仅仅是本研究的参考文献，很多内容和结论还是本研究的基础和立论的依据，因而，单独列章阐述。下文主要综述农民工语言的研究、农民工城市化的研究和言语社区理论的相关研究。

（一）关于农民工语言的研究

正如上文所述，一直以来，国内对农民工问题关注、研究较多的是社会学和经济学界的学者，语言学界对农民工语言问题的关注，虽不如社会学界对农民工社会问题关注得那样早、那样多，起步相对较晚，但是农民工的语言问题已经受到了政府部门和语言规划专家的重视，一些专家、学者在不同场合多次谈到要尽快对农民工的语言情况进行调查研究。如上文提到过的国家语委原副主任、语用所所长陈章太研究员在《我国当今语言生活的变化与问题》一文中谈到要关注农民工的语言问题。

其他一些学者，如教育部语言文字信息管理司原司长、现北京语言大学党委书记李宇明，曾在第四届全国社会语言学学术研讨会上，提到要尽快调查农民工的语言使用、语言态度等问题；2011 年在接受《中国社会科学报》的采访中，李宇明也强调要关注语言城市化进程中的语言问题，指出"城市化带来的许多语言问题，使我们要从政策和规划层面重新思考。我想首先要特别强调加强城市语言的培训与指导。农民的语言生活与市民的语言生活有很大差别。农民转变为市民（可称为'新市民'），不仅是身份的转变，其语言生活也需要相应转变，如对城市主体语言的学习与适应、词汇系统的更新、信息获取方式的更新、聊天习惯的变化，等等。这些变化常常需要专门指导，需要纳入城市建设规划"。

在这些专家和学者的倡导下，一些科研单位和高校开始立项进行农民工语言问题的研究，较早的如《中国语言生活状况报告（2007）》将"进城务工人员语言状况"作为一项专题内容；同期，国家语委也以"农民工语言状况调查研究"立项，选取北京、南京、广州（深圳）作为调查点，作为研究的一级工程；淮阴师范学院以"城市农民工语言状况研究"立项，以南京为调查点，着重研究南京市农民工的语言状况。

较早的以农民工语言作为研究对象的文章有谢晓明的《关注农民工的语言生活状况》（2006）、谢俊英的《进城务工人员语言状况调查与分析》（2006）、夏历的《农民工言语社区探索研究》（2007）。

谢晓明的研究选择武汉、长沙、广州、深圳和东莞五个城市展开调查，文章简单介绍了当前农民工的语言生活状况，以及由于语言障碍，使绝大多数农民工的生活面貌呈现出交际范围狭小，不能适应城市生活；工作渠道狭窄，工作环境闭塞；业余生活极为单调的状态。谢俊英文章中的进城务工人员指的就是农民工，文中指出采用进城务工一词是为了避讳"农民工"一词的歧视意味，通过对北京市建筑、住宿餐饮、美容美发、保安家政和速递服务五个行业进行取样，发现进城务工人员普通话水平和普通话程度均高于全国平均水平，农民工群体自身的特点有助于我国推广和普及普通话。谢晓明和谢俊英的两篇论文有很大的相同之处，二者都关注农民工的普通话情况，而且二者都对如何提高和改善农民工的普通话状况提出了意见和建议。夏历的文章在对北京市农民工语言状况调查研究的基础上，认为城市农民工结成了一个新的言语社区，这个言语社区和一直以来的言语社区的不同之处是：这个言语社区群体之间的链接以精神层面的认同为依托，与长期以来形成的以共同生活的区域、设施等为依托的社区有很大不同，是对社区精神的回归。

之后，关注农民工语言状况和语言问题的相关研究逐渐增多。如夏历的博士论文《在京农民工语言状况研究》（2007），比较全面地展示了在城市里务工的农民工群体的语言使用、语言能力、语言态度等方面的情况，并对比了农民工进城前后语言使用、意识等方面的变化，是较早地选择一个代表城市对农民工语言状况进行全面展示的研究。之后，该研究者也发表了关于农民工的一系列研究文章，如《言语社区理论的新思考——以在京农民工言语共同体为例》（2009）、《城市农民工的语言资源和语言问题》（2007）、《东北地区农民工语言状况调查研究》（2010）、《农民工市民化进程中的语言文字需求调查研究》（2015）、《新市民语言的城市化》（2015）等。这些研究既有通过实践探索，结合社会语言学学科核心理论之一言语社区理论的探讨，也有结合语言资源观对农民工已有语言资源方言的保护和合理利用的探讨，同时还对农民工群体中实现身份转变成为新市民的部分群体进行跟踪研究，关注了这一部分群体进一步语言城市化过程中的语言文字需求，思考了农民工群体的语言城市化过程。

刘玉屏也以浙江省义乌市为调查点进行了关于农民工语言的系列调查研究，如《义乌市农民工称谓语使用情况调查》（2008）、《农民工语言行为的社会文化解读——以浙江省义乌市为个案》（2008）、《农民工语言使用情况调查——以浙江省绍兴市为样本》（2008）、《农民工语言使用与语言态度调查——以浙江省义乌市为个案》（2009）、《农民工语言再社会化实证研究——以浙江省义乌市为个案》（2010）、《正在进行中的汉语方言接触实证研究——义乌市农民工使用义乌方言成分情况调查》（2010）等。刘玉屏关于浙江省义乌市农民工的个案研究，对农民工的语言使用、语言行为及其背后的社会文化心理等进行了较为深入的探讨，从社会学的角度对农民工的语言依赖、语言保持、语言趋同等进行了解读，并指出农民工进入城市以后，往往会经历一个语言再社会化的过程。这一过程比较突出的表现是语库的扩容、语码选择模式的变更、言语交际策略的调整和对打工地方言成分的援用。生活环境改变、交往对象复杂化和原有语库贫乏之间的矛盾所带来的语言交际困难是农民工语言再社会化的外部驱力，对城市生活的认同及留在城市生活的意愿是一部分农民工语言再社会化的内部驱动力。农民工的语言再社会化不仅增加了他们对城市生活环境的适应力，对于提升其文化素质、改善生活质量也具有积极意义。

其他一些农民工语言方面的研究，如高丽琴的《乌鲁木齐农民工语言调查研究》（2008）、王玲的《农民工语言认同与语言使用的关系及机制分析》（2010）、谢俊英的《城市化进程中的农民工语言问题》（2011）、樊中元的《广西农民工语言的实证研究》（2011）《农民工语言认同的实证研究》（2011）、付义荣的《也谈人口流动与普通话普及——以安徽无为县傅村进城农民工为例》（2010）《关于农民工语言研究的回顾与反思》（2012）《新生代农民工的语言使用与社会认同——兼与老一代农民工的比较分析》（2015）等，分别选择不同地区或不同角度，对农民工的语言使用、语言认同进行了深入研究，探讨了一些语言问题等，同样展示了农民工城市化之后面临的语言选择、语言变化及背后的动因等。

从已有的农民工语言方面的研究看，以某一个城市或是地区为调查点的个案居多，以语言状况客观描写方面的研究居多，而关于农民工语言总体状况的概括、发展趋势、相关演变规律的探讨还较少，缺乏规律的总结和理论的概括。以农民工语言城市化的过程为例，更多的探讨集中在语言变化的客观描述上，至于语言城市化过程的总体变化趋势、历经的阶段和需要实现的最终状态等缺乏总结和提炼，尤其是对于农民工实现身份转变之后的新市民语言方面的需求、作为新市民应承担的语言文字方面的责任等探讨较少。

本研究试图在已有研究的基础上，将农民工的整个城市化过程作为探讨的主要内容，将共时描写和历时趋势、实践展示和理论探索相结合，试图揭示农民工语言城市化的过程和影响农民工语言城市化的因素，并对农民工语言城市化过程中带来的新的学科内容和引发的新的语言应用方面的问题进行深入思考。

（二）关于农民工城市化的研究

国内外关于城市化的文章较多，这些文章探讨了什么是城市化、城市化的过程、城市化引发的相关问题及解决问题的对策等，这些都是本书探讨农民工语言城市化的基础文献，笔者在查阅、翻阅和阅读这方面文献的基础上，着重梳理了与本书探讨内容关系更为密切的农民工城市化的文章。

社会学界对农民工城市化问题探讨较多，通过检索发现较早探讨农民工城市化的文章有李永波的《互动视野中的青年农民工城市化进程》（1998），文章认为青年农民工在城市中的继续社会化过程就是城市化过程，并探讨了"互动"是青年农民工城市化的主要方式，同时指出阻碍青年农民工城市化的一些因素。戴荣珍的《论城市化进程中农民工再社会化》（2003）一文中明确了农村人口向城市转移是城市化进程中的必然现象，但这不是简单的人口迁移，而是一个再社会化过程。同时，文章也指出作为一个弱势群体，目前我国农民工的再社会化遇到了种种困难，并产生了严重的负面影响。文章也据此提出，为农民工的再社会化提供制度性与非制度性的安排，已成为我国城市化进程的中心课题。曾芳钰发表的《论城市化的本质与"农民工"终结》（2003）一文，指出"农民工"变"市民"是中国城市化的必然趋势；葛金田的《中国城市化进程中的农民工问题》（2004），同样指出城市化是中国经济社会发展的客观要求，农民工是城市化所需，同时也成了城市化过程中的敏感话题，就如何解决城市化过程中的农民工问题提出了一些意见和建议。胡艳辉的《论城市化进程中农民工的"三德"教育》（2004），较早地探讨了农民工城市化过程中的社会公德、职业道德、家庭美德问题，关注这"三德"中存在的问题和如何进行教育等。

2005 年之后，关于农民工城市化的问题探讨逐渐增多，王朝明的《城市化：农民工边缘性贫困的路径与治理分析》（2005）一文，探讨了治理农民工的边缘性贫困的问题，必须寻求社会政策体系的创新，结合中国城市化发展和农村剩余劳动力转移的对接需要，当前社会政策应着重从社会管理政策、社会福利政策和社会保障政策等方面改革调整。路幸福、方青在《城市化进程中的农民工社会保障问题》一文中探讨了城市化进程中农民工的社会保障问题，该文对农民工城市化过程中社会保障的现状、解决该问题的意义，在对现有政策进行反思的基础上提出解决该问题的意见和建议。其他如文博的《城市化与对农民工群体的歧视》（2005）、孙湛宁的《流行文化对青年农民工城市化历程的影响》（2005）、华平生的《再城市化：农民工子女教育问题研究——对上海市闵行区的案例调查》（2005）、肖娜的《农民工人力资本形成过程中投资主体行为分析》（2006）、林晓洁的《建立城市农民工社会求助制度探讨》（2006）、范晓雪的《中国农民工工资水平分析与发展趋势判断》（2006）、赵聚军的《果实并非如此诱人——从农民工内部诸群体的差异性看中国的城市化进程》（2006）《城市化：来自农民工群体的解读》（2006）、赵蓉的《我国城市化进程中失地农民工的角色转换问题研究》、肖云、林子琪的《农民工城市化影响因素及公共政策》（2006）等，分别对农民工城市化过程中面临的边缘化问题、子女教育问题、工资待遇问题、社会保障问题、精神生活层面的问题等进行了探讨。

　　之后，关于农民工城市化的探讨呈现平稳化发展的态势，到2010年前后又呈现激增的态势，关于农民工城市化的探讨又多了起来。这一次探讨的热潮更多的是集中于对农民工城市化进行阶段性梳理，探寻城市化进一步发展的走向、新生代农民工的城市化、农民工的市民化问题以及城市化的最终发展方向等。如杨悦的《城市化进程中农民工市民化问题的思考》（2010），吴华安、王崇举、石智雷的《基于城市容量的农民工深度城市化探析》（2010），张艳、殷灿彬的《新生代农民工的缺失对城市化进程造成影响的研究》（2010），周小刚、李丽清、李晓辉的《新生代农民工转型特征、"半城市化"困境和融入长效机制研究》（2011），付文心、赫宝祺的《中国城市化进程中的农民工市民化》（2011），毛哲山的《农民工城市化的历史发展阶段与趋势》（2011），吴华安、杨云彦的《中国农民工"半城市化"的成因、特征与趋势：一个综述》（2011），宋林、姚树洁的《我国农民工城市化问题阐析》（2011），赵荣霞的《新生代农民工城市化诉求之思考》（2011），王新、曹玉玲、王冬的《新生代农民工转移与城市化问题研究——以石家庄市新生代农民工转移情况为例》（2011），刘爱玉的《城市化过程中的农民工市民化问题》（2012）等。

　　关于农民工城市化的文章很多，这里只是进行了列举性的介绍。从这些研究的题目可以看出，目前关于农民工城市化方面的探讨更多的是从农民工城市化的过程、发展趋势、面临的问题等几个主要角度进行思考和探讨，以社会学、经济学视角探讨为主，而从文化角度探讨农民工城市化问题的文章比较少见。事实上，深入挖掘农民工城市化过程中的文化城市化过程，包括文化价值、文化转变、文化羁绊等也很有必要，文化层面的内容也是实现农民工城市化的制约因素之一，而且随着城市化程度的加深，文化的影响力和制约作用会越大、越明显。作为文化承载者的语言，既是文化传承、传播、文化解读等的有力工具，同时也是文化的一部分，这样的作用和身份，使语言城市化研究具有从文化角度关注农民工市民化切入点和媒介的意义和作用。因而，本书将着眼点放在语言城市化的研究上，试图揭示语言城市化的过程及影响因素，这其中也尝试探讨了农民工语言城市化发展的更高层面应是语言文明化、文艺化、文化化等，以及影响农民工语言深层城市化的文化牵绊等。

（三）言语社区理论研究

本书探讨的农民工是带有中国特色的一个庞大社会群体，而这个群体在语言上发生了很多变化，这些变化有相同的变化走向、有规律可循，这意味着这个庞大的社会群体在语言变化上表现出群体特征。本书试图将其语言变化与社会语言学界一直探讨的言语社区理论结合起来考察其群体言语社区性，因而，本书也梳理了关于言语社区的相关研究。

1. 关于"社区"

中文的"社区"一词是辗转翻译而来的，它经历了从德文的 Gemeinschaft 到英文的 community，然后到中文的"社区"。很多学者认为"社区"这一概念最早于 1887 年由滕尼斯明确提出。滕尼斯在《社区与社会》一书中，提出社区与社会这两个概念，主要是用它们来表征近代社会的整体变迁趋势。他认为从传统的乡村社会向现代的商业化社会过渡后，人际关系的特征以及社会整合方式发生了很大的变化，因此，他提出"社区"与"社会"这两个概念来分别表征人类共同生活的两种表现形式。"社区"主要存在于传统的乡村社会中，它是人与人之间关系密切、守望相助、富有人情味的社会团体，连接人们的是具有共同利益的血缘、感情和伦理团结纽带，人们基于情感动机形成了亲密无间、相互信任的关系。滕尼斯在提出与"社会"相对立的"社区"这一概念时，并没有明确提出社区的地域性特征，他更多的是强调人与人之间所形成的亲密关系和对社区强烈的归属感与认同感。因此，在滕尼斯的视野中，社区的含义十分广泛，不仅包括地域共同体，还包括血缘共同体和精神共同体，人与人之间形成的共同的文化意识以及亲密无间的关系是社区的精髓，所以 Gemeinschaft 一词译作"共同体"更贴近滕尼斯的本意。

从滕尼斯提出"社区"概念至今的 100 多年来，随着社会变迁和社会学学科的发展，社区研究逐渐引起了社会学家的关注，"社区"

的内涵也不断得到丰富。由于在不同国家、不同地域、不同文化以及不同的历史发展阶段中，社区研究有着不同的实践，因此学者们对于社区内涵和外延的界定出现了多元化的趋向，对于究竟何为社区，也就出现了众多的分歧性意见。我国大部分社会学学者则采取地域主义观点给社区下定义，认为社区是指由居住在某一地方的人们组成的多种社会关系和社会群体，从事多种社会活动所构成的区域生活共同体。当社区被界定为一个相对独立的地域性社会之后，与滕尼斯提出的 Gemeinschaft 所具有的丰富内涵相比，社区概念已经发生了一定的偏离。

　　可是随着社会的发展变化，网络群体以及一些靠情感联结的群体如农民工群体的出现，打破了靠地域限定社区的传统，这些群体具有社区的基本要素，在一定的区域内活动，有一定数量的人口，成员之间有共同的价值认同和心理认同，但是和以往社区不同的是这些群体没有物理意义上的地域边界，对这些群体来说，共同的价值和心理认同，在精神层面的联结是构成共同体的核心力量。如果说在地域性意义上使用社区这一概念是对滕尼斯社区概念的偏离，那么，精神社区的出现无疑是对滕尼斯所描述的理想的社区生活的一种回归，从某种意义上来说，是对滕尼斯概念的继承和超越。因而，社会学的学者指出，社区概念的界定出现了两种不同的取向：地域性社区和精神共同体。①

　　因而，社区可以分为区域性社区和非区域性社区（Territorial and Non-territorial Community）。区域性社区主要指的是具有相对明确的地理和空间范围的社区，这种社区以共同的居住地以及对周围财产的共同使用权为基础。非区域性社区则恰恰相反，它没有明确的地理和空间范围的限定，也不以共同的居住地及对周围财产的所有权为基础。非区域性社区强调的是人们相互之间的社会互动，强调人们之间的交往和联系，以及这种交往过程中所产生的感情和情操的联结（Rubin，

---

① 姜振华、胡鸿保：《社区概念发展的历程》，《中国青年政治学院学报》2004 年第 4 期。

1969；Wilkinson，1983；Lyon，1987；Cohen，1996）。还有人明确地把这种社区称为"精神社区"，"它只内含着为了一个共同目标而进行的合作和协调行动"，同"地点"没有关系。在这里，非区域性社区形成的基础是人们之间具有强度的互动（Schwab，1982；Schwirian，1974；Warren，1972）。①

2. 言语社区（speech community）

言语社区是在社区概念基础上衍生出来的语言学概念，是社会语言学研究的基本单位，关于这一概念及围绕其建立起来的理论，目前一直处于探讨甚至是争论的状态中。

Speech Community 有很多不同的称呼，语言社团、语言集团、言语共同体、言语社区等，目前国内使用较多的是言语社区。言语社区是语言学的首要研究对象，语言调查的基本单位，语言实践中都将言语社区作为研究的对象，因而，言语社区理论一旦全面、成熟地发展起来，必将成为社会语言学的核心理论，而且会在普通语言学理论中取得重要的地位。② 但是，言语社区理论直到今天还没有得到充分发展。目前，言语社区理论在社会语言学中的重要地位得到学者们的重新认识，国内外的很多学者都在重新思考言语社区理论的价值，以及如何丰富、充实、完善这一理论。

对于"言语社区"的认识和理解，经历了一个曲折的发展过程。许多学者涉足这一领域，他们或立足于自己的研究视角诠释这一概念，或否定这一单位存在的可能性和研究的必要性。无论怎样，直到今天言语社区的研究都是不充分的，就连被誉为社会语言学之父的拉波夫，对于纽约市下东区言语社区的经典研究，也被学者们指出研究不够充分。拉氏的研究，从研究对象、研究方法到研究结论，都遭到很多学者的质疑。

国外的莱昂斯（Lyons）、布龙菲尔德（Bloomfield）、甘柏兹（Gumperz）、海尔默（Hymes）、拉波夫（Labove）、米尔罗伊（Mil-

---

① 国务院研究室课题组：《中国农民工调研报告》，中国言实出版社 2006 年版，第 1 页。

② 徐大明：《言语社区理论》，《中国社会语言学》2004 年第 1 期。

roy）等人，都先后对言语社区进行过界定和不同程度的研究。莱昂斯简单地将言语社区定义为"使用某一特定语言（或方言）的全体人员"，这一定义易于理解，但过于宽泛，而且其内含的逻辑是一种语言对应一个社区，一个社区对应一种语言，这样就忽视了双语和多语社区，而且还会导致循环论证，用社区确定语言，用语言确定社区，究竟是社区第一性，还是言语第一性，让人无法理解言语社区的真实面貌。布龙菲尔德认为言语社区是借助言语相互影响的一组人员，霍凯特将言语社区定义为一种语言确定一种社区，社区成员直接或间接地通过共同语言交际。这两个定义也同样没有考虑到双语和多语现象，这就使言语社区仍然局限在单一言语社区之内。这显然和实际情况不符，而且布龙菲尔德定义中"相互影响"是个模糊概念，言语社区中的成员是怎样借助语言相互影响的，影响到何种程度才能形成一个言语社区呢？后来拉波夫提出，"言语社区不是通过语言使用所达成的一致意见来定义，而是通过共享行为规则定义的，这些行为规则可以体现在一些外显的评估性行为中，体现在抽象变异的统一，这种变异在特定的语言使用层面是不变的"。后来的一些学者也持同样的观点，以语言使用者对语言的评价及共识来定义言语社区。拉波夫等人的阐释将人们对言语社区的理解推进了一步，使人们对言语社区的理解不再停留在表面和外部，而是开始关注社区成员对语言使用的评价。但令人遗憾的是，拉氏的言语社区模型，仍然是局限在单语社区之内，而且拉氏的模型也过于理想化，没有考虑到言语社区的复杂性和层次性，这也是后来学者对其指责较多之处。甘柏兹认为言语社区是凭借共同使用的言语符号进行经常的有规则的交流，并依据语言上有实义的分歧而区别于非同类集团的人类聚合体。米尔罗伊通过自己的实地调查研究，提出了不同于已有的言语社区模型，米尔罗伊夫妇提出的社会网络理论，靠人们在社会网络中的关系的亲疏远近来确定言语社区，米尔罗伊的研究试图打破拉氏以来定量研究的范式，建立起定性和定量相结合的研究范式，在这一点上又将言语社区理论向前推进了一步。

国内的一些学者在借鉴国外学者研究成果的基础上，也曾就此问

题发表过自己的见解。如祝畹瑾在《社会语言学概论》中综合介绍
了拉波夫、甘柏兹等人的观点，得出一个结论："我们不能设想存在
明显的、稳定的共同体界限。从这个意义上看，言语共同体可以说是
研究者提出的构想。"徐大明等在《当代社会语言学》中也介绍了甘
柏兹、拉波夫等有代表性的观点，并在此基础上提出"自然交际集合
体"的概念，认为言语社区是根据语言行为和语言态度的差别而区分
的自然交际集合体，这个定义既考虑了语言的外部因素，又考虑了语
言的内部使用者的因素，而且还考虑到了言语社区的多元性。郑海
翠、张迈曾等人也曾对言语社区的界定，几种主要的言语社区研究模
型——宏观言语社区研究、微观言语社区研究、宏观和微观相结合的
言语社区研究，以及言语社区的发展历程做了介绍和评论，试图探索
言语社区及社会语言学研究的发展趋势。

　　徐大明在后来的研究中将其对言语社区的研究继续深化、量化，
在他最近发表的《言语社区理论》一文中，重申言语社区理论的重
要性，强调言语社区在整个社会语言学中的核心地位，及其对普通语
言学发展的推动作用，在梳理、总结前人研究的基础上结合自己的观
点提出确定言语社区的一些原则和有效的测量指标。

　　本研究试图在已有农民工语言状况、语言问题以及农民工语言城
市化等相关研究的基础上，将农民工的语言和城市化结合起来，在客
观调查研究的基础上，从共时和历时两个层面，客观描写农民工语言
城市化的结果和存在的需求；同时，梳理农民工语言城市化的过程和
城市化过程中面临的阻力、引发和需要解决的问题等。在此过程中，
也试图论证农民工城市化过程中结成动态言语社区，这是本次研究的
理论设想，也是语言学和社会学交织、碰撞之后可能产生的新内容。

四　研究思路

　　本研究首先阐释了农民工和城市化的相关内容，如农民工的界
定、产生、发展、特点等，城市化的缘起、发展过程、存在的问题
等，这些是本书研究该群体语言城市化的基础。其次，将农民工的语
言城市化分为两个阶段，第一阶段是农民进城成为工人，揭示了这一

阶段该群体在语言上发生的变化和面临的一些语言问题；第二阶段是农民工进一步转化为市民，揭示了该群体在迈向新市民的过程中，在语言文字方面的需求或是需要以及在语言文字方面需要承担的一些责任。最后，对农民工语言城市化的总体变化趋势、发展的过程、影响因素、引发的问题等进行梳理、总结和思考。下文对语言城市化的两个阶段调查研究的思路和过程进行简单展示。

1. 第一阶段

这一阶段在实地调查研究的基础上，从共时平面对农民工的现实语言状况进行客观描写，包括农民工进城务工后语言使用上的情况，在工作、生活、公共域等的语言使用情况；农民工具备的语言能力，如普通话的水平、用普通话与人交流的能力等；对语言生活的态度，包括对自身语言能力的期待、对子女语言学习和语言保持的态度等。

同时，也通过访谈和调查问卷了解了农民工在家乡时的语言使用和语言能力等情况，将其和务工之后的情况进行了对比分析，对比出农民工务工前后语言使用、语言能力和语言态度上发生的变化。

研究过程中选取了性别、年龄、职业、受教育程度、学习普通话的起始时间、打工时间、流动取向等多个变量，先通过单因素方差检验筛选出有效影响因素，然后用多变量相关性检验作进一步的筛选，最后得出影响农民工语言使用、语言能力、语言态度的真正因素。

这一阶段的研究建立在几个假设的基础上：（1）农民工在城市里使用两种语言变体——普通话和方言，而且两种语言变体在使用功能上产生分化，普通话主要用于工作领域和正式场合，而方言主要用于生活领域和非正式场合；（2）外出务工前后农民工的语言能力有很大改观，工作和生活的客观需要增加了农民工对普通话的使用频率，普通话的能力得到提高，同时方言的使用受到抑制；（3）一些社会、心理因素等会影响城市农民工的语言状况，尤其是年龄、打工时间、流动取向等带有明显群体特色的一些因素会起到很大作用；（4）进城后，农民工形成一个同质性很强的大群体，他们在语言实践上具有相似性，在语言态度上具有一致性，具备了形成一个新的言语共同体（社区）的基础。

2. 第二阶段

在这一阶段，本书缩小研究范围，把农民工群体中实现身份转变已经成为市民或是打算一直留在城市里的部分作为新的关注对象。

这一部分农民工在家乡话和普通话的使用分工上，语言变化的趋势等方面与其他的农民工没有本质的区别，在普通话和家乡话的使用频率、普通话的水平等方面要高于一般的农民工，属于农民工中的佼佼者。

其中，更为重要的是这一部分农民工在市民化过程中，面临着一些新的语言文字方面的需求和要承担身份转变带来的一些语言责任和义务等。因此，本书的第二阶段主要探讨了农民工市民化过程中的语言需求、语言适应、语言责任等问题。采取直接的询问访谈以及间接的参与观察等方式，对农民工的语言文字需求进行了深入了解，试图全面揭示其需求，揭示出该群体的一些带有共性的需求和一小部分人的个性化需求；同时，将这些研究结论作为基础，探讨如何对实现了和想实现身份转变的农民工群体的语言城市化的管理，提出语言城市化管理的意见和建议。

五　研究方法

本书的研究是在一些宏观、指导性方法的理念下开展的，具体采用了观察法、访谈法、问卷调查法等。

1. 指导性的研究方法

（1）定性和定量相结合的方法

将定性认识和定量分析结合起来，是本研究的基本方法。由于定性认识具有局限性和相对性，定量研究离不开定性的假设，故在定性认识的基础上，必须对事物进行定量认识，也只有这样才能获得清晰、准确、普遍的认识。本书正是在定性研究的基础上，建立假设，并通过定量的研究对所提出的假设进行验证，二者相辅相成。

（2）描写与解释相结合的方法

描写是对客观事实的一种真实再现，而解释是揭示隐藏在客观事实背后的更深层的原因。本书首先对农民工的语言状况进行了描写，试图展现农民工整体语言状况的共时面貌，在此基础上对农民工在城市时语言状况的共时变异做出进一步的分析、解释，以图揭示出引起农民工在城市时语言使用、语言能力等变异的深层原因。"描写充分、解释充分"始终是本书追求的最终目标，也是本书贯彻始终的研究理念。

（3）从共时的现状展示中揭示历时的发展动态

"用现在解释过去""透过共时看历时"是社会语言学之父拉波夫提出的用共时的变异寻求语言历史发展轨迹的一种方法。在拉波夫提出这一观点之前，很多学者尤其是历史语言学家认为，语言学中很多悬而未决的问题往往是因为缺乏足够的证据，在缺乏可以直接观察到的语言事实的情况下，学者们只能根据某些残存的历史文献来推测过去的语言状况和曾经发生过的变化。这样追根溯源会受到历史遗留的限制，同时也会导致争论不休。拉波夫指出与其抱残守缺，莫衷一是，在证据不足的情况下争论不休，不如到现实世界去搜集新的证据。拉波夫采用透过共时看历时的方法，研究了英语元音在数个方言中正在进行的变化，用充足的实验性证据解决了一系列困扰历史语言学家的难题，对很多问题都提供了令人信服的原理性的解释以及针对有关历史事实的具体解释。① 本书采用拉氏的这种研究方法，通过对共时层面不同年龄段、不同打工时间、不同普通话学习起始时间的农民工语言状况上的差异，寻求农民工语言状况的历时变化轨迹，并最终找出起主要作用的影响因素。

2. 具体的研究方法

（1）观察法

本书首先采用观察法对农民工的语言使用等情况进行了参与程度不等的观察。本书通过观察的方式、方法了解农民工语言实践情况，

---

① 徐大明等：《当代社会语言学》，中国社会科学出版社 1997 年版，第 156 页。

如农民工在工作域、生活域、公共域的语言实际使用情况。

（2）问卷调查法

调查设计：本次语言城市化第一阶段主要采用问卷的形式进行。问卷主要围绕在城市农民工的语言使用、语言能力、语言态度三个项目设置题项，每个题项的选项设置多使用程度量表的形式，便于后面的统计分析，变量选择了"性别、年龄、职业、文化程度、经济收入、婚姻状况、打工时间、居住方式、流动取向、交往对象、媒介接触、普通话学习的起始时间、对自身普通话能力的期望"等。

取样方式：此次调查采用的是非随机取样法。由于农民工属于流动人口，总体很难确定，使用随机抽样的方法不可行，而且本研究是要基本摸清在城市农民工的语言状况，分析影响农民工语言状况的相关因素，不涉及推算总体，适宜采用非随机调查法，具体使用"判断取样"和"滚雪球取样"两种方法。

"判断取样"是通过调查者对调查对象的判断，决定抽取样本的范围、数量和实施的方法，这是社会语言学常用的研究方法。本次调查确定的样本量在400—600，主要在北京市①的朝阳区和海淀区两个区提取；从五个职业，即建筑工人、餐饮服务人员、美容美发人员、小生意人、工厂工人中抽取，对其他职业也进行了一些取样。

"滚雪球抽样"是米尔罗依（Milroy）在调查英国贝尔法斯特市工人居住区的语音变异时采用的抽样方法，这一方法的特点是以少数对象为出发点，像滚雪球一样越滚越多，这种方法很适合对农民工语言相关内容的调查，因为农民工一般都以亲缘关系或地缘关系聚集在

---

①　此次研究选定在北京市的农民工作为研究的对象，主要是考虑到选取调查点的典型性和代表性。吸收外来农业人口能力较强的几个省区是广东、江苏、浙江、山东、湖北、福建，上海与北京这两个超大规模直辖市也有很强的吸纳能力，所以选择一个城市作为调查地，北京不失为一种有代表性的选择。北京是我们国家的首都，是普通话氛围最浓郁的地区，来到北京的外地人员会很深切地感受到北京浓烈的普通话氛围，对农民工的语言会有更大的触动，语言上的变化会更加清晰，更容易捕捉，在这一点上，北京具有很强的典型性和代表性。

一起。

调查遵循的原则：真实性原则。使调查所获得的内容尽可能反映城市农民工真实的语言状况，是调查遵循的总原则。首先，在问卷的说明里要求被调查者如实回答问题，调查员也会在调查开始之前，强调调查的研究性质和不记名情况，再次要求被调查者如实回答问题，在调查过程中，如果遇到被调查者觉得不必和不愿回答的问题，不强求其回答，避免出现乱填或是影响下面问题作答的情况。其次，为确保调查的真实性，还需要坚持以下三个原则。

易操作原则。针对在城市农民工群体文化程度普遍不高的情况，调查所涉及的问题尽可能简洁明了，而且问题的回答，除个人背景信息里来源地一项需要填写外，其他问题完全采用在已有选项上打钩的形式，这样虽给问卷设计带来难度，但是在具体的调查中，会提高调查质量，也会节省调查时间。

自愿配合原则。调查者向被调查者说明所要调查的内容和目的后，不愿意配合调查和对调查有顾虑的人员，调查者不强求其配合。预调查显示，欣然接受调查和对调查没有顾虑、疑虑的人员，能较真实反映自身的语言情况。

复查性原则。对于每一份调查问卷，被调查者填好之后，调查者要对其所答问卷进行复查，防止出现漏答和错答情况。一旦发现漏答的情况，调查者应当及时要求被调查者补上所漏答之问题，保证问卷的完整性和可采用性，同时还要对其中的一些明显与事实不符的回答进行询问，防止出现乱填情况。也有一些特殊的情况，看起来虽和一般的情况有所不符，如再度询问后，被调查者确认所回答的结果，这样可认定被调查者的回答是符合个人自身的真实情况的。

调查的过程：本研究中的问卷调查在三次调查的基础上完成，即一次探索性调查、一次预调查和一次正式调查，三次调查共取得样本822个，最终分析时主要采用第三次正式调查取得的样本，样本量为680个。样本构成的详细信息见表1和表2。

表 1　　　　　　　　　　　　**正式调查样本背景信息表 a**

背景信息		样本数（总计 680 人）	比例（%）
性别	男	386	56.8
	女	294	43.2
年龄	20 岁以下	174	25.6
	21—30 岁	268	39.4
	31—40 岁	152	22.4
	40 岁以上	86	12.6
文化程度	小学及以下	68	10.0
	初中	408	60.0
	高中及以上	204	30.0
职业	美容美发、导购人员	142	20.9
	餐饮服务人员	114	16.8
	小生意人	148	21.8
	建筑工人	132	19.4
	工厂工人	96	14.1
	其他（保安、小保姆、清洁工等）	48	7.0
经济收入	1000 元以下	376	55.6
	1000—2000 元	230	34.0
	2000 元以上	70	10.4

表 2　　　　　　　　　　　　**正式调查样本背景信息表 b**

背景信息		样本数（总计 680 人）	比例（%）
打工时间	0—3 年	250	36.76
	3—6 年	200	29.41
	6—9 年	100	14.71
	9—12 年	72	10.59
	12 年以上	58	8.53
居住方式	家人亲戚	334	49.26
	老乡	144	21.24
	其他地方来的人	108	15.93
	自己单住	92	13.57

续表

背景信息		样本数（总计680人）	比例（%）
交往对象	老乡	330	48.53
	其他地方来的人	315	46.32
	北京人	35	5.15
流动取向	希望一直待下去	258	37.94
	一段时间	120	17.65
	说不清	302	44.41

调查结果的分析：此次数据的分析，主要是使用 SPSS 软件包。SPSS 是 Statistical Package for Social Sciences 的缩写，即社会科学统计分析软件包。这个软件包是一个功能强大、不断升级完善的数据处理软件包，是当今世界上公认和流行的综合统计分析软件包，负有"世界优秀统计工具"的盛名。本研究采用这个软件包，对所取得的数据进行综合分析，以期得出真实、有效的结论。研究过程中还使用了 Microsoft Excel 软件，Excel 是专门用来处理表格的软件，本研究的很多数据和分析的结果都是在 Excel 软件里生成表格。

本书主要运用的统计方法包括"均值比较""方差分析"（ANO-VA）和"多元线性回归分析"。"均值"（平均值、平均数），表示某变量所有取值的集中趋势或平均能力；"方差分析"也可以叫方差检验，是一种分析变量也可以说是检验变量显著效应的方法，统计上用"F"值表示差异的大小，"P"表示差异的显著能力，"P"值越小表示下此结论时错误的概率越小，统计学上设定的错误概率在 5% 之内，即当 $P < 0.05$ 时，得出的结论具有统计学上的意义。"多元线性回归"是自变量两个及两个以上时，用于检验自变量是否影响因变量，并根据已知的自变量来预测因变量。

（3）访谈法

本书在研究中还采用了访谈法。本书的访谈法，一种情况是农民工语言城市化第一阶段语言"工"化阶段的调查中用来配合问卷调查用的，分为简单访谈和深度访谈两种情况。简单访谈是大量取样之前对情况进行摸底时采用，深度访谈用于对调查中发现的问题进一步求证。

　　另一种情况是农民工语言城市化第二阶段语言"市民"化阶段的调查中大量使用，主要采用访谈法对已经市民化的农民工和有市民化倾向的农民工的语言文字需求进行了实地了解。主要是采用结构性访谈和随意访谈两种方式进行。对一些语言问题如普通话的需求情况，访谈之前进行了设计，按照设计的问题进行询问；而对于一些语言文字方面的需求通过闲聊捕捉到、采用顺势进行访谈的方式获得，如对于新词新语、文字输入等的需求情况的了解。

第一章　农民工和我国的城市化

农民工古已有之，可是农民工一词如此频繁出现在人们面前，却是近十几年的事情。一看到这个词语，人们眼前浮现的是在建筑工地上奔忙的建筑工人，在饭馆里穿梭的服务员，维护城市清洁卫生的清洁工，怀里抱着孩子的小保姆，这些都是人们对农民工感性的，甚至是带有偏见性质的一种认识。事实上，农民工这个中国社会经济转轨期、转型期应运而生的群体，有其特殊、深刻、丰富的内涵。

第一节　农民工

一　农民工的界定

农民工是我国二元经济体制下的产物，处于农民向工人的过渡形式，兼有农民和工人的双重身份。农民工，是指在经济社会发展进程中，农村的富余劳动力，从离土到离乡，逐步转移到城镇和非农产业，以适应工业化、市场化和城市化的时代需求，实行职业变迁和地域流动，成为城市产业后备军并已开始就业，但是还未完成改换其双重社会身份和进入城市核心的一种处于过渡状态的、具有良好前景的新生巨大群体。[①]

"农民工"是我国经济转型时期的特殊概念，是指户籍身份还是农民、有承包土地，但主要从事非农产业、以工资为主要收入来源的人员。狭义的农民工，一般指跨地区外出进城务工人员。广义的农民

---

① 沈立人：《中国农民工》，民主与建设出版社 2005 年版，第 57 页。

工，既包括跨地区外出进城务工人员，也包括在县域内第二、第三产业就业的农村劳动力。[①][②]

对于农民工的实质可以从以下几个层面认识和理解。一是职业，农民工从事非农职业，或者以非农工作作为主要职业，也就是说，他们的绝大部分劳动时间花在非农活动上，他们的收入也主要来自非农活动。二是制度身份，尽管他们是非农从业者，但他们的户籍身份还是农民，与具有非农户籍身份的人有着明显的身份差别。三是地域，即他们来自农村，是农村人口。

二　农民工的历史

农民从农村流向城市，可以上溯到近代，而起源则更早。据考证，在以"洋务运动"为代表的晚清工业化初期，梁启超主办的《时务报》就有记载："中国工人伙多，有用之不竭之势。……上海如此，他处尤为便宜，盖该口工价已较内地丰厚。致远方男女来谋食者日繁有徒，虽离家不计也。"估计，20世纪30年代初，离乡进城的农民工至少有1500万人，成为马克思所说的产业后备军，初具规模了。[③]但是农民工大量进城，形成大规模的"民工潮"还是近十几年的事情。

事实上，真正意义上的农民工，是伴随着我国工业化、城镇化和改革开放的进程而产生和不断发展的。新中国成立初期，适应快速推进工业化的需要，国家采取了让农村居民向城市自由迁移的政策，大量农村居民进入城市转为工人和城市居民。但这一时期，农业生产力没有相应提高，城市就业机会没有相应增加，城市食品供应出现短缺。以1958年颁布的《中华人民共和国户口登记条例》为标志，我国采取了严格控制农村人口向城市迁移的政策，由此形成了城乡分割的二元体制。从20世纪50年代后期至70年代后期，我国城市化基

①　国务院研究室课题组：《中国农民工调研报告》，中国言实出版社2006年版，第1页。

②　本次调查研究的范围，主要是跨地区外出进城务工人员，即狭义的农民工。

③　吕新雨：《"民工潮"的问题意识》，《读书》2003年第10期。

本处于停滞状态，农村也丧失了快速发展的机会，农民生活能力普遍低下。到1978年，全国仍有2.5亿人口没有解决温饱问题，也与此有一定的关系。

党的十一届三中全会以后，农村实行土地家庭承包经营，极大地解放和发展了农业生产力，农产品和农业劳动力出现剩余，乡镇企业异军突起，大量农民离开土地进入乡镇企业就业，开创了"离土不离乡"的农村劳动力转移就业模式。据统计，1983—1988年，乡镇企业共吸纳农村劳动力6300万人。1984年，中国社会科学院的《社会学通讯》中首次出现"农民工"一词，随后这一称谓逐渐被广泛使用。20世纪80年代后期，随着对外开放和城市改革的深入，东部沿海地区经济快速发展，对劳动力提出了旺盛的需求。在这种情况下，国家适时调整限制政策，准许农民在不改变身份、不改变城市供给制度的前提下进城务工就业，呈现出农村劳动力"离土又离乡"的新模式。据调查，1989年，农村外出务工劳动力由改革开放初期的不到200万人迅速增加到3000万人。大量跨地区流动就业的农民工春节返乡致使"春运"紧张，每年"春运"都形成蔚为壮观的"民工潮"。

1992年邓小平南方谈话发表后，我国经济发展进入了新一轮增长期，农民外出务工就业也出现了新的高潮。据调查，1993年全国农民工达到6200万多人，比1989年增加了3200万多人；其中跨省流动的约为2200万人，比1989年翻了一番多。90年代中后期，城市就业面临农民进城务工就业、城镇新增劳动力就业、下岗失业人员再就业"三峰叠加"的严峻形势，一些城市对用人单位招用农民工采取了限制性措施，全国农民工数量增长放缓，一些地方出现农民工短期回流。进入21世纪，特别是党的十六大以来，国家为了统筹城乡发展，解决农民增收难的问题，对农民外出务工采取了积极引导的政策。2003年和2004年国务院办公厅连续两次发出通知，要求各级政府切实改善农民进城就业环境，做好管理和服务工作，农民外出务工又进入了一个新的发展时期。

目前我国农民工总量有多少？2004年时，国家统计局在全国31

个省（区、市）对 6.8 万个农村住户和 7100 多个行政村抽样调查，推算出当年外出就业农民工约为 1.18 亿人，占农村劳动力的23.8%。农业部根据对 1 万个农户的跟踪调查，推算出外出农民工约为 1 亿人，占农村劳动力的21%。劳动和社会保障部根据对全国地级以上城市（不含县级市和县域）流入农民工的统计，推算出农民工约为 9000 万人。经过对上述三个部门的数据和统计方法进行分析，综合有关部门和专家的意见，可以推算出，在 2004 年的时候，我国外出农民工数量为 1.2 亿人左右；如果加上在本地乡镇企业就业的农村劳动力，农民工总数大约为 2 亿人。

到 2009 年，据国家统计局公布的数据，全国农民工总量为 2.3 亿人，外出农民工数量为 1.5 亿人。从 2010 年开始，农民工的增速已连续 4 年出现下滑，2015 年上半年农民工增速同比增长仅1%，不过是既有趋势的延续和加深；2015 年初国家统计局公布的国民经济运行情况显示，2014 年 16—60 周岁的劳动年龄人口比上年末减少371 万人，我国劳动年龄人口连续第 3 年出现绝对数量下降。[①] 虽然农民工的人数处于变动中，但是这个群体的数量在近十年间一直是数以亿计，达到 2 亿以上，确实是一个非常庞大的群体。

三　农民工的特点

农民工群体经历了 30 年的不断发展变化，由最初的第一代农民工逐步又发展出第二代农民工，也称新生代农民工，还有一些逐步脱离了农民工队伍，逐渐过渡成为新市民等，在这个过程中，农民工群体的特点也在发生着变化。在这里首先展示的是第一代农民工的特点，而发展变化之后的第二代农民工和新市民的特点等将在农民工的发展部分详细展开。根据 2004 年国务院研究室课题组出版的《中国农民工调研报告》的概括，第一代农民工有以下 6 个特点：

1. 以初中文化的青壮年为主。据统计，2004 年，全国农民工中

---

① 朱昌俊：《农民工数量增速"四连滑"的危与机》，新华网 http://news. xinhuanet. com/mrdx/2015.08/04/c_ 134477573. htm. 2015 年 8 月 4 日访问。

16—30 岁的占 61%，31—40 岁的占 23%，41 岁以上的占 16%；农民工的平均年龄为 28.6 岁，男性农民工的平均年龄高于女性农民工的平均年龄；初中文化程度的占 66%，接受过各种技能培训的占近 24%。可以看出，外出农民工平均年龄处于比较年轻的状态，也是农村劳动力中受教育程度比较高的群体。他们思想活跃，向往城市生活，有强烈的外出就业冲动，也较为容易适应现代工业生产要求，但是总体素质仍然偏低，多数只能吃"青春饭"，从事简单的体力劳动。

2. 以自发性外出为主。目前，农民外出务工，主要依托以亲缘、地缘关系为基础建立起来的社会信息网络。据调查，88% 的农民工通过自发方式外出，有组织外出的仅占 12%。自发性外出主要靠亲友介绍或帮带，就业成本低且成功率高，这也与农民工获得就业信息的渠道少，对社会职业中介机构诚信的认同感低有关。近年来，通过政府或中介机构组织和介绍外出就业的农民工逐步增多，但这仍然不是主要渠道。

3. 以来自中西部地区为主。2004 年，中部地区外出农民工 4728 万人，占全国农民工总量的 40%；西部地区外出农民工 3161 万人，占 26.7%。安徽、江西、河南、湖北、湖南、广西、重庆、四川、贵州 9 省（市）跨省流动的农民工，占本省（市）农民工总量的 60% 以上，占全国跨省流动农民工总量的 81%。四川、河南两省农村外出务工劳动力均超过了 1000 万人。安徽、江西、湖北、重庆、四川 5 个省（市）的外出务工农民，占农村劳动力数量的 30% 以上。

4. 以制造业、建筑业和服务业就业为主。2004 年，农民工在制造业就业的占 30.3%，在建筑业就业的占 22.9%，在社会服务业就业的占 10.4%，在住宿餐饮业就业的占 6.7%，在批发零售业就业的占 4.6%。但在不同地区，农民工就业的主要行业有所不同。在东部地区制造业的比重最大，占 37.9%；在中部和西部地区建筑业的比重最大，分别为 30.1% 和 37%。

5. 以到东部地区和大中城市就业为主。东部地区和大中城市就业容量大、收入高，吸引了大量农民工。2004 年跨区域流动的农民工占 76%，其中跨省流动的占 51%，在省内县外的占 25%。跨省流动的农民工到北京、天津、上海、浙江、江苏、广东、福建 7 个省市的占 82%，到大中城市务工的农民工超过 60%。跨区域流动的农民工，在直辖市的占 9.6%，约 1140 万人；在省会城市的占 18.5%，约 2190 万人；在地级市的占 34.3%，约 4060 万人；在县级市的占 20.5%，约 2420 万人；在建制镇的占 11.4%，约 1350 万人。

6. 以在城乡间双向流动为主。我国农村劳动力转移就业限于城乡分治的户籍制度，主要特点是职业与身份相分离，城乡之间双向流动，即所谓的"亦工亦农、亦城亦乡"。这种"候鸟式"的流动有两种形式：一是"钟摆式"，以年为周期在城乡和地区之间流动。二是"兼业式"，以农业生产季节为周期，利用农闲时间外出打工。2004年，季节性外出打工的人数约占农民工总量的 20%。[1]

四　农民工的发展

改革开放至今三十几年的人口流动显示，我国的城乡分割的局面正在很大程度地被打破，城乡结构也在慢慢发生着实质性的改变，农民工群体也由一个同质性较强的大群体逐渐分化成不同性质、不同生存状态、不同阶层的小群体。其中，比较突出的两个群体分别为"第二代农民工"和"新市民"，而二者之间也有着交错的关系，很多第二代农民工成了真正意义上的新市民。

（一）第二代农民工

所谓的"第二代农民工"主要指八〇后和九〇后的农村劳动力，也叫"新生代农民工"。他们与以往的劳动力有所不同，受教育和文化程度比较高，从学校毕业后直接进城打工，对农业、农村、农民等并不熟悉。同时，他们又渴望融入城市，享受现代城市的文明。

2010 年 1 月 31 日，国务院发布的 2010 年中央一号文件《关于加大统筹城乡发展力度 进一步夯实农业农村发展基础的若干意见》中，

---

[1]　国务院研究室课题组：《中国农民工调研报告》，中国言实出版社 2006 年版，第 2—6 页。

首次使用了"第二代农民工"的提法，并要求采取有针对性的措施，着力解决新生代农民工问题，让新生代农民工市民化。为了全面和准确地掌握新生代农民工的状况，国家统计局在常规的农民工监测调查的基础上，于2010年在10个省进行了新生代农民工专项调查，采用电话访问的方式了解新生代农民工在外的工作、生活状况、主观满意度和城市融入等方面的信息。

1. 新生代农民工的数量和结构

新生代农民工的数量达到8487万人，占外出农民工总数的58.4%。根据2009年对全国31个省的农民工监测调查，在所有外出农民工中，新生代农民工即1980年之后出生的外出农民工的比例超过了一半，占到58.4%。按照2009年外出从业6个月及以上的外出农民工数量为14533万人来推算，新生代农民工的数量已经达到8487万人。

与农村从业劳动力相比，外出农民工的年龄构成更加年轻。在农村从业劳动力中，16—29岁、30—39岁、40—49岁和50岁以上的比例分别为26.4%、19%、25.3%和29.3%；而在外出农民工中，16—29岁、30—39岁、40—49岁和50岁以上的比例分别为58.4%、23.8%、13.1%和4.7%。也就是说，1980年之后出生的农村从业劳动力占全部农村从业劳动力的26.4%，但是1980年之后出生的外出农民工已经占全部外出农民工的58.4%，使得新生代农民工成为外出农民工的主体部分。

新生代农民工之所以逐渐成为外出农民工的主体，这主要是由于在进行就业选择时，较为年轻的农村劳动力选择外出从业的倾向明显更高。不同年龄段的农村劳动力的主要就业选择不同，以20—29岁和40—49岁这两个年龄组的农村劳动力为例进行对比，20—29岁年龄组的农村劳动力选择从事本地务农、本地非农活动和外出从业的比例分别为37.6%、13.2%和49.3%，而40—49岁年龄组的农村劳动力选择从事本地务农、本地非农活动和外出从业的比例分别为67.2%、21.1%和11.7%。

从输出地看，东部地区外出农民工中新生代农民工的比例为

57.5%，中部和西部地区中新生代农民工的比例分别为 61.2% 和 56.3%。可以看出，中部地区外出农民工中新生代农民工所占的比例最高，超过了 60%。这主要是由于在中部地区 1980 年之后出生的农村劳动力更愿意选择外出从业所导致的。就新生代农民工这一群体本身而言，来自东部地区、中部地区、西部地区的比例分别为 31.4%、38.2% 和 30.4%。

从输入地看，分别在东部地区、中部地区和西部地区务工的外出农民工中，新生代农民工的比例分别占到 61.4%、54.7% 和 49.8%。就新生代农民工这一群体本身而言，在东部地区、中部地区、西部地区务工的比例分别为 72.3%、12.9% 和 14.4%。与上一代农民工相比，新生代农民工更倾向在东部地区务工。

在全部农村从业劳动力中，女性的比例为 46.8%；而在全部外出农民工中，女性的比例仅为 34.9%。而且，女性的比例与外出农民工的年龄高度相关。分年龄段看，随着外出农民工年龄的增加，女性的比例逐渐降低。在较为年轻的外出农民工中，男女比例较为均衡，16—20 岁的外出农民工中女性的比例基本上接近 50%。但是，当外出农民工的年龄超过 40 岁时，女性的比例已经降到约 25%。总的来说，新生代农民工中女性的比例达到 40.8%，而上一代农民工中女性的比例仅为 26.9%。

新生代农民工主要是一个未婚群体。主要由于年龄的关系，约 70% 的新生代农民工还没有结婚。在新生代农民工中，1980 年之后且 1990 年之前出生的已婚比例为 33.8%，1990 年之后出生的已婚比例仅为 1.6%。这意味着，大部分新生代农民工群体要在外出务工期间解决从恋爱、结婚、生育到子女上学等一系列人生重要问题，需要受到更多政策上的关注。

新生代农民工的受教育程度较高。外出农民工的受教育程度高于农村从业劳动力的平均水平。同时，在全部外出农民工中，新生代农民工的受教育程度更高。特别是中专和大专及以上文化程度的比例，新生代农民工明显高于上一代农民工。新生代农民工中文化程度为"中专""大专及以上"的比例分别达到 9% 和 6.4%，而上一代农民工中相应的比例仅为 2.1% 和 1.4%。从平均受教育年限看，新生代农民工的平均受教育年限为 9.8 年，而上一代农民工的平均受教育年限仅为 8.8 年。

从参加职业培训的比例看，新生代农民工参加职业培训的比例为 30.4%，而上一代农民工参加职业培训的比例为 26.5%。

2. 新生代农民工外出从业的特点

新生代农民工基本不懂农业生产，目前还"亦工亦农"兼业的比例很低。从外出从业的时间看，新生代农民工 2009 年平均外出从业时间已经达到 9.9 个月。与上一代农民工相比，新生代农民工还"亦工亦农"兼业的比例很低。上一代农民工在 2009 年除外出从业之外，还从事了农业生产活动的比例为 29.5%；而新生代农民工的比例仅为 10%。换句话说，在 2009 年 90% 的新生代农民工没有从事过一天的农业生产活动。

而且从农业劳动技能的角度看，新生代农民工大多没有从事农业生产活动的经验和技能，60% 的新生代农民工缺乏基本的农业生产知识和技能，其中更有 24% 的新生代农民工从来就没有干过农活，完全不会。因此，即使经济形势波动，就业形势恶化，新生代农民工也很少会返乡务农。新生代农民工脱离农业生产和向城市流动已经成为一个不可逆转的过程。

新生代农民工从业主要集中在制造业，从事建筑业的比例较低。与上一代农民工主要集中在制造业和建筑业的情况不同，新生代农民工主要集中在制造业。具体来说，上一代农民工从事制造业和建筑业的比例分别为 31.5% 和 27.8%，而新生代农民工从事制造业的比例上升到 44.4%，从事建筑业的比例仅为 9.8%。同时，新生代农民工在住宿餐饮业、居民服务和其他服务业等服务行业的比重有所上升，与上一代农民工相比，比重分别提高了 3.3 个和 1.4 个百分点。这说明新生代农民工在选择行业时，不仅看重岗位的工资水平，也很看重企业提供的工作环境和职业前景。与上一代农民工相比，新生代农民工更倾向于选择较体面、较安全和有发展前景的工作岗位。

新生代农民工外出从业的劳动强度较大，仍然是吃苦耐劳的一代。新生代农民工平均每月工作 26 天，每天工作 9 个小时，与其他年龄段农民工的劳动强度并没有显著差异。在新生代农民工中，平均每天工作 8 小时的比例为 52.4%，平均每天工作 9—10 个小时的比例为 38.8%，另外有 6.4% 的新生代农民工平均每天需要工作 11—12 个小时。与上一代农民工一样，新生代农民工工作勤奋，仍然是吃苦耐劳的一代。

新生代农民工跨省外出的比例更高，并且更倾向于在大中城市务工。与上一代农民工相比，新生代农民工跨省外出的比例更高。在上一代农民工中，2009 年跨省外出的比例为 46.8%；而在新生代农民工中，2009 年跨省外出的比例达到 53.7%。而且，新生代农民工更愿意在大中城市务工。在新生代农民工中，选择在地级及以上城市务工的比例为 67.4%，而在上一代农民工中，相应的比例仅为 57.5%。

新生代农民工初次外出的年龄更加年轻。在 2009 年外出农民工中，初次外出的年龄平均为 26 岁，其中新生代农民工初次外出的年龄平均为 20.6 岁，而上一代农民工初次外出的年龄平均为 33.7 岁。在新生代农民工中，1980 年之后且 1990 年之前出生的初次外出的年龄平均为 21.1 岁，1990 年之后出生的初次外出的年龄平均为 17.2 岁，这意味着很多的新生代农民工一离开初中或高中的校门就走上了外出务工的道路。

新生代农民工的收入水平相对较低。2009 年外出农民工的平均月收入为 1417 元，其中新生代农民工的平均月收入水平为 1328 元，上一代农民工的平均月收入为 1543 元。如果按照月收入进行分组，在新生代农民工中，月收入水平在 800 元以下、800—1000 元、1000—1200 元、1200—1500 元、1500—2000 元和 2000 元以上的比例分别为 8.6%、13.4%、21.6%、21.1%、22.5% 和 12.8%。

虽然与上一代农民工相比，新生代农民工的文化程度和参加职业培训的比例都更高，但是新生代农民工的月收入水平明显要低于上一代的农民工。其中主要的原因是新生代农民工外出工作的年限较短，积累的工作经验较少。可见，在农民工的工资决定中，工作经验起着更为重要的作用，技能的增长主要通过干中学和提高熟练程度来实现。

新生代农民工在外的平均消费倾向较高。与上一代农民工一样，新生代农民工也具有较强的家庭责任感。不过，新生代农民工寄回带回的钱相对较少。2009 年新生代农民工平均寄回带回的金额为 5564元，占外出从业总收入的 37.2%；而上一代农民工平均寄回带回的金额为 8218 元，占外出从业总收入的 51.1%。按照月收入水平对外出农民工进行分组，我们发现对于每一个收入组，新生代农民工寄回带回的金额都要明显少于上一代农民工，这表明与上一代农民工相比，新生代农民工在外的平均消费倾向会要更高一些。

3. 新生代农民工面临的主要问题

合同签订率低、部分岗位缺乏有效的防护措施、社会保障参保率低等权益保障的缺失是新生代农民工就业面临的突出问题。在新生代农民工中，有 54.4% 的新生代农民工没有与单位或雇主签订劳动合同。而在上一代农民工中，没有与单位或雇主签订劳动合同的比例为61.6%。在新生代农民工所从事的工作中，有 32% 的岗位不需要安全防护措施。但是，在需要防护措施的工作岗位上，防护措施较为齐全的仅占 35%，有一些防护措施的占到 53%，而完全没有防护措施的比例为 12%。

如果遇到劳动纠纷，新生代农民工倾向于通过"劳资双方协商""法律途径"和"政府"来解决问题。最倾向于通过"劳资双方协商"来解决劳动纠纷的新生代农民工占 39.9%，倾向于通过"法律途径"和"政府"来解决劳动纠纷的新生代农民工分别占 25.1% 和 19.8%。可以看到，新生代农民工更倾向于依靠自己和法律途径来解决问题。

总体来说，新生代农民工参加社会保障的比例很低，与其他年龄段的外出农民工参加社会保障的情况没有显著差异。从全国看，单位或雇主为新生代农民工缴纳了养老保险、工伤保险、医疗保险和失业保险的比例分别为 7.6%、21.8%、12.9% 和 4.1%。

部分新生代农民工有较大的工作压力、对收入的满意度较低。由于平时工作的强度比较大，约一半的新生代农民工需要经常加班，使部分新生代农民工承受了较大的工作压力。感觉"工作压力很大"

和"工作压力较大"的新生代农民工的比例分别占到 7.2% 和 28.1%。也就是说，超过 1/3 的新生代农民工感到有较大的工作压力。

相较于工作环境，新生代农民工对于当前收入水平的满意度更低。对于当前的工作环境，感到"不太满意"和"很不满意"的新生代农民工的比例分别占到 24.1% 和 1.4%。而对于当前的收入水平，感到"不太满意"和"很不满意"的新生代农民工的比例分别占到 41.3% 和 3.3%。也就是说，有接近一半的新生代农民工对于当前的收入水平不满意。

实际上，这在很大程度上反映了新生代农民工本身知识技能的现实水平与新生代农民工对自身职业发展的较高预期之间的矛盾。调查显示，大部分新生代农民工都有明确的职业发展目标，比较看重自己未来的发展。对于职业发展目标，有 25.8% 的新生代农民工选择"掌握专业技术，有一技傍身"，还有 26.3% 的新生代农民工选择"自主创业当老板"。因此，政府加强对新生代农民工的职业技能培训，不仅能满足劳动力市场对技术工人的需求，也能解决新生代农民工自身的职业发展和收入问题。

在身份认同上处于"农民"和"市民"之间的尴尬境地，缺乏幸福感，新生代农民工的精神健康和心理疏导问题需要引起重视。在身份认同上，新生代农民工处于"农民"和"市民"之间的尴尬境地。新生代农民工对于"自己是老家的人"这一说法"非常同意"和"比较同意"的比例分别为 46.3% 和 41.6%；对于"自己是农民"这一说法"非常同意"和"比较同意"的比例分别为 23% 和 45.5%；对于"自己是城里人"这一说法"非常同意"和"比较同意"的比例分别为 4.3% 和 18.5%。从城市融入的角度看，这显示出大部分的新生代农民工并不认为自己是城里人，在身份认同上更倾向于自己是"老家的人"甚至是"农民"。

但是，在选择"如果要比较生活状况，您会和什么人比"时，新生代农民工选择：城市居民、城里的农民工、农村的亲戚、老家村里的人、老家乡里的人、老家县里的人和说不清的比例分别为 23.4%、

23.6%、6.8%、19.3%、6.7%、3.6%和16.7%。可以看到，在选择生活的参照系时，新生代农民工明显地更倾向于与城里人相比较。这意味着，当新生代农民工感受到与城市人群生活和地位有差距时，逆反心理和苦闷情绪会更加强烈。

总体而言，新生代农民工缺乏幸福感。感到"比较幸福"和"非常幸福"的新生代农民工的比例分别只有30.6%和5%，而感到"很不幸福"和"不太幸福"的新生代农民工的比例达到3.2%和7.7%。也就是说，存在10.9%的新生代农民工感觉很不幸福或不太幸福，他们的心理疏导和精神健康问题需要引起企业和相关政府部门足够的重视。

近一半的新生代农民工有在城市定居的打算，但是收入太低和住房问题是制约新生代农民工在城市定居最主要的困难和障碍。在未来的打算上，接近一半的新生代农民工有在城市定居的打算。"坚决不回农村"的新生代农民工占到8.1%，"尽量留在城市，实在不行再回农村"的占到37%。从婚姻状况看，未婚的新生代农民工打算将来在城市定居的比例更高。从性别看，新生代农民工中女性在城市定居的愿望更为强烈。在未婚的女性新生代农民工中，"坚决不回农村"和"尽量留在城市，实在不行再回农村"的比例上升到12.5%和40.4%。

但是，从现实的角度看，新生代农民工要想在城市定居下来还存在诸多困难。调查结果显示，新生代农民工群体认为，在城市定居下来的最主要的困难和障碍依次是"收入太低""住房问题""社会保障不完善""老人无法照料"以及"子女教育问题"等。

67.2%的新生代农民工认为"收入太低"是制约在城市定居的重要困难和障碍，63.2%的新生代农民工认为"住房问题"是制约在城市定居的重要困难和障碍。可见，收入问题和住房问题是目前新生代农民工在城市定居下来所面临的最大困难和障碍。同时，认为"子女教育问题""老人无法照料""社会保障不完善""地位不平等""没有归宿感，难以融入城市生活"是制约在城市定居的重要困难和障碍的比例分别为 16%、20.1%、24%、7.8% 和 13.5%。[①]

（二）新市民

在 20 世纪 80 年代中期至 90 年代进城的农民工，是改革开放后第一代"离土"的农村劳动力，他们作为一个群体并没有真正从农民中分离出来，真正进入城市产业工人和市民社会的行列。从生存的根基看，他们一般将外出打工视为暂时性的挣钱谋生和致富的渠道，绝大多数人没有割断自己与农村承包耕地的"脐带"，而是将农村和耕地作为"退可谋生"的底线；从生活方式看，他们当中的绝大多数人属于生产型或分配型转移的劳动力，而非消费型的转移劳动力，他们的生活追求和消费方式是满足于温饱而非享受，满足于基本的物质需求而非高层次的精神享受；从文化观念看，他们总体上更像农民而非市民，他们自身的素质、劳动条件和生存环境使他们很难做到从家乡"连根拔起"，义无反顾地与家乡告别。因此，他们实际上的社会角色是城乡"两栖"的边缘人群。

随着中国城市化进程的推进，国家各项有利于农民工在城市务工、生活的相关政策的出台，加之农民工群体自身工作能力的提高，对城市氛围的相对适应，尤其是受过较好教育的新生代农民工的出现，使得一些农民工可以有选择地从事一些职业，也能通过自己的辛勤劳动获得更多的收益，这些农民工慢慢变成了业主，有的是自己雇用自己，有的是雇用一些人为自己工作。这两种情况的农民工和改革开放初期陷入社会经济地位边缘化的境地、处于城市社会的最底层或属于城市社会阶层之外的边缘性群体的性质截然不同，这两个群体，因其收入水平较高、居住条件较好、社会地位较高，比较容易完成市民化过程，并有可能跻身于城市中上阶层，于是就出现了一个由农民工群体转化而来的"新市民"群体。

关于"新市民"，目前还没有明确而统一的认识。有研究者认为对于新市民的理解有多种说法。从社会学意义上，新市民又有四种不同的理解：（1）城市人口的自然增长；（2）随着城市辐射功能的扩

---

① 以上关于第二代农民工的数据和分析来源于中华人民共和国国家统计局网站（www. stats. gov. cn），2011 年 3 月 11 日访问。

大而使城市郊区农村人口转化为城市人口；（3）因到城市求学而在城市工作的人口；（4）农村剩余劳动力产生的农村进城务工人员。①

聂洪辉在《社会学视野中的城市化新市民》一文中，在对"失地农民"这一称谓不当分析的基础上，明确提出"应该把城市化过程中离开了土地和农业生产活动，居住地变成了城市，户口改为了城镇户口，开始从事非农产业的那些居民称为新市民。之所以叫他们新市民，是因为他们的价值观、工作方式和生活方式等还保留着农村传统文化的一些特点，他们正处于转变成市民的过程之中。简单地说，他们还是不合格的城市居民，还没有转变成现代意义上的市民"②。这种新市民称谓的界定是建立在农民工对原有农民特征的保留，还不是严格意义上的市民角度。

还有的学者认为所谓"新市民"，就是在建设和谐社会中，比原来的市民具备更高的素质、更好的精神面貌的市民，这一定义，是相对于原来的旧市民而言，更加强调了市民的素质方面。也有的学者认为新市民就是指城市当中的外来移民，只要是非本城市的不管是政府官员、商人、学者、学生还是打工者都统称为新市民，这一定义，主要是从外延上来界定新市民的，它定义的范围更广，但是属于此范围的人群，如政府官员、学者、学生等，由于其自身的素质水平和社会的认同，能很快地融入所在的城市，城市也愿意接纳他们，他们和进城务工的农民有着很大的区别。③

还有的学者提出准市民的概念，朱力在《准市民的身份定位》一文中，对城市中的农民工进行了深入的分析，认为"从职业上说，他们已不再是从事农业生产的农民，而是在城市从事第二、第三产业的工人；从身份上看，他们户口仍然留在农村，仍然是农民。这批人在城市生活了几年，甚至十几年，但仍然是无根的特殊市民，我们将其

---

① 邱永明：《新市民文明行为及教育研究》，硕士学位论文，华东师范大学，2010 年。

② 聂洪辉：《社会学视野中的城市化新市民》，《桂海论丛》2004 年第 5 期。

③ 任占弟：《和谐社会建构中的新市民培育》，硕士学位论文，南京师范大学，2007 年。

称之为准市民"①。

事实上，对于新市民而言，需要两个立脚点，一是"市民"，二是"新"。从这两个角度出发，上面的学者把农民工笼统地称为"新市民"的界定不够准确，而有的学者笼统地将所有的外来移民都称为"新市民"也不妥当，有的移民只是城市里的过客，如一些学生、一些准备打两年工就回老家的农民工等。因而，新市民应该是既满足市民条件又满足新来状态的群体。就本文探讨的对象而言，现阶段可以确定的一点是，有一些农民工确实从农民工这个大的群体分离出来，成为真正意义上的新市民（如取得户籍身份，或是已在城市买房定居者）或是准新市民（如有强烈居留城市意愿的新生代农民工）。②

目前，人们越来越多地将目光聚焦在市民化状态中的农民工身上，他们将彻底脱离农民工的身份，不再是双重的身份，实现并将最终完成身份的转变。而且，农民工市民化是农民工职业转化、地域转移、身份转变与农民工的行为方式转变和新市民价值观的形成等"多位一体"目标的实现过程，具体内容如下所述。

1. 职业转化目标

包括行业转移和工种转移，是实现农民工社会流动和地位提升，并融入城市社会的关键。行业转移主要是指进城农民工在社会服务业、工业、建筑业、个体工商业和技术服务等行业之间进行职业转换。工种转移指农民工转移前后所从事的工作是不同行业的不同工作或同一行业的不同工种。在工种转移中，按照职业的专业技术程度、劳动强度、职位等级、收入高低等因素进行判断，大多数农民工通过职业转移实现了向上层社会的流动。因此，不同行业之间的转移，或同一行业不同工种的转换，提升了农民工职业的转换能力，提升了农民工的经济社会地位，为进入城市并融合城市奠定基础。

2. 地域转移目标

主要指农民工生活和居住场所由农村社区转变为城市社区。因为

---

① 朱力：《准市民的身份定位》，《南京大学学报》2000年第6期。

② 关于农民工和新市民的关系问题，本书第三章还会进行针对性的探讨和厘清。

农村和城市的社会环境截然不同。农村地域广阔、人口密度低、经济结构单一、生活水平较低、社会组织简单、生活方式比较单调。而城市人口的高聚集性、社会的多元性、生活方式的现代性、文化的多元性，从而使城市与乡村之间形成了鲜明的对比。实现地域的永久性转移，就意味着农民工要舍弃过去接受的一套社会规范和价值标准，重新学习城市社会所要求的社会规范和行为方式，并按照新的社会文化改变自己的思想情感、心理、行为，并得到新的认同的过程。地域转移，要求农民工在城市有稳定的就业和收入，有固定的居住场所，能够安居乐业，能够真正享受城市化和现代化所带来的文明成果，生活质量得到提高。这是其市民化的基本条件和显性目标。

3. 身份转变目标

即农民工从农村户口转变为城市户口，从而在身份上获得作为与城市居民相同的合法身份和社会权利的过程，如居留权、选举权、受教育权、劳动与社会保障权等。其最明显的标志就是农民工能够获得所在城市的城市户口，拥有城市公民所享有的市民资格和相关权益，并依此身份分享城市公共福利，成为真正意义上的市民。

4. 价值观念和行为方式的转变目标

现代城市社会的一个重要特征就是初级关系的消解和传统习俗的式微，契约关系成为社会关系的基础。农民工市民化过程中农民工的生活观念、行为方式无疑要受到所迁居城市现代文化的影响，打破传统的以血缘或地缘为纽带、以信任为基础、人际关系简单的传统习俗和行为规则，取而代之的是以一套相应的法律规范和人文观念为其社会体系和价值系统，并以一种健全的、理性的现代城市文化来改造农民工的生活方式、规范他们的社会活动、调适他们的人格心理，从而实现由政治社会向市民社会、礼俗社会向法治社会、人身依附关系向契约关系的转变，从而真正实现由传统的乡村社会的农民向现代城市社会的市民的转变。这种转变将构成农民工市民化的最高评判标准，因而也将成为农民工市民化的终极目标。[①]

---

① 王竹林：《农民工市民化目标设计与路径探析》，《商业研究》2010 年第 4 期。

　　以上四个方面的转变相互关联、共同作用，使农民工在市民化的进程中实现了人的现代化。可以看出，目前农民工还处于市民化的过程中，还没有实现上述四种情况的真正转化，职业和地域层面转移实现的较多，正如上文分析，很多农民工已经脱离了底层职业状态，可以选择性就业，可以雇用自己或是他人进行从业，地域方面的脱离程度也较之以前彻底了很多，在城市里定居下来，不再做"候鸟式"的迁徙，也不再过"钟摆式"的生活；身份转变层面也在自身和国家政策的双向推动下逐渐实现，越来越多的农民工在城市里拥有了自己的住房，子女也在城市里上学，享有过国家提供的医疗保险、社会保险等社会保障，但也有很多现实问题没有解决，还未能实现真正意义上的身份转变，尤其是价值观念和行为方式的转变，还处于起步阶段，这一点在下文中会进一步解析。

第二节　城市化

一　关于城市化

　　城市化又称城镇化（Urbanization）、都市化，是指人口向城镇聚集、城镇规模扩大以及由此引起一系列经济社会变化的过程，其实质是经济结构、社会结构和空间结构的变迁。从经济结构变迁看，城镇化过程也就是农业活动逐步向非农业活动转化和产业结构升级的过程；从社会结构变迁看，城镇化是农村人口逐步转变为城镇人口以及城镇文化、生活方式和价值观念向农村扩散的过程。从空间结构变迁看，城镇化是各种生产要素和产业活动向城镇地区聚集以及聚集后的再分散过程。①

　　早在原始社会向奴隶社会转变的时期，就出现了城市。但是，在相当长的历史时期中，城市的发展和城市人口的增加极其缓慢。直到1800年，全世界的城市人口只占总人口的3%。只是到了近代，随着

---

　　① 百度百科 http://baike.baidu.com/。

产业革命的发展，机器大工业和社会化大生产的出现，资本主义生产方式的产生和发展，才涌现出许多新兴的工业城市和商业城市，使得城市人口迅速增长，城市人口比例不断上升。1800—1950 年，地球上的总人口增加了 1.6 倍，而城市人口却增加了 23 倍。在美国，1780—1840 年的 60 年间，城市人口占总人口比例仅从 2.7% 上升到8.5%。1870 年美国开始工业革命时，城市人口所占的比例不过20%，而到了 1920 年，其比例骤然上升到 51.4%。从整个世界看，1900 年城市人口所占比例为 13.6%，1950 年为 28.2%，1960 年为33%，1970 年为 38.6%，1980 年为 41.3%。所以，城市化过程是随着现代工业的出现、资本主义的产生而开始的。

城市化程度是一个国家经济发展，特别是工业生产发展的一个重要标志。由于自然条件、地理环境、总人口数量的差异和社会经济发展的不平衡，各国城市化的水平和速度相差很大。经济发达的工业化国家的城市化程度要远远高于经济比较落后的农业国家。1980 年，发达国家和地区的城市人口的比例平均为 70.9%，其中，美国为77%，日本为 78.3%，联邦德国为 84.7%，英国为 90.8%，加拿大为 75.5%。而发展中国家的城市人口比例平均为 30.1%，其中不少国家低于 20%。

城市化是生产力发展到一定阶段的必然产物，是近代工业化的直接结果。18 世纪 60 年代工业革命开始后的一个多世纪，是都市化过程迅速发展的时期。这一过程在许多发展中国家至今仍在继续。这个过程有以下几个特点：社区中生产活动的结构发生变化，农业生产活动所占的比重逐步降低乃至消失；与此相应，社区居民中的农业人口逐步减少乃至消失，市镇人口占总人口的比重逐渐增大；社会生活向都市化状态转变，都市生活方式向其他领域扩展，人际间的血缘、亲缘关系削弱，业缘关系强化。

此外，都市文明向农村社区的扩散及其带来的相应变化——农村社区在行为方式、价值观念等方面逐步趋近都市，这也应视为都市化范畴的一个方面。衡量一个国家或地区都市化水平最常用的指标是都市人口占总人口的比重。市镇人口占全国或地区总人口的比重达到

70% 以上为都市化高度发展状态；达到 40% 以上为都市化中等发展状态；达到 20% 以上为一般发展状态；在 20% 以下则为都市化低水平状态。

从城市化的发展阶段看，还出现了二次城市化。二次城市化是指在世界范围内，已高度城市化的国家和地区，在世界范围内的人口流动进行再次城市化，形成世界新的经济、社会可持续中心，为二次城市化，所形成的城市即为新的世界中心。二次城市化具有以下六大特征：

（1）针对世界范围，第一次城市化历史遗留的单一工业化经济及远距离物流交换模式形成的通胀危机，利用会产能源城市杜绝通胀危机而形成的新的无通胀危机的城市，是其第一特征。

（2）针对世界范围，第一次城市化历史遗留的单纯以经济利益为前提，缺少城市可持续发展理念，而形成的能源危机，利用会产能源城市杜绝能源危机而形成的新的无能源危机的城市，是其第二特征。

（3）针对世界范围，第一次城市化历史遗留的掠夺与人类共生的物质资源，超出了人类的预期，城市随经济利益的驱使而无限扩大，掠夺了大量的可生产粮食的土地资源，使粮食形成了新的危机，会产能源城市杜绝通胀危机、能源危机同时消除了粮食危机而形成的无粮食危机的城市为其第三特征。

（4）针对世界范围，第一次城市化历史遗留的单纯以经济利益为目的，牺牲了人类生存的质量使养老和就业发生危机，会产能源的城市中的碳熵农事很好地解决了就业和养老问题而形成无养老就业危机的城市为其第四特征。

（5）针对世界范围，第一次城市化历史遗留的燃烧化石能源形成的单一工业经济而形成的人类无法再生存的气候危机，会产能源城市的碳熵能源很好地解决了气候危害而形成无气候危机的城市为其第五特征。

（6）针对世界范围，第一次城市化历史遗留的对水的无限制使用而形成的无水危机，会产能源城市的碳熵少用 100 倍的水资源解决其水消费而引起的水资源危机而形成的无水资源危机的城市为其第六特征。[①]

可以看出，第二次城市化弥补了第一次城市化存在的不足，在对第一次城市化出现的问题进行修正的基础上进行，这次城市化的总体特点是实现能源的可持续利用、绿色、环保、人性化。

二　我国的城市化

在当今全球一体化、国际化的趋势下，城市化已成为一个世界性的话题。中国的城市化进程与发达国家相比，在历史上因远离产业革命而起步很晚，自 20 世纪 80 年代改革开放以来，进入了快速城市化的状态，在城市化的建设方面取得了令世人瞩目的成绩。

（一）我国城市化的历史和现状

中国的城市化进程起步晚，发展的道路曲折。从产业革命至鸦片战争以前处于封建封闭状态的中国，以及从鸦片战争至 1949 年间半封建半殖民地状态的中国，根本没有推进城市化进程，这是中国城市化进程无任何进展的前城市化阶段或零态城市化阶段。

从新中国成立至 1960 年间，中国城市化进程得以历史性地开启和推动，这是中国城市化进程中前所未有的启动阶段；但从 1961 年到 1977 年间中国的城市化水平处于零增长甚至负增长状态，这是中国城市化进程逆转的反城市化阶段；中国自 1978 年开始的改革开放以来，工业化和现代化的历史进程日益提速，与之相伴随的由农业社会到工业社会、由传统社会到现代社会的社会转型正在发生明显的结构性重大变迁，社会人口的行业分布和区域分布也在发生历史未有的裂变，日益向第一产业和第二产业集中的城市倾斜，城市化进程在理论和实践等方面均受到了社会各界前所未有的深切关注，并成为中国政府在 21 世纪头 20 年全面建设小康社会这一重大战略机遇期间的重大发展战略目标之一，这是中国城市化进程的加速城市化阶段。

30 年来的改革和开放，给我国城市带来了蓬勃发展的良好机遇，

---

① 搜狗百科 http：//baike. sogou. com/v296600. htm？ from Title = 城市化。

城市化进程加快；而城市的繁荣和发展，又大大地促进了我国现代化建设。我国的城市化进程的实践集中体现了改革开放以来我国综合国力增强的大趋势，也有力地证明了改革开放是城市化加快的基本动力。

1. 城市数量不断增加

30年来，随着城市体制改革的深化，城市作为地区性政治、经济、文化中心的作用日益加强，"地改市、市管县"的新体制实施的积极效果已明显地表现出来。在这期间，城市数量由1978年的193个发展到2007年的655个。从城市的分布看，东、中、西部地区的城市数量都有不同程度的增长，东部沿海地区由于改革开放的先行和深入，加上原有的良好的经济基础和人文条件，经济发展速度明显比中部、西部地区快，经济上的快速发展，既增强了整个地区城市化的动力，又大大强化了大城市的影响和辐射力，促进了城市基础设施的完善和发展，城市化在东部地区呈现出快速发展趋势和明显的地区优势。

2. 城市人口比重迅速提高

20世纪70年代以来，由于改革开放政策极大地调动了广大农民的积极性，使农业生产很快提高，相当数量的农民从种植业中分离出来，转移到其他产业，由此引起的农村工业及其他非农产业所构成的乡镇企业异军突起，推动了小城镇的迅猛发展。而城市由于调整了重工业优先发展的战略，加快发展劳动密集型的轻纺工业和各种服务业，从而加大了城市吸纳农民的能力。与此同时，为了适应经济形势发展的需要，国家在某种程度上放宽户籍管理政策，允许农民进城务工、经商，这样在我国大量农村剩余劳动力转移的强大推力和城市经济发展拉力的相互作用下，大批农民离开祖居的乡村，进入市镇从事第二、第三产业，从而使城镇人口迅速增加，由此大大加快了我国城市化进程。与1978年前的30年相比，城市化水平有了较大幅度的增长。到2007年末，市镇非农业人口已有30869.82万人，市镇非农业人口占全国总人口的24.96%。"十五"以来我国城镇化步伐继续加快，"十五"期间，年均增长速度高达1.4个百分点。城镇化水平到

2007 年提高到 44.9%，年均增长 1.24 个百分点。据联合国人口司和美国人口咨询局的有关数据，2005 年世界城市化水平也上升至 48%，其中发达国家为 77%，发展中国家为 41%；北美洲、欧洲、大洋洲城市化水平在 73%—79%，拉丁美洲和加勒比地区为 76%，亚洲为 38%，非洲为 37%。我国的城镇化水平高于发展中国家和亚洲其他国家的水平，但低于世界平均水平。

3. 城市综合实力大大增强

改革开放极大地促进了城市综合实力的增强。城市经济、城市产业结构、城镇体系、空间布局、城市基础设施等方面都发生了明显变化，朝着合理化的方向发展。首先，表现为城市国内生产总值 GDP 持续高速增长。据统计，城市 GDP 在 1988—2007 年年均增幅为 18.6%。其次，城市产业结构进一步合理化。改革开放以来，城市第三产业得到了充分的重视，随着市场经济体制的建设和培育，以服务业为主体的第三产业蓬勃发展，特别是信息、金融、保险、咨询以及各种中介服务业。30 年来的改革和开放，给我国城市带来了蓬勃发展的良好机遇，城市化进程加快；而城市的繁荣和发展，又大大地促进了我国现代化建设。我国的城市化进程的实践集中体现了改革开放以来我国综合国力增强的大趋势，也有力地证明了改革开放是城市化加快的基本动力。①

（二）我国城市化的特点

我国的城市化是世界城市化的一部分，具有城市化的一般特点，如我国的城市化也是和工业化、现代化紧密相连，也是以人口的迁移和会聚为主要特征之一，也经历和面临着能源的过度消耗、环境污染等城市化带来的问题，但是由于我国的城市化起步较晚，在国际一体化氛围下，加之中国自身的情况，使得我国的城市化经历了三十多年的发展，呈现出很多自身的特色，如城市化速度很快，呈跨越式发展，规模宏大，涌动了多年的"民工潮"正是我国城市化快速、大

---

① 肖金成：《改革开放以来中国的城市化进程》，《投资建设三十年回顾——投资专业论文集（4）》，经济管理出版社 2009 年版，第 196—198 页。

规模发展的现实写照，而且在这样蔚为大观的发展态势下，也使我国的城市化呈现出流动式、半城市化、不均衡状态。

1. 城市化速度快、规模大，半城市化现象明显

1980 年，我国的城市化率仅为 19.39%，远落后于世界平均的城市化水平。1990 年，我国的城市化率达到 26.44%，2010 年城市化率上升到 49.95%。20 年内中国城市化率提高了 23.5 个百分点，年均增加一个百分点以上，城镇人口净增 3.69 亿。如此大规模、快速的城市化现象举世罕见，与政府主导城市化进程密切相关。新增城镇人口除城镇人口的自然增长和机械增长外，主要来自农村，其中又可分为两部分，一部分为就地转化的农民，但大部分是来自农村的流动人口。

2010 年第六次人口普查数据显示，全国户口登记地在外乡镇街道的总人口达 2.61 亿，其中城镇中的流动人口总数为 2.26 亿人，农村中的流动人口为 3497 万人。这些户口在外的人口按所在地又分为三种类型，即本县（市、区）、本省其他县（市、区）、省外，三种类型的人口大致各占 1/3。在本县（市、区）内乡镇街道之间流动的 7904 万城镇人口更多地可视为人户分离的现象，且本县内城乡户口的转换限制较少，因此若只计算县际、省际的流动人口，其总数约为 1.4 亿（许多大城市内部的区际流动人口实际上也是人户分离造成的），约占城镇人口总数的 21%。但跨县、跨省的流动人口也包括城镇人口的流动，所以，来自农村的流动人口数还要少一些。

我国自 20 世纪 50 年代起一直实行城乡分离的户籍制度。1980 年后，传统的户籍制度开始改革，允许农民自理口粮落户小城镇。但各地的户口基本上未对外地农村人口放开，致使进城农民虽然职业发生了变化，但因未获得城市的合法居住权，未享受相应的社会福利，每年往返于城乡之间，形成独特的流动人口现象，使我国的人口城市化具有半城市化的特点。

2. 城市化水平的省际差异显著

我国地域广大，各地经济发展水平历来存在较大差异。1990 年以来，沿海地区利用有利的区位条件和人文环境，率先融入经济全球

化的进程。由于沿海地区经济的高速增长吸引了中西部地区的大量农村人口，使其城市化速度大大加快，并导致城市化水平的省际差异比较显著。2010 年"六普"的数据显示（不包括港澳台地区），除京津沪三个直辖市城市化率达 70% 以上外，城市化率超过 60% 以上的省有辽宁、江苏、浙江和广东，它们均分布在沿海地区；城市化率达到 50%—60% 的有黑龙江、吉林、内蒙古自治区、福建和重庆；城市化率居于 40%—50% 的除分布在北方和西南沿海的河北、山东、广西壮族自治区、海南四地外，大都属于中西部地区，其中有山西、安徽、江西、湖北、湖南、陕西、宁夏回族自治区、青海、新疆维吾尔自治区和四川；城市化率居于 30%—40% 的除人口大省河南外，主要是分布在西部的甘肃、云南和贵州。总的趋势是，东部沿海地区的城市化水平较高，中部地区居其次，西部地区的城市化水平最低。

城市化的区域差异是近二十年各地不同的城市化速度所造成的。城市化速度较快，即年均增长率在 1.25% 以上的省市主要分布在东部沿海地区，即江苏、浙江、福建、广东、海南等五省，内地只有安徽、湖南和重庆三省市的城市化速度较快，其中重庆与设为直辖市后经济增长较快有关。中西部多数省区其城市化速度为中等水平，而老工业基地东北三省和西北、西南的甘肃、新疆维吾尔自治区、贵州和西藏自治区的城市化速度较低。因此，城市化的速度差异实际上是经济增长速度的反映。

3. 都市化现象已经显现，城市群成为国家经济的核心地区

在世界各国的城市化进程中，一个普遍趋势是大城市发展速度更快。因为城市本身就是集聚经济的产物，而大城市的集聚经济效益更明显。但长期以来，我国一直实施控制大城市的政策，1989 年公布的《城市规划法》还把控制大城市规模作为首要的城市发展政策。我国是人口众多、人均资源有限的国家，在城市化过程中更要充分发挥集聚经济的效益。1990 年，浦东新区的开发开放标志着城市人口规模控制政策的取消，不仅为农民进城打开了大门，也使大城市获得了发展的机遇。

4. 用都市区的概念来计算城市规模

都市区是一个大的人口核心以及与其有高度经济社会联系的相邻社区的组合，一般以县为单位。发达国家的城市化进程进入到中期阶段后，一般会出现都市化现象。从城市的功能地域出发，美国的国土可分为都市区和非都市区。中国的快速城市化已导致大量大城市的出现，若建立都市区的界定标准，其人口规模可以更好地反映城市实际的人口规模。笔者以 2000 年"五普"数据为基础，对中国都市区进行了界定。2000 年，中国内地已有 117 个 50 万人以上的都市区，人口 1.99 亿，占全国总人口的 16.1%（宁越敏、高丰）。与美国的都市化水平相比，相差甚远。

2000 年以来，中国城市的都市区化更为明显，无论是数量还是规模都有很大的发展。在都市区化的过程中，在一些都市区密集地区，出现了都市区连绵分布的现象，被称之为都市连绵区，亦称之为城市群。尽管国内学者对城市群有不同说法，但城市群已成为中国最重要的经济地域，是区域经济增长的引擎。笔者曾界定了中国 13 个大城市群，2009 年其地区生产总值占全国的比重已近 60%，而货物进出口总额占全国的比重更高达 88.72%。其中，长三角和珠三角已成为世界级的城市群，2009 年的地区生产总值占全国的比重分别达到 17.6% 和 9.44%（宁越敏、张凡）。正因为城市群在中国经济发展中扮演了极其重要的角色，国家"十一五"规划和"十二五"规划两次把城市群的发展提到实现中国城市化空间战略的高度。[①]

第三节　农民工和我国的城市化

农民工是我国城市化的实际创造者，也是被城市化的对象，是城市化发展道路与户籍制度综合作用的产物，是中国城市化、现代化过程中的重要一环。不同于其他国家的"一步转移"，在国家制度、政策的影响下，中国农村人口的城市化被分割成两个阶段：第一阶段是

---

① 宁越敏：《中国城市化的特点、问题及治理》，《南京社会科学》2012 年第 10 期。

从农民（农村剩余劳动力）到城市农民工的过程；第二阶段是从城市农民工到产业工人和市民的职业与身份的变化过程。

一　农民工是城市化与户籍制度综合作用的产物

中国的城市化进程有着很强的国家主义色彩，城市化的规模、进程与方式都是由国家控制和决定的。从人口城市化的角度看，在以中小城市为发展重点的城市化模式与户籍制度的双重控制下，中国出现了农民工这一特殊群体，致使中国的人口城市化进程严重滞后于工业化。

改革开放以后，中国的农业生产力有了很大提高的同时，也产生了大量农村剩余劳动力，因此，农村人口的城市化转移势在必行。从1978—1992年，我国提出积极发展小城镇的城市建设方针，农民开始了"离土不离乡，进厂不进城"的初步城市化阶段。1980年10月，国家建委在北京召开了全国城市规划工作会议，明确提出了"控制大城市规模，合理发展中等城市，积极发展小城市"的城市发展总方针。①

农村剩余劳动力转移的途径一直存在着小城镇优先、优先发展小城镇的策略，其原因主要有以下几点：一是为了避免在西方国家城市化过程中曾经出现的城市发展、乡村凋敝的场景，以及避免所谓的交通拥挤、资源紧张、环境污染等"城市病"。二是长期以来，中国城市过度强调生产功能，忽略了城市的消费功能及城市的基础设施建设，承担城市居民的公共服务已经力不从心，再大量吸纳农村转移人口更有不堪重负之忧；由于各地方的福利水平不一致，为了防止所谓的"福利移民"影响城市社会的稳定，中央政府一直严格控制大城市的人口规模，而地方政府从自己的利益出发，也极力阻止农村人在大城市定居。三是20世纪80年代至90年代初的这一段时期，是我国经济，尤其是我国农村经济高速发展的黄金时期，蓬勃发展的乡镇

① 程姝：《城镇化进程中农民工市民化问题研究》，博士学位论文，东北农业大学，2013年。

企业起到了吸纳农村剩余劳动力、促进农业从业人员向产业工人转化的作用，小城镇的发展成绩斐然。

1978—1996年的18年间，县级市成倍增长，由93个增加到445个，新增城市总量为473个，其中除少数为恢复性城市，其他绝大多数都是由县级以下的小城镇发展而来，在这473个新增城市中，有393个发展为拥有20万人口以下的小城市，有80个成长为20万人口以上的中等城市。但乡镇企业与小城镇吸纳农村劳动力的能力毕竟有限，20世纪90年代以后，乡镇企业与小城市发展的风光不再。与此同时，有相当数量的学者对小城镇发展模式提出质疑，但中央政府依然选择了小城镇发展模式。1989年12月颁布的《中华人民共和国城市规划法》标志着官方对优先发展小城镇的认可，此后"城市化"被"城镇化"代替，不再出现在政府文件中。但是，在聚集效应的影响下，大城市更多的就业与财富机会对农民工产生了强烈的吸引力。

从20世纪90年代中期开始，中国出现了大规模的民工潮，而大城市一直是吸纳农民工的主力。据国家统计局网站公布的《2011年我国农民工调查监测报告》，从外出农民工就业的地点看，在直辖市务工的占10.3%；在省会城市务工的占20.5%；在地级市务工的占33.9%，可见地级市也越来越受到重视。然而，由于担心户籍管理的完全放开会对大城市的发展造成冲击，迄今为止我国的户籍管理制度并没有实质性的变化，相反，国家依然通过户籍制度来控制城市尤其是大城市的人口规模。与此同时，国家高度重视小城镇的户籍改革，希望通过小城镇户籍改革来提高城市化的水平。

2001年，国务院转发了公安部的《关于推进小城镇户籍管理制度改革的意见》，对办理小城镇长住户口不再实行计划指标管理，逐步放宽有固定居住地和固定职业及经济来源的农村居民在小城镇居住的条件。2011年国务院办公厅颁发了《关于积极稳妥推进户籍管理制度改革的通知》，对户籍迁移实行分类政策，不同行政级别的城市落户难易程度不同。县级市落户比较容易，地级市合理放宽，而直辖市的落户则要"合理控制"。2013年11月12日通过的《中共中央关于全面深化改革若干重大问题的决定》中规定：全面放开建制镇和小城市落户限制、有序放开中等城市落户限制、合理确定大城市落户条件、严格控制特大城市人口规模。可见，对在大城市落户的严格控制和中小城镇户籍的放开政策正是在呼应国家积极发展小城镇的城市化政策。

但随着社会自主性的不断增强，尤其是在数以亿计农村流动人口存在的情况下，用行政方式控制人口的城市化显然是不现实的。户籍制度不仅不能起到有效控制城市发展规模与方向的作用，反而阻碍了城市化的自然进程。在农民向市民的转化过程中，职业变化是基础也是标志，一旦农民脱离了农业生产，转化为产业工人，其身份自然就应产生变化。但在我国的户籍管理制度下，职业的变化并不一定带来身份的转变，农民工依然没有被统计为城市人口，也不享有城市居民的一系列社会福利与权利，而在目前的制度安排下，进入城市、已经完成了职业转化的农民依然存在被城市"遣返"的危险，而他们也就不得不在城市与乡村之间做"候鸟式"的迁徙，这不仅强化了农民工城市"边缘人"的地位，也使我国的人口城市化处于一种不确定的状态。

二　市民化是农民工城市化程度加深的结果

随着农民第一阶段城市化转移的实现，农民工的市民化成为中国城市化进程中的又一发展阶段。

在国家政策和制度的影响下，中国农业转移人口的城市化呈现出不完全性：一方面，他们实现了从农业从业人员到产业工人的转化；另一方面，他们中多数人的身份与未来的归属依然是农民与农村取向，使得农民工的市民化状态呈现出过渡性与差异性。

1. 社会身份的过渡性

作为在城市工作、生活的农民，农民工无论是经济地位、职业地位、社会地位、认同意识还是群体行动都表明他们是一个新的工人阶层。这一阶层虽然与农村有着密切联系，但是与农业劳动者的身份逐渐分离，有越来越多的农民工选择留在城市不返回农村。而农民工的社会地位也高于农业从业人员，农民工已经和传统意义上的农民有了很大的不同，有着自己的阶层特征。

一是从宏观社会政策和相关法律法规看，目前农民工的制度身份仍然是农民，处于与城市居民不同的权利体系和社会保障与社会福利系统中，是城市中权利缺损的群体。二是从市民群体的态度看，多数市民还是不认可农民工具有市民身份，尽管随着农民工对城市所做的巨大贡献逐渐被认可，但是，农民工要获得城市居民的认同还需要很长的一段路要走。三是农民工自身也缺乏市民认同。据天津社会科学院社会学研究所 2009 年的调查，仅占 9.4% 的农民工认为自己完全是市民，有 44.2% 的农民工认为自己是农民，有 22.5% 的农民工认为自己既是市民又是农民，而有 11.5% 的农民工认为自己既不是市民又不是农民，另外还有 9.6% 的农民工表示说不清楚，表明农民工自身的身份认同更多是处在从农民到农民工这一环节中。总之，无论是国家的制度指向、其他群体的判断，还是农民工自己的身份认同，农民工身份都在朝着市民化的方向演进，但这样的演进才刚刚开始，而农民工完全市民化还存在着诸多障碍。

2. 城市生活目标的过渡性与差异性

从进城目标上看，很少有农民工以成为城市居民作为进入城市的目标，他们进入城市的目标大多为挣钱养家，是否在城市长期生活下去和获得市民资格是随着城市生活的变化而变化的。如果城市生活比较顺利，自身具有一定的城市生活能力，又获得与市民相类似的社会经济地位，成为城市居民就可以成为他们的目标。但如果缺乏较为充足的城市生活资本，会有相当一部分的农民工选择一种过渡性的城市生活。

农民工市民化虽然是我国城市化、现代化发展的必然趋势，但是在目前的社会发展水平和制度环境下，具体到个体的农民工，仍有一部分农民工处于非永久性迁徙的循环流动状态，这些农民工仍把回到农村作为最终归宿。对于他们而言，城市生活的根本意义在于获得比农村更多的收入，从而提高整个家庭的生活水平。农民工的这种选择，是结合自身的生活需要并适应社会环境的理性选择。在目前的经济条件下，农民工在城市获得稳定的、有保障的就业机会较少，流动的、低报酬的、缺乏社会保障的工作难以支付农民工市民化的成本，而通过循环流动可以使农民工在最大限度地增加收入的同时降低风险，城里挣钱乡下花，可以提高整个家庭的生活水平，而叶落归根后，土地可以给予他们基本的保障。正因如此，大多数农民工依然保持着和家乡的联系，认为自己的根仍在家乡。对于这一部分的农民工而言，城市生活本身就是一个人生的过渡阶段，其最终的归属依然是农村。

当然，这并不意味着他们不想成为城市居民，但由于农民工自身素质的限制、制度的缺位以及城市生活成本的高昂，他们不得不选择用代际接替的方法来实现自己的城市梦，具体到行动中，就是为其子女创造更好的受教育条件，使其具备在城市获得更高收益和社会地位的人力资本，从而完成他们的市民化。而农民工这种市民化的实现方式，不仅是一种理智、经济的方法，对促进国家整体城市化的有序进行也是非常有益的。

3. 城市生活状态的过渡性与差序性

农民工市民化状态的过渡性不仅表现为他们与农民之间的差别，更主要的表现在他们的城市生活状态与市民之间存在的差异与隔离。无论是从职业、生活方式、社会交往还是居住空间看，农民工与市民之间都存在着差异和隔离，大多数农民工远未获得与市民相似的经济社会地位，也未被城市和城市居民所接纳，依然处于城市的边缘。同时，也有部分农民工通过自己的努力，逐渐脱离了农民工群体，融入了城市社会，这主要是收入较高的农民工。

统计结果显示，收入在 1600 元以上的农民工一般与城市居民有交往，租房居住，有少部分甚至购买了住房，并且是全家移居城市；从职业身份上看，有雇工的老板和管理人员的比例较高，上述情况表明收入高的农民工与城市居民接触较多，社会身份较高，而且家庭生活状况也比较正常，其整体的城市生活状态已经与市民比较接近，基本实现了市民化。而从身份认同上看，他们认为自己具有市民身份的比例明显高于收入低的农民工，表明农民工的市民化存在着差序性，即收入高的农民工较先完成市民化。从以上的分析中可以看出，目前中国农民工的市民化尚处于一种过渡和"差序"的状态之下，即农民工正处在市民化的过程中，总体上缺乏市民化的权利与能力而不同农民工市民化程度有所差别，基本上，经济社会地位高、在城市生活时间长、与市民密切交往的农民工市民化程度更高一些。

小结

从以上分析可以看出，农民工占我国人口总数的 1/6 左右，数量庞大，牵扯的民众利益面广。而且，该群体本身是我国经济转型时期、城市化进程中催生的特色群体，带有明显的社会化烙印，传递着各种社会信息。农民工伴随着我国的城市化，从"工"到"市民"，每个阶段都展现着城市化的进程和发展动态。

从城市化的角度看，我国的城市化起步晚，发展不平衡，发展中也遇到了一些问题。而世界上很多国家的城市化程度很高，有很多可直接借鉴的经验，而且目前很多发达程度高的国家正在提倡和进行的二次城市化，于我国而言，可以在初次城市化阶段同时吸收国际上已有城市化的经验和二次城市化的理念，将二次城市化的改进措施也融入我国的城市化建设当中去，让我们国家的城市化之路不重蹈城市化程度较高国家的覆辙。

农民工应我国的城市化需要而生，和我国的城市化进程一起发展，可以说和我国的城市化进程休戚相关。因而，该群体的城市化问题需要国家、地方不同层面以及社会各界人士的各种关注。而从语言研究的角度对该群体的关注，直到今天还很匮乏。

在这样的现实需求和研究背景下，作为语言学研究者，关注该群体的语言状况，发现该群体的语言问题，了解该群体的语言需求，揭示该群体的语言城市化过程，解决该群体的现实语言生活问题，对国家的城市化进程是一种助力；同时，新时期研究有特色的新群体，对推动学科研究的丰富和发展也有所裨益。

第二章　农民工初步城市化的
语言状况展示和分析

农民工城市化的第一步是来到城市务工，在这一过程中，他们的语言生活和在家乡时相比就发生了一些改变，变得丰富起来，如所具备的普通话的能力获得了最大限度的激发，对语言也开始有了一些明确的感知，感受到了普通话在工作等方面的价值，也能感受到同为异乡人时乡音的亲切。可以说，农民工语言的城市化始于他们进入城市的那一刻。因而，关于农民工的语言城市化研究的第一个阶段是揭示农民工群体语言使用、语言能力等方面的变化，及其对语言的感知。

第一节　农民工语言状况展示

语言文字使用情况调查一般包括两种情况，一种是对语言文字具体用法的调查，调查人们对一些具体的语言成分如何使用，对这些具体用法是赞同还是反对。另一种是宏观的调查，调查人们掌握各种语言（包括方言）和文字的情况，使用这些语言文字的习惯和场合，对各种语言文字及其使用过程中的看法。社会语言学家把后面的这种调查叫做语言状况（language situation）的调查。[①] 本书对于农民工城市化后语言状况的调查进行的是后者，主要调查研究了农民工进城后的语言使用、语言能力和语言态度等。

---

① 苏金智：《国内外语言文字使用情况调查概述》，《语言文字应用》1999 年第 4 期。

一　农民工的语言使用

群体的语言使用，主要考察人们在不同的场合或是面对不同的交谈对象，即在不同领域人们语言选择的情况。人们的生活领域究竟有哪些，最早由施密特·罗尔推荐的领域有以下九种：家庭、运动场和街道、学校、教堂、文学、报刊、军事、法庭和政府管理；后继的一些学者有的对前面的领域有所增添，但同样忽略了将工作场所作为一个领域，也有的学者发现在特定多语环境下只需要较少的领域，如弗雷（Frey，1945）在分析再洗礼教徒们的"三重谈话"时，只需要家庭、学校和教堂三个领域；也有学者如巴克（Barker，1947）、巴伯（Barber，1952），从社会—心理分析的层次上确定各个领域，将领域分为亲近的、非正式的、正式的和集团间的领域；格林菲尔德（1968）经过一年多的亲眼观察和用其他方法收集资料的经验，认为从他亲临的无数情景中可以归纳出五个领域，他姑且分为"家庭""友谊""宗教""教育"和"就业"。[1]

国内学者对于群体的语言使用领域很少做专门阐释，在调查研究中基本上沿袭上述学者提出的几个领域。如"全国语言文字使用情况调查"中对人们在不同场合语言使用情况的调查，选择了"在家时""在当地集贸市场买东西时""在当地医院看病时""在当地政府部门办事时""在单位工作时"几种情形[2]，可以归结为"亲近的""非正式的"和"正式的"三个领域；再如浦东新区语言政策和语文生活研究课题组对"上海浦东新区普通话使用状况和语言观念的调查"，对于普通话、上海话、家乡话的使用场合，选择了"在家里对亲人说什么话""在学校或单位里对同学或同事说什么话""在学校里或单位里对学生或教师或领导说什么话""在工作中对顾客或被接

---

① ［美］乔舒亚·费希曼：《研究"谁在何时用何种语言向谁说话"过程中微观与宏观社会语言学之间的关系》，见祝畹瑾编《社会语言学译文集》，北京大学出版社1985年版，第83、84、87页。

② 国务院研究室课题组：《中国农民工调研报告》，中国言实出版社2006年版，第2—3页。

待对象说什么话"四个调查项①,这四个调查项考察的实际上是在"家庭""教育"和"就业"三个领域中,人们语言使用和选择的情况。

对农民工而言,无论在家乡,还是在城市,格林菲尔德所概括的几个领域除"宗教"领域外,其他都具有较强的普遍意义。所以,此次农民工语言使用,主要考察了农民工在"家庭""友谊""教育"和"就业"四个领域的语言使用情况,同时增加一个"公共场所"领域。主要考察两方面内容:一是外出务工之前在家乡时,农民工家乡话和普通话的使用情况;二是外出务工之后,在城市里农民工普通话和家乡话的使用情况。

(一) 农民工外出务工之前的语言使用情况

农民工在家乡时,活动的领域主要有"家庭""友谊""教育""就业"和"公共场所"。所以,此次调查,选择了农民工"在家里与家人交谈""平时和朋友闲聊""与老师、同学交谈""工作中跟同事、顾客交谈"和"在邮局、医院等公共场所与人交谈"几种情况②。将农民工在这几种情况下的语言使用,分为"全部使用家乡话、较多使用家乡话、普通话和家乡话使用的差不多、较多用普通话、全部用普通话、没有这种情况"几种情形,其中"全部使用家乡话"记作1、"较多使用家乡话"记作2、"普通话和家乡话使用的差不多"记作3、"较多用普通话"记作4、"全部用普通话"记作5、"没有这种情况"记作0。图1显示出农民工在家乡时在几个领域里普通话和家乡话的使用频率情况。

图1显示,农民工在家乡时,在各个领域都是家乡话的使用频率最高,家乡话在各个领域的使用频率都在60%以上,除和"老师"

---

① 浦东新区语言政策和语文生活研究课题组:《上海浦东新区普通话使用状况和语言观念的调查》,《语言文字应用》1996年第3期。

② 预调查时将农民工"与家里人交谈"分为"和父母交谈、与子女交谈和夫妻之间交谈"三种情况,将"与老师交谈"分为"课上与老师、同学交谈和课下与老师、同学交谈"两种情况,但是预调查结果显示,这样的区分在农民工的语言使用上没有表现出太大差异,所以正式调查时合并在一起调查。

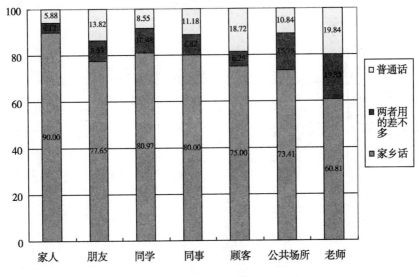

图1　农民工在家乡时的语言使用频率图（％）

交谈外，其他几种情况下家乡话的使用频率都在70％以上；农民工在家乡时，在各个领域普通话的使用频率都非常低，均在20％以下，除和"老师、顾客"交谈外，农民工在家乡时普通话的使用频率都在15％以下。

总之，农民工在家乡时，在各种领域，家乡话的使用频率都很高，以说家乡话为主；对于普通话的使用，在家乡时农民工也不是一点也不说，除了和"家人"交谈时几乎不使用普通话外，在其他几种情况下与人交谈时，会使用一些普通话，但是使用频率较低。

（二）农民工在城市时的语言使用情况

农民工在城市时，活动的范围与在家乡时有所不同，学习领域基本不存在了，工作领域里，既有同乡的同事，又有非同乡的同事。因而，对于农民工在北京时的语言使用，选择了农民工"和家人说话""平时和朋友闲聊""跟同乡的同事、非同乡的同事以及顾客交谈"和"在商场、邮局、医院、银行等公共场所与人交谈"几种情况。同样，将农民工在这几种情况下的语言使用，分为"全部使用家乡话（记作1）、较多使用家乡话（记作2）、普通话和家乡话使用的差不多（记作3）、较多使用普通话（记作4）、全部使用普通话（记作

5）、没有这种情况（记作0）"几种情形。图2显示出农民工在城市时的语言使用频率情况。

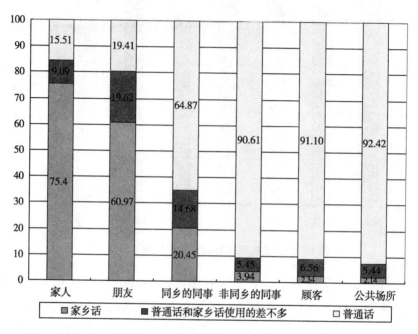

图2　农民工在城市时的语言使用频率图（%）

　　农民工在城市时的语言使用出现分化的趋势，在和"家人、朋友"交谈时家乡话使用频率很高，分别是75.4%和60.97%，普通话的使用频率较低，均在20%以下；而在和"同乡的同事、非同乡的同事、顾客"以及在"公共场所"与人交谈时，除和"同乡的同事"交谈时，普通话的使用频率相对较低，却也在60%以上，其他几种情况中，普通话的使用频率均在90%以上，而且在这几种情况下，家乡话的使用频率非常低。

　　所以，对于农民工在城市时的语言使用，家乡话和普通话在使用功能上出现了分化，使用的场合出现分离，在和"家人、朋友"交谈时，以说家乡话为主，和"同事、顾客"以及"公共场所"与人交谈时，以说普通话为主。

　　（三）农民工务工前后语言使用对比分析

　　从上面对农民工在家乡时和在城市时的语言使用分析，可以发现外出务工前后农民工的语言使用发生了很大变化。外出务工之前农民工主要使用家乡话，普通话很少使用，来到城市之后，农民工同时使用家乡话和普通话，而且两种语言变体在使用的场合出现分化。比较外出务工前后在城市农民工语言使用的均值，可以更清晰地看出这一变化。见表 3 和表 4。

表 3　　　　农民工在家乡时的语言使用情况均值表

	Mean（均值）
和家人说话时	1.22
平时和朋友闲聊时	1.76
在学校和同学交谈时	1.93
和来买东西的人交谈时	2.11
干活时跟同伴交谈时	2.12
在学校和老师交谈时	2.37
在邮局、医院等场合与人交谈时	2.21

表 4　　　　农民工在城市时的语言使用情况均值表

	Mean（均值）
和家人说话时	1.73
平时和朋友闲聊时	2.32
工作时跟同乡的同事交谈时	3.52
工作时跟非同乡的同事交谈时	4.43
跟顾客交谈时	4.47
在商场、邮局、医院、银行等公共场所与人交谈时	4.58

　　农民工语言使用均值表显示，在家乡时，农民工在几种情况下语言使用的均值都在 2.5 以下，而均值在 2.5 以下是以使用家乡话为主①，所以通过均值表，可以明确地看出农民工在家乡时的语言"全部使用家乡话"或是"较多使用家乡话"；农民工在北京时，在"和

---

　　① 本研究中，均值在 1.5 以下为"全部使用家乡话"，均值在 1.5—2.5 为"较多使用家乡话"，均值在 2.5—3.5 为"普通话和家乡话使用的差不多"，均值在 3.5—4.5 为"较多使用普通话"，均值在 4.5 以上为"全部使用普通话"。

家人交谈"以及"和朋友闲聊"均值都在 2.5 以下，仍然是以使用家乡话为主，除此之外，无论是"在工作中和同乡的、非同乡的同事以及顾客交谈"，还是"在公共场合和工作人员以及其他地方来的人交谈时"，均值都在 3.5 以上，以说普通话为主。

可见，农民工在家乡时和在北京时的语言使用有很大差别。由于进城务工，农民工使用的两种语言变体——家乡话和普通话的功能发生了变异，家乡话不再是承担主要交际功能的语言变体，普通话也从农民工在家乡时的辅助交际工具上升为和家乡话各司其职的状态。两种语言变体实现了功能上的转移，家乡话主要用于和家人、朋友一些比较亲近的、非正式的场合，普通话主要用于陌生的、正式的场合，如工作中和同事、顾客交谈，公共场所与人交谈等。这样的结果也显示出农民工在城市时的语言使用，家乡话有退变为内部语言，普通话有演变为外部语言的一种趋势。

二　农民工的语言能力

此次城市农民工语言能力调查研究，主要考察了农民工"说"普通话的能力，包括农民工用普通话与人交流的能力，运用普通话的能力和普通话发音的标准程度。考察内容包括农民工在城市时的普通话能力，以及外出务工之前在家乡时的普通话能力。

农民工在城市时的普通话能力，通过录音和自我评定相结合的方式获得。先采用录音和自我评定相结合的方法，调查一部分样本之后，将录音评定结果和自我评定结果对比分析，发现录音评定的结果和自我评定结果的相符程度后，后一部分样本完全采用自我评定的方式获得。

录音部分参考了国家普通话测试大纲的要求，结合农民工的实际情况设计了一个小型的普通话测试问卷。首先，读单字 40 个。这 40 个单音节中，21 个辅音声母均出现一次，其中 zh、ch、f、x、l、n、j、g、z、sh、q、h、d 出现两次，零声母 5 个，39 个韵母均出现一次，其中 an 韵出现两次，四种声调出现次数不等，阴平 13 次，阳平 9 次，上声 6 次，去声 12 次。其次，读词 30 个。其中，21 个辅音声母均出现，韵母出现 36 个，只有 eˆ、er、ueng 没有出现。声调方面，双字词语声调的 16 种组合各出现一次。音变情况，上声和上声相连的词语出现三条，"一"变调词语两条，"不"变调词语一条，轻声词语出现两条，儿化词语三个。最后，是一段谈话内容，给定四个题目请调查对象用普通话说一段话，三分钟左右。谈话题目也是和普通话相关，请调查对象说说自己学习普通话的经历、对普通话和家乡话的看法等，在获得真实语料的同时，也获得了调查对象对普通话和家乡话的一些看法，对整个调查研究起到了补充和印证的作用。

录音部分，由三位普通话水平一级乙等以上的人分别打分，取三个人的平均分，即为这一份问卷录音部分的最终得分。农民工普通话分值与普通话能力之间的对应关系：得分 91—100 分的农民工在城市时的普通话能力处于"与人交流没问题、发音很标准、运用很熟练"的状态；得分 81—90 分的农民工在城市时的普通话能力处于"与人交流没问题、发音比较标准、运用熟练或是运用比较熟练"的状态；得分 71—80 分的农民工在城市时的普通话能力处于"与人交流没问题、发音一般、运用熟练或是比较熟练"的状态；得分 61—70 分的农民工在城市时的普通话能力处于"基本能交流、发音一般、运用熟练或是比较熟练"的状态；得分 51—60 分的农民工在城市时的普通话能力处于"基本能交流、发音一般、运用情况一般"的状态；得分 31—50 分的农民工在城市时的普通话能力处于"基本能交流、发音不标准、运用情况一般"的状态；得分 0—30 分的农民工在城市时的普通话能力处于"会说一点儿、很不标准、运用不熟练或是很不熟练"的状态。

自我评定是将农民工普通话整体情况分为"交流能力""发音情况"和"运用情况"三个子项目，交流能力分为"听不懂""能听懂不会说""会说一点儿""基本能交流"和"交流没问题"几个级别，并将"听不懂"记作 1，"能听懂不会说"记作 2，"会说一点儿"记作 3，"基本能交流"记作 4，"交流没问题"记作 5；发音情况分为"很不标准""不标准""一般""比较标准""很标准"五个程度级，也分别记作"1、2、3、4、5"；运用能力分为"很不熟练"

"不熟练""一般""比较熟练"和"很熟练"五个等级，同样分别记作"1、2、3、4、5"。调查过程中，要求农民工在每一个项目内选择一个和自己实际情况相符的级别。

带录音的样本共取得150份，将录音评定结果和自我评定的结果对照，有5%左右的在城市农民工对自己普通话能力评价偏高，7%左右的在城市农民工对自己的普通话能力评价偏低，有88%的人能基本准确评价自己的普通话能力，偏高和偏低的样本对照分析之后，总体有3%左右的在城市农民工对自己的普通话能力评价偏低。因而，150份样本录音评定和自我评定比较的结果表明，二者的相符率能够达到97%左右，误差率在3%左右。而且从偏低和偏高的情况来看，集中在对"发音情况"的评价上，有些农民工自报发音情况偏低，有些农民工主要是河北和东北三省农民工自报发音情况偏高，从总体上看，农民工对自己普通话的交流能力和运用能力的自报比较准确。

录音结果和自我评定的对比分析显示出，一者，此次调查的农民工整体自报的普通话能力，在很大程度上能真实反映农民工的实际情况，二者，也证实此次调查所考察的三个普通话能力项目，能较真实地测量出农民工普通话的能力。因而，在这150个样本自评和测评同时进行的取样之后，其余农民工普通话能力和在家乡时的普通话能力采用自评的方式获取，本次分析也以自评的分析结果为依据。

（一）农民工外出务工之前的普通话能力

1. 农民工外出务工之前普通话的交流能力

调查结果显示，农民工外出务工之前很少有人听不懂普通话，而且不会说普通话的农民工也很少，大部分农民工来城市前已经具备一定用普通话与人交流的能力。见图3。

从图3反映的情况可以看出，农民工外出务工之前，"听不懂"普通话的很少，只占1.17%，"能听懂不会说"普通话的农民工所占比例也不大，占11.47%，前两项合计占12.64%；"会说一点"的农民工所占比重为22.06%，比例不算小，前面三种情况的农民工共占34.7%；"基本能交流"的农民工所占比重为26.18%，人数也不少，

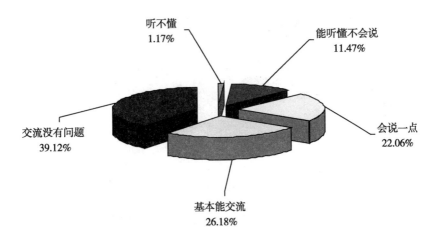

图3　外出务工之前农民工普通话的交流能力图

用普通话和人"交流没有问题"的农民工所占比重最高，为39.12%，后两种情况合计为65.3%。

所以，农民工外出务工之前，有65%的农民工用普通话与人交流，已经不是很困难了，有的甚至没什么障碍；另外35%的农民工，在外出务工之前普通话的交流能力还是处于较低状态，用普通话与人交流存在一定的问题。

2. 农民工外出务工之前普通话的发音情况

农民工外出务工之前的整体发音状况不好，发音"很不标准"和"不标准"的情况所占比重不小。见图4。

外出务工之前，农民工普通话发音"很不标准"的占9.41%，比重不算小，"不标准"的占30.59%，比重较大，两项合计占40%；发音"一般"的占40%，所占比重最大，而发音"比较标准"和"很标准"的所占比重分别为13.53%和6.47%，两项合计占到了20%。

所以，外出务工之前，80%的农民工发音状况处于"一般"及"一般以下"的状态，同时有20%的人认为自己的发音状况比较好，认为自己发音状况较好的在城市农民工主要来自河北和东北三省。

3. 农民工外出务工之前普通话的运用情况

农民工外出务工之前，运用普通话的熟练程度整体情况也比较

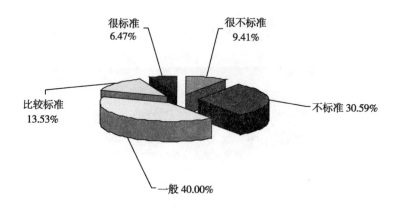

图4　外出务工之前农民工普通话的发音情况图

低，对普通话运用"很不熟练"以及"不熟练"的农民工所占比重较大。见图5。

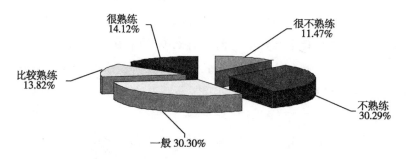

图5　外出务工之前农民工普通话的运用能力图

　　外出务工之前，农民工对普通话运用的熟练程度不高，运用"很不熟练"和"不熟练"的分别占11.47%和30.29%，两项合计为41.76%，"一般"的占30.30%，"比较熟练"和"很熟练"的分别占13.82%和14.12%，后两项合计占27.94%。因而，外出务工之前，在城市农民工对普通话的运用熟练程度，70%都在"一般"及"一般以下"状态。

　　综合上述三方面的情况，农民工外出务工之前，普通话的交流能力相对较强，很多人出来务工之前就具备了一定用普通话与人交流的能力，其他两项能力"发音情况"和"运用能力"不是很好。外出务工之前，普通话发音情况和运用熟练程度较好的在城市农民工，主要是来自河北和东北三省的农民工，普通话发音情况"比较标准"和"很标准"的在城市农民工中，这两个地区的农民工就占到47%，普通话运用能力"比较熟练"和"很熟练"的农民工中，这两个地区的农民工占到51.6%，主要是由于这两个地区的方言和普通话接近程度非常高①。如果排除地区因素，大部分农民工外出务工之前普通话的发音情况普遍不太好，对普通话的运用能力也较差。

（二）农民工在城市时的普通话能力

1. 农民工在城市时普通话的交流能力

农民工在城市时用普通话与人交流的能力与在家乡时相比，有较大改观，大部分农民工在城市时用普通话与人交流的能力都较强。见图6。

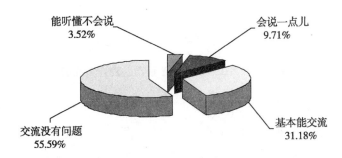

图6　农民工在城市时普通话的交流能力图

农民工在城市时的普通话交流能力，已经没有人处于"听不懂"状态，处于"能听懂不会说"和"会说一点儿"情况的在城市农民工所占比重已经很小了，两项合计也只占到了13%左右，"基本能交流"状态的在城市农民工占31.18%，比例相对较高，所占比例最高的是处于"交流没有问题"状态的在城市农民工，占整体的55.59%。所以，从交流能力的整体情况看，农民工在城市时普通交流能力整体水平较高，将近90%的人用普通话与人交流不存在困难。

---

　　① 普通话以北京语音为标准音，河北方言、东北方言和北京话的关系十分密切。北京话自金代以来基本上是直线发展，其基础是幽燕方言；到了清代，则与东北方言进行融合，形成现在的样子。东北方言基本上也是在幽燕方言的基础上发展起来的，幽燕方言相当于现在的河北方言，因而三者无论是在来源上，还是在后来的发展中，都有密切的关系。

2. 农民工在城市时普通话的发音情况

农民工在城市时的普通话发音情况比在家乡时的发音情况也有一定程度的提高，"不标准"的比重明显减少，"很不标准"的比重也比以前有所减少，发音"比较标准"和"很标准"的比例增多。见图7。

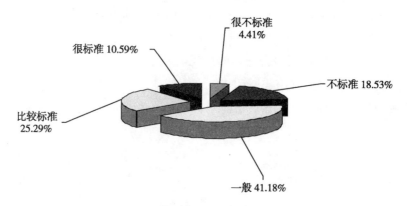

很标准 10.59%

很不标准 4.41%

不标准 18.53%

比较标准 25.29%

一般 41.18%

图7 农民工在城市时普通话的发音情况图

发音"很不标准"的农民工所占比重最小，不到5%，发音"不标准"的也不是很多，比重为18.53%，发音"一般"的所占比重最大，为41.18%，发音"比较标准"的占25.29%，所占比重也不小，发音"很标准"的占到10.59%。所以，从整体情况看，农民工在城市时普通话的发音情况大部分处于"一般"或"一般以上"的状态。

3. 农民工在城市时普通话的运用能力

农民工在城市时对普通话的运用能力较好，对普通话运用"很熟练"和"比较熟练"的人较多。见图8。

图8显示，农民工在城市时的普通话运用能力较强，运用"很不熟练"和"不熟练"的人很少，两项合计所占比重不足10%，运用熟练程度"一般"的在城市农民工占33.82%，"比较熟练"的占到31.18%，"很熟练"的占到27.06%。可见，农民工在城市时对于普通话运用熟练程度，90%以上的人都在"一般"及"一般以上"的程度。

综合农民工在城市时普通话"交流能力""发音情况"和"运用

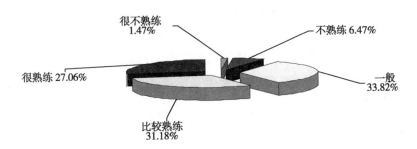

很不熟练 1.47%　　　不熟练 6.47%

很熟练 27.06%　　　一般 33.82%

比较熟练 31.18%

图 8　农民工在城市时普通话的运用能力图

能力"三个方面的情况来看，农民工在城市时的"交流能力"最强，绝大部分人用普通话与人交流不存在障碍，农民工在城市时普通话的"运用能力"也较强，将近60％的在城市农民工普通话运用"比较熟练"或是"很熟练"，农民工在城市时普通话的"发音情况"在三个项目中整体能力最低，呈现中间突出，两头小的类正态分布，即发音能力集中在"一般"上，发音"很标准"以及"比较标准"和"发音很不标准"以及"不标准"的相对较少。

（三）农民工务工前后语言能力对比分析

从上文对农民工外出务工之前的普通话能力和外出务工之后的普通话能力的分析可以看出，农民工外出务工前后普通话能力有了较大提升，这一点通过农民工外出务工前后普通话能力三个项目均值比较可以更清晰地看出来。见表5和表6。

表 5　　　　　　农民工在家乡时的普通话能力均值表

	Mean（均值）
交流能力	3.87
发音情况	2.56
运用能力	2.78

表 6　　　　　　农民工在城市时的普通话能力均值表

	Mean（均值）
交流能力	4.54
发音情况	3.21
运用能力	3.86

从两个数据表可以看出，外出务工之前，农民工用普通话和别人交流的能力均值为 3.87，处于和别人"基本能交流"的水平上，而在城市时用普通话与人交流的能力均值为 4.54，整体能力处于用普通话和别人"交流没问题"的水平上，因而，农民工在城市时普通话的"交流能力"比外出务工之前，提高了一个层次，提高的幅度较大。

外出务工之前，农民工普通话的发音情况均值为 2.56，整体处于"不标准"和"一般"两个能力段的交界地带上，属于发音"一般"的一方，农民工在城市时的普通话发音情况均值为 3.21，整体能力也处于"一般"的状态，可以看出，外出务工后农民工普通话发音状况提高幅度不是非常大，没有上升到一个新的层次，但在同一个层次内还是有很大的提高，这正体现了语言发展变化的实际情况，对于成年人而言，语音的改变比较困难。

外出务工之前，农民工对普通话的运用熟练程度均值为 2.78，整体能力处于"一般"的水平，而农民工对普通话的运用熟练程度均值是 3.86，整体能力处于"比较熟练"的水平上，外出务工前后农民工对普通话的运用能力提高的幅度也很大，也是提高了一个层次。

三 农民工的语言态度

态度指的是个体对某一客体、情境、机构或人物做出的习得性的正面或负面反映的倾向，由认知、情感、意向三个因素构成。语言态度是态度的一种，指人们在社会认同、感情因素的影响下，对一种语言的社会价值所形成的认识和评价。

语言态度是一个不容易测量的项目，它受到个体心理、社会集团利益等多方面因素的影响，但语言态度并不是不能测量。法国学者兰伯特（Lambert, W. E., 1963），首创"变语配对法"，通过听者对同一说话者讲不同语言的不同评价成功测出了人们对不同语言的评价，之后的学者有的继续采用兰伯特的调查方法，有的采用总加量表、语义差异量表、直接调查、间接调查等方法调查语言态度，取得了很多有价值的研究成果。

　　"变语配对法"是兰伯特等人通过多年的探索研究，摸索出的一种研究方法。他们利用语言和方言的变体，诱导出各社会集团的成员对另一个对立集团的成员所持的偏见，或是带有倾向性的看法。简言之，这种方法是要听话者（作为判断人）对许多双语说得好的人的讲话录音做出反应。这些双语者先用他们掌握的一种语言（例如法语）读一篇两分钟的材料，再用他们掌握的第二种语言（例如英语）读同一份材料的译文；然后要求几组判断人听这些录音，凭声音对每一个说话人的品格特征进行评价。

　　总加量表又称里克特量表，是 1932 年由里克特提出并使用的。总加量表是最简单、同时也是使用最为广泛的量表。其主要目的是用来测量人们对某一事物的看法和态度，主要形式是询问答卷者对某一陈述的判断，并以不同的等级顺序选择答案，如"非常同意""同意""不同意"和"非常不同意"等。总加量表按可供选择的答案的数量的不同，可以分为两项选择式和多项选择式两种形式。两项式选择只设"同意、不同意"，或"是、不是"两项可供选择的答案；多项选择式通常设"非常同意、同意、说不上、不同意、非常不同意"五个等级供选择。多项选择式选择量表由于答案类型的增多，人们在态度上的差别就能更清楚地反映出来，因此这种量表比两项选择式量表要用得更多一些。

　　"语义差异量表"又叫语义分化量表，最初由美国心理学家 C. 奥古斯德等人在他们的研究中使用，20 世纪 50 年代后发展起来。在社会学、社会心理学和心理学研究中，语义差异量表被广泛用于文化的比较研究，个人及群体间差异的比较研究，以及人们对周围环境或事物的态度、看法的研究等。

　　本次研究的农民工，虽然有很强的共性，但是在来源上却具有很强的异质性，要想测量出农民工对于普通话和家乡话的态度，兰伯特等人的"变语配对法"，不适合这种"一对很多"的语言态度调查，操作起来难度系数很大。语义差异量表也不适合农民工语言态度调查，语义差异量表自身的缺陷是询问比较模糊，程度上的差异很难把握，而农民工群体受教育程度不是很高，比较适合简单明了的问题方式。所以，此次农民工语言态度调查研究，采用问卷调查的方式，以总加量表的形式为主，设计了一些与普通话和家乡话有关的问题，一些评价普通话和家乡话的句子，将直接调查和间接调查结合起来，多角度考察在城市农民工对语言的态度。并将在城市农民工对这些句子和问题的看法，有的设计成五个程度级，如"完全同意、比较同意、既不同意也不反对、比较反对、完全反对"，"要求一定会、希望会、无所谓、不太希望会、不希望会"等，有的设计成三个程度级，如"熟练很标准""熟练比较准确"和"能进行一般交际就行"等。对于一些评价性的句子，调查时这些句子并不直接展示给受试者，而是由测试者随机抽取语句询问，然后请受试对象给出一种态度，由调查员记录下被调查者的语言态度，如"完全同意"记作5、"比较同意"记作4、"既不同意也不反对"记作3、"比较反对"记作2、"完全反对"记作1、"没什么看法"记作0。

（一）农民工对普通话态度基本情况分析

农民工对于普通话的态度此次调查了五个方面的内容：农民工对普通话的主观评价，农民工说普通话的心理接受程度，农民工学习普通话的难易感受，农民工对自身普通话能力的期望程度和农民工对子女普通话情况的期望程度。

1. 农民工对普通话的主观评价

农民工对普通话的主观评价，包括农民工对普通话的"功能评价""地位评价"和"情感评价"三项内容。

（1）农民工对普通话的功能评价

农民工对普通话的功能评价，主要考察了普通话的"使用范围""用处"和"表意"三项功能。调查结果显示，对于普通话的功能评价，农民工有极强的趋同性，尤其是在"使用范围"和"用处"两项功能上绝大部分农民工都持肯定态度，认为普通话的使用范围广、用处多，持既不同意也不反对态度的农民工很少，没有人持反对态度；在"表意"功能上，60%以上的农民工认为用普通话能够准确表意，较少一部分农民工认为用普通话不能准确表意。见图9。

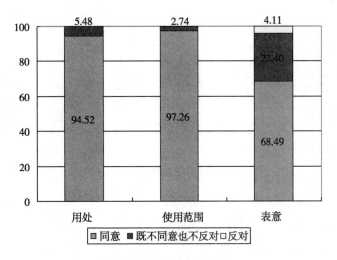

图9 农民工对普通话功能评价图（%）

（2）农民工对普通话的地位评价

对于普通话的地位评价，选择了"受教育程度""平等意识""增加自信心""礼貌和修养程度""经济地位"和"受尊敬程度"等项目作为考察的内容，其中除对"受教育程度高、受人尊敬"两项持肯定态度的人所占比重相对低一些，但也高于50%外，其他几项赞同态度的比重都超过了60%，而且对所测项目持否定态度的比例只有一项在20%以上，其余几项均在20%以下，两项在10%以下。见图10。

从图10可以看出，农民工对普通话的"权势地位"和"经济地位"比较认同，对普通话的经济地位认同度最高，70%以上的农民工都认为"普通话说得好能够找到一份好工作"；农民工对普通话的权势地位认同度也较高，60%以上的农民工都认为"普通话说得好能够增强自信心""普通话说得好显得礼貌、修养程度高"，"能用普通话与人交流有平等的感觉"；农民工对"普通话说得好的受尊敬程度和受教育程度高"的认同度相对弱一些，但是也有50%以上的农民工，认为普通话说得好会得到别人的尊敬，给人感觉受教育程度高。

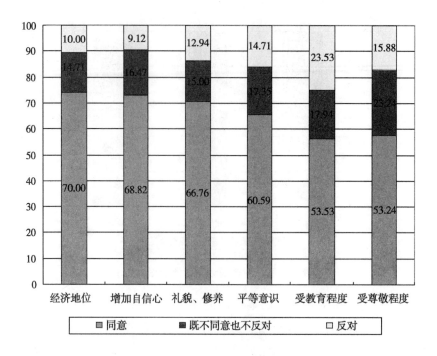

图 10 农民工对普通话地位评价图 (%)①

（3）农民工对普通话的情感评价

对于普通话的情感评价这一部分内容，选择了"好听""友好"和"亲切"三个情感项目。调查结果显示，在这三个情感项目上，在城市农民工持正面评价的比率均超过55%，对于这三项的反对意见普遍低于15%。见图11。

农民工对普通话"好听"和"友好"两个情感项认同度较高，60%以上农民工都认为"普通话好听"，也认为"用普通话与同乡以外的其他人交谈显得友好"，对于"亲切"情感项，也有近60%的农民工认为"普通话听起来让人觉得亲切"；有20%多的农民工对普通话在情感上没有明确的态度，对普通话的三个情感评价项持"既不同意也不反对"的态度；还有10%左右的农民工觉得"普通话不好听，听着也不亲切，和同乡之外的人交谈用普通话也不显得友好"。

---

① 图9和图10显示的都是对普通话有态度的在城市农民工的比例，对普通话"没什么看法"的在城市农民工比例未显示在图中。

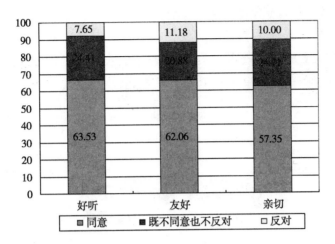

图 11　农民工对普通话情感评价图（%）

2. 农民工说普通话的心理接受程度

此次农民工语言态度调查，还考察了农民工"说"普通话的心理接受程度。当问及是否喜欢说普通话时，很多农民工表示喜欢说普通话，还有一部分人持无所谓的态度，几乎很少有农民工不喜欢说普通话。见图 12。

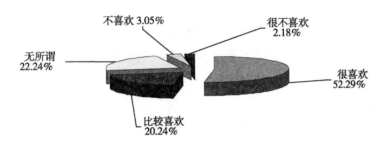

图 12　农民工说普通话心理接受程度图

农民工对说普通话有排斥心理的非常少，"不喜欢"和"很不喜欢"的两项合计占 5% 左右，"很喜欢"说普通话的所占比重最大，占到了一半以上，其次是"无所谓"喜欢不喜欢的占到 22.24%，"比较喜欢"说普通话的占 20.24%。所以，从整体上看，在城市农民工对说普通话的心理接受程度较高，2/3 以上的人喜欢说普通话。

3. 农民工学习普通话的难易感受

对于学习普通话的难易感受，一半以上农民工觉得学习普通话"很容易"或是"比较容易"，10% 左右的农民工觉得学习普通话有点困难，觉得学习普通话很困难的非常少。见图 13。

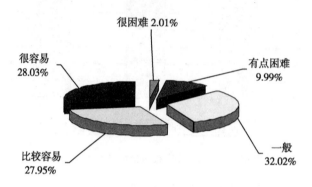

很困难 2.01%

很容易
28.03%

有点困难
9.99%

一般
32.02%

比较容易
27.95%

图 13　农民工学习普通话的难易感受图

学习普通话"很困难"的农民工所占比例很少，只有 2.01%，觉得学习普通话"有点困难"的农民工占 9.99%，32.02% 的农民工学习普通话难易感受不强烈，还有 56% 的农民工觉得学习普通话是一件容易的事情。

4. 农民工对自身普通话的期望程度

本次农民工对普通话态度考察的另一项内容，是农民工"对自身普通话能力的期望程度"，即农民工对自身能够达到的普通话能力的主观愿望。见图 14。

从图中的比例分配图可以看出，农民工对自己普通话能力期望达到"熟练很标准"的占到了 37.35%，将近 40%；对自己普通话期望达到"熟练比较准确"的近 33.24%，将近 35%；只要求自己普通话程度达到"满足一般交际"的 19.41%，将近 20%，对自身普通话没什么要求的占到了 10%。所以，从整体上看，农民工对自身普通话程度要求不是非常高，但也不是很低。

5. 农民工对子女会说普通话的期望程度

本次农民工对普通话态度，还考察了农民工"对子女会说普通话的期望程度"。调查结果显示，农民工对子女会说普通话的态度十分

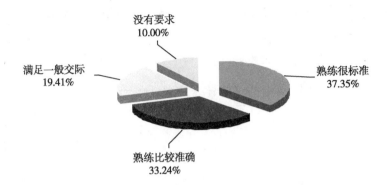

图14　农民工对自身普通话能力的期望程度图

明朗，都集中在"要求他们一定会"或是"希望会"的程度上，"不希望"的没有，"不太希望"和"无所谓"态度的所占比重很少，两项合计不到5%。所以，农民工对子女会说普通话的期望值很高。见图15。

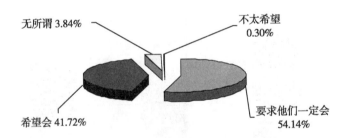

图15　农民工对子女会说普通话的期望程度图

　　综合农民工对普通话几方面的分析可以看出，农民工对普通话的态度很积极，认同感较强。首先，对普通话的情感认同较好，对普通话的功能和地位评价很高；其次，农民工说普通话的心理接受程度很好，没有抵触情绪，学习普通话的困难感受较低，大部分人不认为普通话难学；最后，农民工对自身普通话能力要求较高，对子女会说普通话的愿望强烈。

　　因而，农民工群体对普通话的向心倾向很明显，没有出现矛盾心理，如在功能和地位上认同而在情感上不认同，或是在情感上认同，在功能和地位上并不认同等情况。总体上看，受教育程度不是很高、来自全国各地的农民工，对普通话的观念较好，普通话意识较强。这也在一定程度上反映出我国推普工作开展的积极稳妥，深入民心，措施得力，卓有成效。

（二）农民工家乡话态度研究

农民工对家乡话的态度，主要考察了农民工对家乡话的评价以及对家乡话的忠诚情况。农民工对家乡话的评价，包括农民工对家乡话的情感、功能、地位评价；农民工对家乡话的忠诚情况，主要考察了农民工对子女保持住家乡话的态度。

1. 农民工对家乡话的评价

农民工对家乡话的情感、功能、地位评价，此次调查选择了七个项目。情感认同方面选择了"亲切、好听、友好"三个考察项目，功能和地位评价方面选择了"用处，受教育程度，受尊敬程度，礼貌、修养程度"四个项目。农民工对家乡话的情感、功能和地位评价情况。见图 16 和图 17。

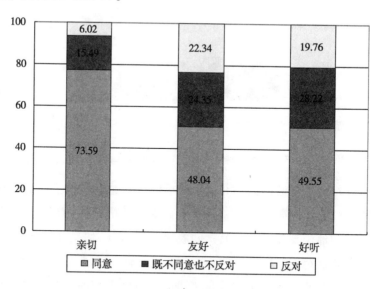

图16　农民工对家乡话的情感评价图（%）①

从图 16 可以看出，农民工对家乡话在情感上还是以认同为主，

① 图16、图17只显示了对家乡话有态度的在城市农民工的比例，对家乡话"没什么看法"的在城市农民工的比例未在图中显示。

尤其是在"乡音亲切"一项上的认同程度最高，高达73.59%，其他两个情感项的认同程度虽然没有那么高，但还是正面评价处于优势地位；而且，对这三个情感项，负面评价所占比例较小。"亲切"一项的负面评价在10%以下，"好听"一项的负面评价在20%以下，"友好"一项的负面评价所占比重在三项中最高。

图17显示，农民工对家乡话的功能"用处"项的评价，正面评价即认为家乡话用处很多的比例不大，20%多一点，中立态度的占到23.24%，负面评价即认为家乡话的用处不大的比例较大，占46.18%，还有8.82%的农民工对家乡话的功能没什么看法。所以，剔除没有看法的农民工，农民工对家乡话负面评价的实际比例达到50%左右；对于家乡话的地位评价，农民工显示出的态度和农民工对功能评价倾向一致，依然是对于家乡话的地位正面评价比重在20%左右，即不同意也不反对的评价也在20%左右，而负面评价都在50%左右，排除没什么看法的农民工的比例，农民工对家乡话地位的负面评价比例在50%以上。

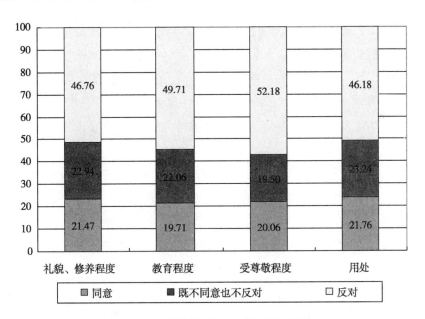

图17　农民工对家乡话地位、功能的评价图（%）

总之，农民工对家乡话在情感上的归属感较强，对家乡话的功能和地位评价负面评价占主流地位，可以看出，农民工对家乡话的态度已经出现分化态势。

2. 语言忠诚：农民工对子女保持家乡话的态度

对于农民工而言，语言忠诚很重要的一个方面，就是农民工对子女保持住家乡话的态度。图18显示出农民工对自己子女保持住家乡话的期望情况。

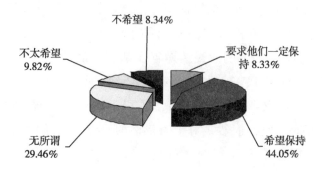

不希望 8.34%

不太希望 9.82%

要求他们一定保持 8.33%

无所谓 29.46%

希望保持 44.05%

图18　农民工对子女保持住家乡话的期望程度图

农民工对自己子女保持住家乡话的态度不是非常坚定，整体愿望不是非常强烈。"要求他们一定保持"家乡话的人不是很多，不到10%，但仍是"希望"子女保持住家乡话的在城市农民工最多，将近45%，对子女保持住家乡话没有明确态度的农民工，即持"无所谓"态度的占到近30%，对子女保持住家乡话持否定态度的农民工，即"不太希望"和"不希望"子女保持住家乡话的农民工两项合计占到近20%。

所以，从整体上看，有55%左右的农民工还是希望子女保持住家乡话，大部分农民工对自己的母语变体还是很忠诚，希望自己的家乡话能够一直传承下去。同时，不可小视的一点是20%左右的农民工不希望子女保持住家乡话，也就是说有近二成左右的农民工，在一定程度上对自己的母语变体产生了扬弃心理。

综合农民工对家乡话的态度可以看出，农民工对自己的家乡话在情感上归属感仍旧很强，可是对于家乡话的地位评价已经开始分化，有50%左右的农民工不认为自己的家乡话是一种权势语言变体，不认为自己的家乡话具有很强的社会地位；而且有30%左右的农民工对家乡话的地位评价持"中立"态度，既不认同家乡话的社会地位高，也不反对家乡话的社会地位高，这一部分农民工的心理很复杂，很多因素使得他们对家乡话的地位不明确表态。事实上，这一部分农民工中有一部分人，也认为自己的家乡话不具有权势地位，但是对家乡话的情感使其处于一种矛盾心态，因而选择了折中的态度。还有一部分农民工对自己的家乡话没什么看法，语言对他们来说更多的是一种工具，少有情感的因素夹杂在里面。

（三）农民工对普通话和家乡话态度对比分析

上文分析了农民工对普通话的态度和对家乡话的态度，现将农民工对普通话和家乡话的态度作对比分析，发现农民工对二者的态度有相同之处，但也有很大不同。

1. 农民工对普通话和家乡话的情感评价对比分析

对于普通话的情感认同和家乡话的情感归属，农民工的态度都是比较积极，但是程度有所不同。见表7。

表7　　　　　农民工对普通话和家乡话情感评价均值比较表

	亲切	好听	友好
农民工对普通话的情感认同	4.03	3.91	4.00
农民工对家乡话的情感归属	4.28	3.63	3.23

从两种情况的均值对照表可以看出，农民工除了对乡音"亲切"感受比普通话强烈以外，在"好听""友好"两项上，农民工对普通话的认同感，要比农民工对家乡话的归属感好一些，尤其是对"友好"项的评价，农民工对家乡话的归属感已经模糊，但是对普通话的认同感却很清晰，比较肯定。

2. 农民工对普通话和家乡话的功能、地位评价对比分析

对于普通话和家乡话的功能和地位评价，农民工对普通话的功能、地位评价更高一些，而对于家乡话的功能、地位评价，农民工整体处于较模糊的状态。见表8。

表8　　　　农民工对普通话和家乡话功能、地位评价均值比较表

	用处	礼貌、修养	尊敬	教育程度
农民工对普通话的地位评价	4.46	4.16	3.82	3.71
农民工对家乡话的地位评价	3.03	2.97	2.67	2.83

农民工对普通话的功能和地位评价均值都在3.5以上，持肯定的态度，而农民工对家乡话的评价均值在2.5—3.5，所以农民工整体对家乡话的功能和地位评价比较模糊，既不同意也不反对。

3. 农民工对子女会说普通话的期望程度和对子女保持住家乡话的期望程度对比分析

农民工对子女会说普通话的期望程度，与其对子女保持住家乡话的愿望形成比较鲜明的对比，从两种期望程度的均值表对照可以看出。见表9和表10。

表9　　　　　农民工对子女会说普通话的期望程度均值表

	N	Mean（均值）
您希望您的孩子会说普通话吗？	672	4.51

表10　　　　农民工对子女保持住家乡话的期望程度均值表

	N	Mean（均值）
您希望您的孩子保持住家乡话吗？	670	3.26

农民工对子女会说普通话的期望程度很高，希望子女一定会说普通话，与此对照，农民工对子女保持住家乡话没有什么特别的期望，虽然偏向同意保持住的一方，但是整体仍是处于既不同意也不反对的状态，即子女是否保持住家乡话，对农民工来说没有强烈的感受。

对比分析农民工对普通话和家乡话几方面的态度，可以看出农民工对普通话的态度很明朗，对普通话持认同和认可的态度，强烈要求子女会说普通话，对普通话的向心力很强；而农民工对家乡话的态度，对自己的家乡话在情感上还有归属情结，但是开始对家乡话的功能、地位不持认可态度，对子女是否保持住家乡话也没有强烈的愿

望，整体上看，农民工对家乡话在一定程度上处于离心的状态。

第二节　农民工语言状况的内部差异分析

上文分析了农民工语言状况的整体情况以及务工前后在语言使用、语言能力方面的变化。事实上，农民工进城后的语言状况还在性别、年龄、受教育程度、学习普通话的起始时间、打工时间、居住方式、流动取向等方面表现出差异性。

一　农民工语言使用的内部差异分析

统计检验的结果显示，农民工在城市时的语言使用在很多方面表现出差异。首先，农民工在城市时的语言使用在一些常见的社会变量上表现出差异，这里主要指农民工的"性别""受教育程度"和"职业"；其次，农民工在城市时的语言使用，在一些"时间"和"环境"变量上表现出差异，"时间"变量这里主要指农民工的"年龄"[①]"打工时间"和"学习普通话的起始时间"，"环境"变量这里主要指农民工的"居住方式"和"交往对象"；而且，农民工在城市时的语言使用，还在一些"心理"变量上表现出差异性，这里主要指农民工的"流动取向""对自身普通话的期望程度"。

1. 性别

不同群体语言使用在性别上表现出的差异研究，从社会语言学建立之初就开始了。很多学者围绕这一研究内容做了很多有意义的探索，得出一些结论，如女性和男性使用语言在词语的选用、语气的强硬等方面表现出一些差异，女性总比男性更倾向于使用标准变体和标准变式，女性处于语言变化的领先地位等。但是随着研究世界范围的展开，研究群体的扩展，也有一些结论受到了质疑，如有一些学者在对非西方工业国家的调查中发现了一些相反的情况。[②]

---

① 本研究中未将"年龄"变量放入常见的社会变量中，而是根据社会学、语言学研究的需要，将其放入"时间"变量中，后面几章的分析作同样的处理。

② 徐大明等：《当代社会语言学》，中国社会科学出版社1997年版，第88页。

本次不同性别农民工在城市时语言使用差异分析[①]，统计检验的结果表明，男性农民工和女性农民工在"和同乡的同事"（Sig = 0.028 < 0.05）[②] 以及"顾客"（Sig = 0.000 < 0.05）交谈时，女性农民工普通话的使用频率高于男性农民工。见图 19。

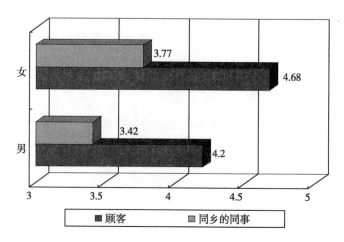

图 19　不同性别的农民工在城市时的语言使用差异图

在和"顾客"交谈时，男性农民工语言使用均值为 4.2，"较多使用普通话"，而女性农民工语言使用均值为 4.68，"全部使用普通话"，普通话的使用频率比男性农民工高出一个程度级；同样，工作中和"同乡的同事"交谈时，男性农民工语言使用均值为 3.42，"普通话和家乡话使用的差不多"，偏向普通话使用较多的一方，而女性农民工语言使用均值为 3.77，则是"较多使用普通话"，普通话使用频率也高出男性农民工一个程度级。

不同性别农民工在城市时语言使用差异研究的结果，在一定程度上验证了女性比男性更倾向于使用标准语变体，但是对于农民工而言，这种趋势不是非常显著，并不是在任何正式场合，女性农民工都比男性农民工使用标准语变体的频率高。女性农民工比男性农民工更倾向于使用普通话，这一点符合女性在语言学习和使用中的先导倾

---

① 此次调查不同性别在城市农民工的比例情况见绪论部分的调查样本背景信息表 a。
② Sig 值是统计学方差检验值，Sig < 0.05 证明研究的差异经过检验，具有统计学上的意义。

向，实际上也是新群体在某种程度上印证了由于两性生理、心理特征等因素导致的语言使用上的不同。

2. 文化程度

此次调查将农民工的文化程度分成五个不同的阶段，"没上过学""小学""初中""高中/中专/技校"和"大专及以上"。各文化程度比例情况见图20。

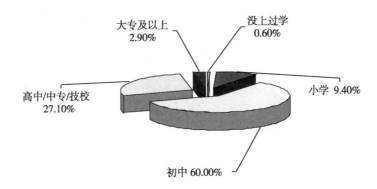

大专及以上
2.90%

没上过学
0.60%

高中/中专/技校
27.10%

小学 9.40%

初中 60.00%

图20　不同文化程度的农民工比例图

"没上过学"的样本量很少，在680个里面只有四个，大专以上文化程度的农民工样本量相对也很少，样本量过少，会在一定程度上干扰分析的结果。所以，此次农民工在城市时的语言使用在文化程度上的差异分析，剔除了这两部分样本，主要考察"小学、初中、高中/中专/技校"① 三种文化程度农民工在城市时的语言使用差异。

结果显示，不同文化程度农民工在城市时的语言使用，在"和家人交谈"（Sig = 0.000 < 0.05）、"和朋友闲聊"时（Sig = 0.004 < 0.05），呈现随着文化程度增高，家乡话使用逐渐减少的趋势；与此相反，农民工在"和同乡的同事交谈"（Sig = 0.002 < 0.000）、"在商场、邮局、医院、银行等公共场所与人交谈"（Sig = 0.009 < 0.000）时，呈现出随着文化程度的增高，普通话的使用逐渐增加的趋势，而且差异主要体现在小学和其他两种文化程度的农民工身上，初中和高中文化程度农民工在普通话的使用上没有太大差异。见图

---

① 后面的分析中均将"高中/中专/技校"文化程度略写为"高中"文化程度。

21 和图 22。

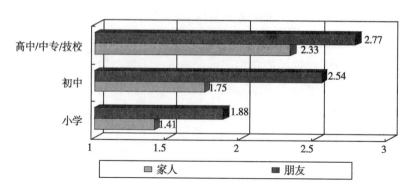

图 21　不同文化程度的农民工在城市时语言使用的差异图 a

图 21 显示，在和"家人"交谈时，小学文化程度的农民工语言使用均值为 1.41，"全部使用家乡话"，初中文化程度农民工的语言使用均值为 1.75，"较多使用家乡话"，高中文化程度农民工的语言使用均值为 2.33，也是"较多使用家乡话"，但是高中文化程度农民工语言使用的均值明显高于初中文化程度的农民工，靠近"普通话和家乡话使用差不多"一方；在和"朋友"交谈时，小学文化程度农民工语言使用均值为 1.88，"较多使用家乡话"，初中文化程度农民工的语言使用均值为 2.54，在"较多使用家乡话"和"普通话和家乡话使用差不多"的边缘地带，高中文化程度农民工语言使用均值为 2.77，"普通话和家乡话使用差不多"，偏向"较多使用家乡话"一方。

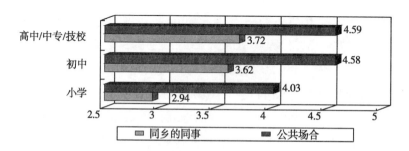

图 22　不同文化程度的农民工在城市时语言使用的差异图 b

图 22 显示，在和"同乡的同事"交谈时，小学文化程度农民工的语言使用均值为 2.94，"普通话和家乡话使用差不多"，初中和高

中文化程度的农民工语言使用均值分别为 3.62 和 3.72，"较多使用普通话"；在"公共场所与人交谈"时，小学文化程度农民工的均值为 4.03，"较多使用普通话"，初中和高中文化程度农民工的均值分别为 4.58 和 4.59，"全部使用普通话"。

可见，文化程度和农民工在城市时语言使用的关系比较密切。农民工在城市时家乡话的使用频率随着文化程度的提高呈现递减趋势，普通话的使用频率随着文化程度的提高呈现递增趋势，即文化程度越高的农民工在城市时，普通话的使用频率越高，家乡话使用频率越低，相反，文化程度越低的农民工在城市时，家乡话使用频率越高，普通话使用频率越低。①

3. 职业

农民工从事的职业很多，分布于北京市的各个行业，但主要从事建筑业、住宿和餐饮业、批发与零售业、制造业、居民服务和其他服务业。因而，此次调查主要在建筑业、餐饮业、批发与零售业、制造业和其他服务业中取样，集中在"美容美发、导购人员""餐饮等服务人员""工厂工人""小生意人"和"建筑工人"五个从业人员中抽取，其他职业也取了一些，但是样本量不是很多。②

此次农民工在城市时的语言使用在职业上表现出的共时差异，只分析了样本量较大的五个职业农民工的情况。结果显示，不同职业农民工在城市时，在"和家人聊天"（Sig = 0.012 < 0.05）以及"和朋友闲聊"（Sig = 0.002 < 0.05）时，"美容美发、导购人员"和"餐饮等服务人员"家乡话的使用频率低于从事其他几个职业的农民工；在"和同乡的同事交谈"（Sig = 0.000 < 0.05）、"和非同乡的同事交谈"（Sig = 0.023 < 0.05）时，这两个职业从业人员普通话的使用频率又比其他几个职业从业人员高一些，而且在这五个职业里，建筑工

---

① 由于样本量的局限，此次统计检验时并没有将"大专及以上文化程度"在城市农民工的语言使用和其他几种情况作比较分析，但是调查中就发现"大专及以上文化程度"在城市农民工普通话的使用频率，明显高于其他几种文化程度的在城市农民工，家乡话的使用频率明显低于其他几种文化程度的在城市农民工。

② 不同职业城市农民工的比例情况见绪论部分调查样本背景信息表 a。

人家乡话的使用频率在几个职业中处于较高的状态，普通话的使用频率处于最少状态。见图23和图24。

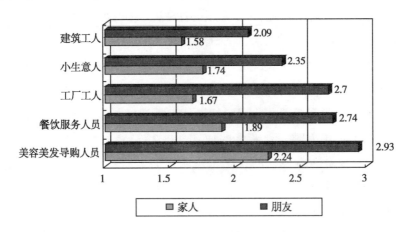

图23　不同职业的农民工在城市时语言使用的差异图 a

图23显示，在和"家人"交谈时，不同职业的农民工在城市时的语言使用差异不是很大，"建筑工人"和"工厂工人"家乡话的使用频率高于其他职业的农民工，二者的语言使用都处于"全部使用家乡话"和"较多使用家乡话"的交界地带，属于"较多使用家乡话"的一方；在和"朋友"闲聊时，"建筑工人"家乡话的使用频率最高，处于"较多使用家乡话"的状态，而"美容美发、导购人员"的语言使用，处于"普通话和家乡话使用差不多"的状态，家乡话的使用频率在几个职业的农民工处于最低状态。

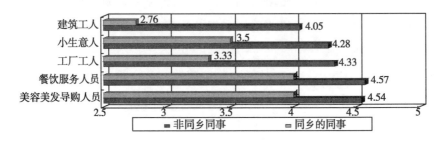

图24　不同职业的农民工在城市时语言使用的差异图 b

图24显示，在和"非同乡的同事"交谈时，"建筑工人"普通话的使用率最低，"餐饮服务人员"和"美容美发、导购人员"的普通话

使用频率最高,处于"全部使用普通话"的状态;在和"同乡的同事"交谈时,"建筑工人"和"工厂工人"的语言使用都处于"普通话和家乡话使用差不多"的状态,其中"建筑工人"的语言使用偏向"较多使用家乡话"的一方,"小生意人"的语言使用处于"普通话和家乡话使用差不多"和"较多使用普通话"的交界地带,"餐饮服务人员"和"美容美发、导购人员"的语言使用处于"较多使用普通话"的状态。

总体上看,农民工在城市时的语言使用在职业方面表现出的差异,体现出服务行业农民工普通话的使用频率明显高于建筑行业的农民工,而家乡话的使用频率差异不是非常大,但是建筑工人家乡话的使用频率还是要高一些。农民工在城市时的语言使用在职业方面表现出的差异,和职业需求有很大关系,服务行业强调与人(顾客、买主)沟通、交流,普通话是主要的交际工具,使用频率自然很高,建筑业对普通话没有特殊的要求,建筑工人多是老乡聚堆,普通话的使用较少,甚至可以不使用普通话也能工作和生活,所以建筑工人普通话使用频率明显低于其他行业的从业人员。

4. 年龄

此次农民工在城市时语言使用在年龄上表现的差异分析,先将农民工的年龄分成四个年龄段:20 岁及以下、21—30 岁、31—40 岁、40 岁以上。[①] 分析结果显示,农民工在城市时语言使用在年龄上表现出的差异,大致以 30 岁为分界点,呈现明显的两极分化态势。在"和朋友闲聊"(Sig = 0.000 < 0.05)时,30 岁以下农民工家乡话的使用频率,明显少于 30 岁以上的农民工;在和"同乡的同事"(Sig = 0.001 < 0.05)、"非同乡的同事"(Sig = 0.001 < 0.05)、"顾客"(Sig = 0.000 < 0.05)交谈时,30 岁以下农民工普通话的使用,明显高于 30 岁以上的农民工。见图 25 和图 26。

农民工在和"朋友闲聊"时,30 岁以下农民工语言使用均值是 2.76,处于"家乡话和普通话使用差不多"的状态,而 30 岁以上农民工的语言使用均值是 2.14,"较多使用家乡话"。

---

① 各年龄段在城市农民工的比例情况见绪论部分调查样本背景信息表 a。

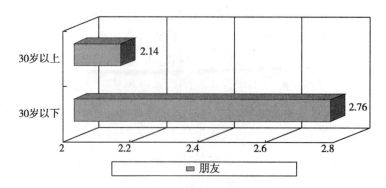

图25　不同年龄段的农民工在城市时语言使用的差异图 a

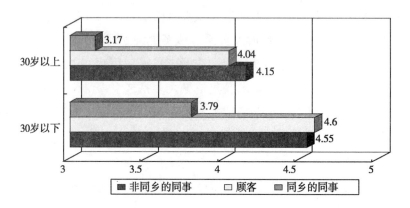

图26　不同年龄段的农民工在城市时语言使用的差异图 b

在和"非同乡的同事以及顾客"交谈时，30岁以下农民工语言使用均值都在4.5以上，"全部使用普通话"，而30岁以上农民工的均值分别是4.15和4.04，"较多使用普通话"；在和"同乡的同事"交谈时，30岁以下农民工语言使用均值为3.79，"较多使用普通话"，30岁以上农民工语言使用均值为3.17，处于"普通话和家乡话使用差不多"的状态。因而，30岁以上农民工比30岁以下农民工家乡话使用频率高、普通话使用频率低。

年龄30岁以下的农民工中，20岁及以下农民工家乡话的使用频率高于21—30岁年龄段的农民工，普通话的使用频率略低于21—30岁年龄段的农民工，或是使用频率基本持平；年龄30岁以上的农民工中，31—40岁年龄段农民工和40岁以上农民工家乡话的使用频率差不多，普通话的使用频率前者略高于后者。见表 11 和表 12。

表 11　　30 岁以下的农民工在城市时语言使用的均值比较表

年龄分段	家人	朋友	同乡的同事	非同乡的同事	顾客	公共场合
20 岁及以下	1.83	2.54	3.61	4.45	4.58	4.47
21—30 岁	2.04	2.90	3.90	4.62	4.64	4.66

表 12　　30 岁以上的农民工在城市时语言使用的均值比较表

年龄分段	家人	朋友	同乡的同事	非同乡的同事	顾客	公共场合
31—40 岁	1.76	2.05	3.22	4.17	4.05	4.37
40 岁以上	1.70	2.03	3.07	4.12	4.02	4.47

因而，四个不同年龄段农民工在城市时，40 岁以上农民工家乡话的使用频率最高，普通话使用频率最低，21—30 岁年龄段农民工家乡话的使用频率最低，普通话使用频率最高。不同年龄段农民工语言使用整体呈现年龄越大，家乡话使用频率越高，年龄越小，普通话使用频率越高的趋势。

21—30 岁年龄段农民工普通话使用频率明显高于其他年龄段农民工，呈现突出趋势，主要是因为这一年龄段农民工拥有"年龄"和"打工时间"两项优势，这一年龄段的农民工虽不是年龄最小，但也正是由于这一原因使得 21—30 岁年龄段农民工的打工时间要长于 20 岁及以下农民工，"年龄"和"打工时间"共同作用的结果，使得 21—30 岁农民工在四个年龄段中处于普通话使用频率最高状态。

5. 打工时间

语言的变化不可能在短时期内发生，对于农民工进城务工多长时间会影响到其语言使用，通过对此次调查数据的多次分析，发现农民工语言使用随着"打工时间"的变异，至少要在三年以上的时间才会有所表现。因而，首先以三年为期，将农民工的打工时间分为五个区间：0—3 年、3—6 年、6—9 年、9—12 年、12 年以上。① 在家乡

_____

① 以三年为期的不同打工时间农民工比例情况见绪论部分调查样本背景信息表 b。

话的使用上，打工时间不同的农民工在语言使用上并未表现出差异；在普通话的使用上，不同打工时间的农民工在"和同乡的同事交谈"（Sig = 0.002 < 0.05）时，呈现出随着打工时间的推移，普通话的使用频率有所增加的状态，而且这种增加到了6—9年时间段达到顶峰，9年以上开始回落。见图27。

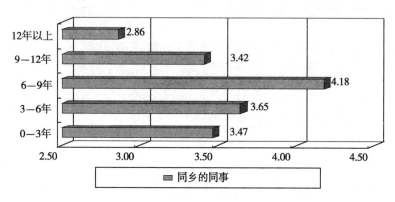

图27　不同打工时间段的农民工在城市时语言使用的差异图 a

如果以五年为一个区间，可将农民工的打工时间分为三个区间，0—5年、5—10年和10年以上，各打工时间段农民工比例见表13。

表13　　　　　不同打工时间（5年为期）的农民工情况表

打工时间	人次	比例（%）
0—5年	402	59.12
5—10年	180	26.47
10年以上	98	14.41
总计	680	100

统计结果显示，以五年为期比以三年为期能更好地看出农民工在城市时语言使用上发生的变化。以五年为期，不同打工时间农民工在和"同乡的同事"（Sig = 0.000 < 0.05）以及"顾客"（Sig = 0.016 < 0.05）交谈时都表现出差异，呈现出随着打工时间的推移，普通话的使用量有所增加的状态，而且这种增加到了5—10年时间段达到顶峰，10年以上也开始回落。见图28。

以五年为期，不同打工时间农民工和"朋友"闲聊时，打工时间10年之内的农民工家乡话的使用频率差不多，都是处于"较多使用

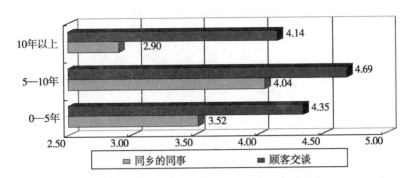

图28　不同打工时间段的农民工在城市时语言使用的差异图 b

家乡话"的状态，而打工时间 10 年以上农民工家乡话的使用频率低于 10 年以内的农民工，处于"普通话和家乡话使用差不多"的状态。见图 29。

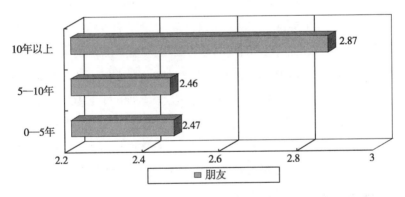

图29　不同打工时间段的农民工在城市时语言使用的差异图 c

因而，农民工在城市时语言使用在打工时间上表现出的共时差异，可大致以 10 年为界。打工时间 10 年以内，农民工打工时间的长短和农民工在城市时普通话的使用，二者呈现随着打工时间的推移普通话使用频率逐渐增加的趋势，而家乡话的使用频率没有表现出差异；打工时间 10 年以上，农民工在城市时普通话的使用频率明显降低，低于 10 年以内的任何一个时间段在农民工的使用频率，家乡话的使用频率也低于打工时间 10 年以内的农民工。

打工时间 10 年以上农民工普通话使用频率大幅度回落，与年龄因素有很大关系。见表 14。

表 14　　　　　　　　**农民工的打工时间和年龄交叉列联表**

打工时间 ＊ 年龄分段

		年龄分段				总计
		20 岁及以下	21—30 岁	31—40 岁	40 岁以上	
打工时间	0—5 年	164	146	50	42	402
	5—10 年	10	96	54	20	180
	10 年以上	0	26	48	24	98
总计		174	268	152	86	680

从"打工时间"和"年龄分段"的交叉列联表可以看出，打工时间 10 年以下的农民工中，打工时间 0—5 年的农民工 402 人，其中30 岁以下的农民工有 310 人，占 77.1%，30 岁以上的农民工 92 人，占 22.9%；打工时间 5—10 年的农民工一共 180 人，30 岁以下的农民工有 106 人，占 58.9%；30 岁以上的农民工有 74 人，占 41.1%；打工时间 10 年以上的农民工一共有 98 人，30 岁以下的共 26 人，占26.5%，30 岁以上的共有 72 人，占 73.5%。可见，打工时间 10 年以上的农民工中，年龄 30 岁以上的比例远远大于打工 10 年以内农民工的比例，而 30 岁以上农民工在城市时普通话使用频率明显低于 30岁以下农民工，因而打工 10 年以上农民工普通话使用频率低于打工10 年以内的农民工，在很大程度上是受年龄因素的影响。

6. 学习普通话的起始时间

根据农民工自身的特点，农民工学习普通话的起始时间，首先，可以分为外出务工之前已经学过普通话和外出务工之后才开始学习普通话两种情况。其次，外出务工之前的普通话学习起始时间又可分为"幼儿园""小学""初中"和"高中"。学习普通话不同起始时间在城市农民工的比例情况见表 15 和表 16。

表 15　　　　　　**学习普通话不同起始时间的农民工比例情况表**

	人次	比例（％）
外出务工之前已经学过普通话	526	77.35
外出务工之后开始学习普通话	154	22.64

表16　　外出务工之前学习普通话不同起始时间的农民工比例情况表

	人次	比例（%）
幼儿园	102	19.39
小学	282	53.61
初中	130	24.71
高中	12	2.28

　　务工之前学过普通话的农民工和务工之后开始学习普通话的在城市农民工，在城市时的语言使用表现出很大的不同。在"和家人说话"（Sig = 0.000 < 0.05）、"和朋友闲聊"（Sig = 0.000 < 0.05）时，外出务工之后学习普通话的农民工家乡话的使用频率，多于外出务工之前学习普通话的农民工。见图30。

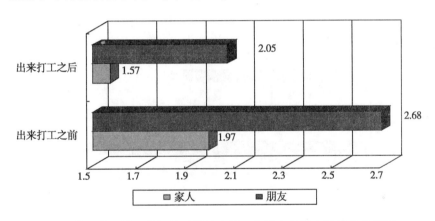

图30　学习普通话不同起始时间的农民工在城市时语言使用的差异图a

　　外出务工之前学过普通话的农民工和外出务工之后开始学习普通话的农民工，在"和同乡的同事交谈"（Sig = 0.030 < 0.05），以及"和顾客交谈"（Sig = 0.014 < 0.05）时，出来务工之后学习普通话的农民工普通话的使用频率，少于外出务工之前学过普通话的农民工。见图31。

　　而且，外出务工之前学过普通话的农民工中，不同学习起始阶段的农民工在城市时的语言使用，也表现出一定的差异。由于高中起点学习普通话的样本量很少，未将其放入统计分析中。其他三个学习起点的农民工，在"和家人说话"（Sig = 0.003 < 0.05）、"和朋友闲

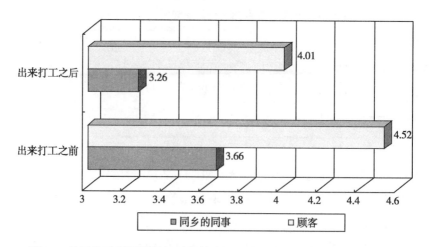

图 31 学习普通话不同起始时间的农民工在城市时语言使用的差异图 b

聊"（Sig = 0.026 < 0.05）时，呈现出学习普通话起始时间越早，家乡话使用越少的态势。见图 32。

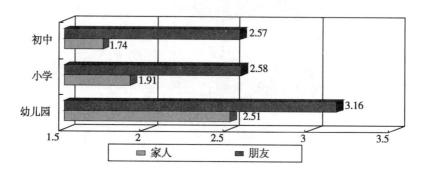

图 32 外出务工之前学过普通话的农民工在城市时语言使用的差异图

总之，以外出务工为分界点，外出务工之前学过普通话的农民工普通话的使用频率，明显高于外出务工之后才开始学习普通话的农民工，而家乡话的使用频率前者低于后者；而且，进一步的分析发现，外出务工之前学习普通话不同起始阶段农民工家乡话的使用频率，呈现随着学习普通话起始时间早晚的推移，家乡话使用频率逐渐减少的趋势，即学习起点越早的农民工家乡话使用频率越低，学习起点越晚的农民工家乡话的使用频率越高。因而，学习普通话不同起始时间农民工在城市时语言使用整体呈现出学习普通话起始时间越早，农民工在城市时普通话的使用频率越高，学习普通话起始时间越晚，农民工在城市时家乡话使用频率越高。

7. 居住方式

农民工在城市里的居住方式主要有四种："和家人、亲戚住在一起""和老乡住在一起""和其他地方来的人住在一起""自己单住"。不同居住方式的农民工在"和朋友闲聊"（Sig = 0. 023 < 0. 05）、"和同乡的同事交谈"（Sig = 0. 002 < 0. 05）、"和顾客交谈"（Sig = 0. 000 < 0. 05）时，非常显著的一个特点是和"老乡"居住在一起的农民工，家乡话的使用频率明显多于其他几种情况，而普通话的使用频率明显少于其他几种居住方式的农民工。见图 33 和图 34。

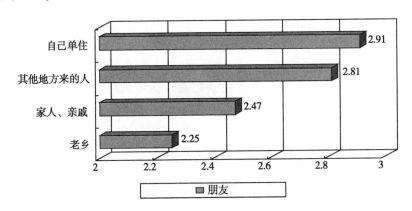

图 33　不同居住方式的农民工在城市时语言使用的差异图 a

从图 33 可以看出，在"和朋友闲聊"时，和"老乡"住在一起的农民工家乡话使用频率最高，均值 2. 25，和"家人、亲戚"住在一起的农民工次之，家乡话使用均值为 2. 47，这两种居住方式的农民工在城市时家乡话的使用频率都是处于"较多使用家乡话"的状态，而和"其他地方来的人"以及"自己单住"的农民工家乡话使用频率均值分别为 2. 81 和 2. 91，"普通话和家乡话使用的差不多"。因而，四种居住方式农民工在城市时家乡话的使用频率，沿着"老乡——家人、亲戚——其他地方来的人——自己单住"的方向呈递减趋势。

图 34 显示，不同居住方式农民工在城市时的语言使用，和"老

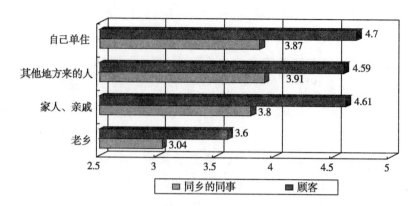

图 34　不同居住方式的农民工在城市时语言使用的差异图 b

乡"住在一起的农民工在和"同乡的同事"以及"顾客"交谈时，普通话的使用频率最低，其他三种居住方式的农民工普通话的使用频率几乎没有差异。和"老乡"住在一起的农民工和"同乡的同事"交谈时的语言使用，处于"普通话和家乡话使用的差不多"的状态，而其他三种居住方式的农民工的语言使用，处于"较多使用普通话"的状态；和"顾客"交谈时，和"老乡"住在一起的农民工的语言使用，处于"较多使用普通话"的状态，而其他三种居住方式的农民工处于"完全使用普通话"的状态。

8. 交往对象

农民工在城市里的交往对象，以同质群体为主，包括老乡和来自其他地方的一同打工的人，也有一些农民工由于打工时间较长或是工作、居住等原因，交往对象以当地的北京人为主。因而，此次调查将农民工的交往对象分为：老乡、其他地方来的人、北京人三种情况。①

交往对象不同的农民工在"和朋友闲聊"（Sig = 0.000 < 0.05）、"和同乡的同事交谈"（Sig = 0.016 < 0.05）、"和顾客交谈"（Sig = 0.000 < 0.05）时表现出差异性，显著特点是交往对象以"老乡"为主的农民工，家乡话的使用比其他两种情况多一些，而普通话的使用比其他两种情况少一些；与此相反，交往对象以"北京人"为主的

———————————

① 不同交往对象在城市农民工比例情况见绪论部分调查样本背景信息表 b。

农民工，家乡话的使用情况明显少于其他两种交往对象的农民工，而普通话的使用情况明显多于交往对象以老乡为主的农民工。见图35和图36。

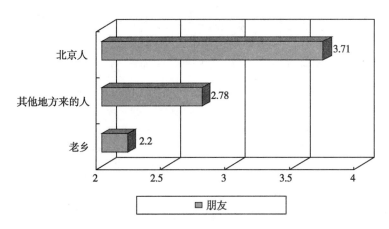

图35　不同交往对象的农民工在城市时语言使用的差异图 a

在和"朋友"交谈时，交往对象以"老乡"为主的农民工语言使用均值为2.2，"较多使用家乡话"，交往对象以"其他地方来的人"为主的农民工语言使用均值为2.78，"普通话和家乡话使用的差不多"，交往对象以"北京人"为主的农民工语言使用均值为3.71，"较多使用普通话"。

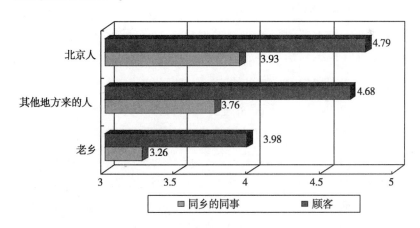

图36　不同交往对象的农民工在城市时语言使用的差异图 b

在和"同乡的同事"交谈时，交往对象以老乡为主的农民工的语言使用均值为 3.26，"普通话和家乡话使用的差不多"，交往对象以"其他地方来的人"和以"北京人"为主的农民工语言使用均值分别为 3.76 和 3.93，"较多使用普通话"；在和"顾客"交谈时，交往对象以"老乡"为主的农民工的语言使用均值为 3.98，"较多使用普通话"，交往对象以"其他地方来的人"和以"北京人"为主的农民工语言使用均值分别为 4.68 和 4.79，"全部使用普通话"。

9. 对自身普通话能力的期望程度

此次调查还问及农民工希望自己普通话能力达到什么程度，设置了"熟练很标准""熟练比较准确""能进行一般交际就可以"和"没什么要求"四种情况。在所用样本中，有 10% 的农民工对自己的普通话能力没什么要求，而 90% 的农民工对自己的普通话能力有所要求。37.35% 的农民工希望自己的普通话能力能够达到"熟练很标准"的程度，33.24% 的农民工希望自己的普通话能力能够达到"熟练比较准确"的程度，还有 19.41% 的农民工希望自己的普通话能力"能进行一般交际"。

对自身普通话能力期望程度不同的农民工在城市时，在"和朋友闲聊"时，对自身普通话能力期望程度越高的农民工，家乡话的使用频率越低，对自身普通话能力期望程度较低的农民工，家乡话的使用频率明显要高一些；在和"非同乡的同事"以及"顾客"交谈时，对自身普通话能力期望程度越高的农民工，普通话的使用频率越高，对自身普通话能力期望越低的农民工，普通话的使用频率明显低于对自身普通话能力期望程度高的农民工。见图 37 和图 38。

从图 37 可以看出，希望自身普通话能力"能进行一般交际"的农民工，和"朋友"闲聊时的语言使用均值为 2.09，"较多使用家乡话"；对自身普通话能力要求"熟练比较准确"的农民工，和"朋友"闲聊时的语言使用均值为 2.64，在"较多使用家乡话"与"普通话和家乡话使用差不多"的交界地带，对自身普通话能力要求"熟练很标准"的农民工，和"朋友"闲聊时的语言使用均值为 2.71，"普通话和家乡话使用的一样多"，偏向较多使用家乡话一方。

从图 38 可以看出，希望自身普通话能力"能进行一般交际"的

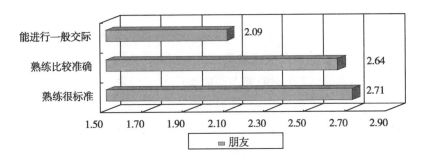

图37 对自身普通话能力期望程度不同的农民工在
城市时语言使用的差异图 a

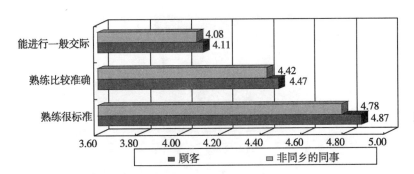

图38 对自身普通话能力期望程度不同的农民工在
城市时语言使用的差异图 b

农民工,和"非同乡的同事"以及"顾客"交谈时,语言使用均值分别为4.08和4.11,"较多使用普通话";对自身普通话能力要求"熟练比较准确"的农民工,和"非同乡的同事"以及"顾客"交谈时,语言使用均值分别为4.42和4.47,在"较多使用普通话"与"全部使用普通话"的交界地带,属于"较多使用普通话的一方";对自身普通话能力要求"熟练很标准"的农民工,在和"非同乡的同事"以及"顾客"交谈时,语言使用均值分别为4.78和4.87,"全部使用普通话"。

10. 流动取向

农民工的户口在农村,在城市里属于暂住人口,其流动取向主要有两种:一种是希望留在北京定居下来,另一种是干几年就回老家。所以,此次调查,对于农民工的流动取向,选择了"希望一直待下去""待一段时间"和"说不清"三种情况。有 44.4% 的在城市农民工对自己的去留取向说不清楚，能明确自己去留取向的农民工中，有 72% 的人希望能一直留在北京，28% 的人是想干几年就回老家。

对于自己流动取向有明确态度的农民工在城市时，在普通话的使用上表现出了一些差异。在和"同乡的同事交谈"（Sig = 0.001 < 0.05）、"非同乡的同事交谈"（Sig = 0.038 < 0.05）时，打算一直留在北京的农民工普通话的使用频率，明显多于打算在北京待一段时间就回老家的农民工。见图 39。

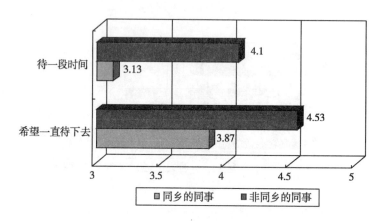

图 39　不同流动取向的农民工在城市时语言使用的差异图 a

在和"同乡的同事交谈"时，希望自己能一直留在北京的农民工语言使用均值为 3.87，"较多使用普通话"，而打算干几年就回老家的农民工的语言使用均值为 3.13，"普通话和家乡话使用的差不多"；在和"非同乡的同事"交谈时，希望自己能一直留在北京的农民工语言使用均值为 4.53，"全部使用普通话"，而打算干几年就回老家的农民工的语言使用均值为 4.1，"较多使用普通话"。

还有一些农民工对自己的流动取向说不清楚，这部分农民工的语言使用介于前两者之间，即对自己流动取向说不清楚的农民工，普通话的使用频率低于打算一直留在北京的农民工，而高于打算干几年就回老家的农民工，因而，三者普通话使用频率呈现沿着"一直留在北京——说不清楚——干几年就回老家"的方向递减。见图 40。

如果把农民工对自己流动取向说不清楚理解成一种矛盾心理，呈

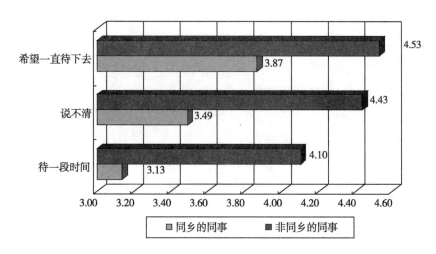

图 40　不同流动取向的农民工在城市时语言使用的差异图 b

现上述状态就容易理解。打工经历使得很多农民工在实现经济目的的同时，也开阔了眼界，感受到了很多金钱之外自身的价值，而且农民工群体又以年轻人居多，但是能否在城市中生存下去和户籍制度带来的尴尬社会地位，使很多农民工在流动取向上处于矛盾状态，很难说清楚自己的流动取向，如果真是这样，这些思想矛盾的农民工在普通话使用频率上低于明确想留下来的农民工，高于明确要回去的农民工也在情理之中。

以上从"常见"社会变量、"时间"变量、"环境"变量、"心理"变量四个角度，对农民工在城市时语言使用的共时差异作了比较分析。分析中发现，在"常见"社会变量中，"文化程度"变量和农民工在城市时的语言使用关系比较紧密，而农民工在城市的语言使用在其他两个常见社会变量"性别"和"职业"上表现出的差异和"流动取向""居住方式"以及"交往对象"有很大关系；农民工在城市时语言使用在"时间"变量上表现出的差异较突出，尤其是在"年龄"和"学习普通话的起始时间"上表现出的差异很明显，二者和农民工在城市时的语言使用关系非常密切，而农民工在城市时的语言使用在"打工时间"上表现出的差异，前文的分析表明受"年龄"因素的影响较大；农民工在城市时的语言使用在"环境"和"心理"变量上表现出的差异也较明显，这些变量和农民工在城市时的语言使用的关系也很密切。

　　此次农民工在城市时语言使用共时差异分析，还考察了不同"来源地"农民工在城市时在语言使用上的差异。^① 通过对不同来源地农民工在城市时语言使用的比较分析，发现了一个比较有趣的现象，即很多东北三省的农民工认为自己所说的家乡话就是普通话，所以在家乡话的使用上，东北三省的农民工语言使用呈现一枝独秀的状态，在和"家人说话"和"同乡闲聊"时，均值都在 3.5 以上，即使用的是普通话，除此之外，其他各来源地的在城市农民工在语言使用上没有表现出差异。

　　农民工在城市时语言使用在来源地上表现出的差异，实际上是认识上的问题。来自东北三省的在城市农民工自认为所说的东北方言就是普通话，是导致这种差异产生的直接原因，而这种认识来自于东北方言和普通话的历史渊源。东北官话区原来和北京官话区是不分的，后来才分出去。东北官话和北京话有很深的历史渊源，林焘（1987）从历史事实来说明二者之间的密切关系，他说："一千年来我们东北地区和北京人口相互流动的历史情况充分说明东北方言和北京话有非常密切的关系。东北方言是在一千年前现代北京话的前身幽燕方言的基础上发展起来的，在发展的过程中，仍旧不断和北京话保持密切接触，并且曾两次回归北京，一次是在 12 世纪中叶金女真统治者迁都燕京时，另一次是 17 世纪中叶清八旗兵进驻北京时。这两次的语言回归对北京官话区的形成和现代北京话的发展都起了很大的推动作用。两种方言相互影响，日趋接近，形成了一个包括东北广大地区和北京市在内的北京官话区。"林焘还进一步指出"北京官话区以北京市为起点，从西向东，范围逐渐扩大，形成西南狭窄，东北宽阔的喇叭形区域，包括河北省东部、内蒙古东部和东北三省的绝大部分"，这个区域"不但声韵系统基本相同，调类全同，而且调值全同或极近似"。

　　事实上，东北方言和普通话是有一定差别的，来自东北三省的一些农民工，尤其是从事美容、美发行业的农民工能比较明确地感觉出

这种差别。在访谈中，他们也谈到来到北京在和顾客交谈时，在发音和用词上尽量避免使用家乡"语调"和土语词汇，如他们尽量克服东北方音"憨重"的感觉，使用普通话的语调，不使用东北话中"埋汰、整"等土语，而使用普通话中的"脏、喝"等词语。如果来自东北三省的农民工能够像其他来源地农民工一样，很容易地分清自己的家乡话和普通话，那么在语言使用上，不同来源地在城市农民工并不存在太大差异。

二　农民工语言能力的内部差异分析

农民工的语言能力在"性别""受教育程度""职业""年龄""打工时间""学习普通话的起始时间""居住方式""交往对象"和"流动取向"上都表现出不同的差异，具体情况如下。

1. 年龄

分析结果表明，农民工在城市时的普通话能力在四个年龄段上，即 20 岁及以下、21—30 岁、31—40 岁、40 岁以上，显示出很大差异（交流能力 Sig＝0.00＜0.05、发音情况 Sig＝0.00＜0.05、运用能力 Sig＝0.00＜0.05）。见图 41。

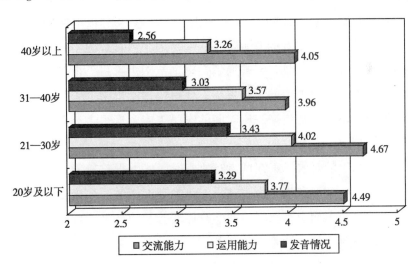

图 41　不同年龄段的农民工在城市时的普通话能力差异图

从图 41 可以看出，农民工在城市时普通话的"交流能力"，

21—30岁年龄段农民工在城市时的"交流能力"在四个年龄段中处于最高的位置，而且30岁以下农民工普通话的交流能力，明显高于30岁以上的农民工；对于普通话的"发音情况"，还是21—30岁农民工的发音标准程度在四个年龄段处于最高状态，仍然是30岁以下农民工普通话的发音情况，明显高于30岁以上的农民工，而且21—30岁、31—40岁、40岁以上三个年龄段农民工普通话的发音情况，呈现随着年龄增大，能力不断降低的趋势；对于普通话的"运用能力"，仍然是21—30岁农民工普通话的运用熟练程度最高，同样30岁以下农民工普通话的运用熟练程度，明显高于30岁以上农民工，而且21—30岁、31—40岁、40岁以上三个年龄段农民工普通话的运用熟练程度，也呈现年龄越大，能力越低的状态。

因而，以30岁为分界点，"年龄"和农民工在城市时的普通话能力二者呈现年龄越大、普通话能力越低，年龄越小、普通话能力越高的趋势。21—30岁年龄段农民工的普通话能力在几个年龄段中仍然是最高的，这和农民工在城市时的普通话使用表现出的状态一致，上一章农民工在城市时语言使用差异分析显示，21—30岁年龄段的农民工在城市时的普通话使用频率也是最高。但是21—30岁年龄段农民工在城市时的普通话能力，只是略高于20岁及其以下在城市农民工的普通话能力，二者的差距很小。一是因为语言能力不可能在短时期内大幅度提高，二是现在普通话在全国范围内推进，由于国家政策的倡导，学校教育能力的不断提高，使得很多刚出来务工的农民工普通话能力并不一定比出来一段时间的农民工能力低很多，尤其是普通话的发音情况。

总之，年龄对农民工在城市时的普通话能力影响较大。这一方面是年龄越小，学习和接受能力越强，年龄越大，学习和接受能力会相对减弱；另一方面也是普通话在学校逐渐普及的结果。当被问及"您在学校读书时大部分老师上课一般说哪里话"，年龄越小的农民工回答在学校老师使用普通话的比例越大，使用家乡话授课的老师比例越小，而年龄越大的农民工，回答老师使用家乡话和普通话的比例几乎各半。见表17。

表 17　　　　**不同年龄段的农民工回答老师授课语言使用情况表**

年龄分段 ＊ 您在学校读书时大部分老师上课一般说哪里话

		您在学校读书时大部分老师上课一般说哪里话			
		我的家乡话	普通话	他们自己的家乡话	总计
年龄分段	20 岁及以下	16	114	2	132
	21—30 岁	46	152	4	202
	31—40 岁	56	64	2	122
	40 岁以上	28	40	0	68
总计		146	370	8	524

从表 17 可以看出，30 岁以下农民工中，回答老师上课使用普通话的比例是 79.6%，30 岁以上农民工中，回答老师上课使用普通话的比例是 55.3%。

2. 打工时间

多次分析的结果显示，不同打工时间的农民工在城市时，普通话能力表现出的差异，可以 10 年为界，打工时间 10 年以内的农民工的普通话的"发音情况"和"运用能力"呈现打工时间越长，能力越高的态势，但是这种差异不是很明显，随着打工时间的推移，农民工普通话能力提高得较缓慢；而打工时间在 10 年以上的农民工在城市时，普通话能力却呈现下降趋势，明显低于打工时间 10 年以内的农民工的普通话能力（发音情况 Sig = 0.02 < 0.05、运用能力 Sig = 0.00 < 0.05）。见图 42。

图 42 显示，打工时间 10 年以内的农民工在城市时的"运用能力"和"发音情况"，随着打工时间的推移，呈现逐渐提升的趋势，但是提升的幅度不是很大。而且从图中显示的情况也可以看出，打工时间 10 年以上的农民工在城市时的普通话的"运用能力"和"发音情况"，在三个打工时间段里处于最低的状态。

打工时间 10 年以上的农民工的普通话能力，低于打工时间 10 年以内的农民工的能力，这和年龄因素有很大关系。见表 18。

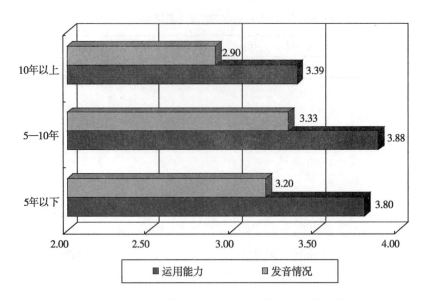

图42　不同打工时间的农民工在城市时的普通话能力差异图

表18　　　　　　　　不同打工时间和年龄段的农民工交叉列联表

打工时间 ＊ 年龄分段					
		年龄分段			总计
		20 岁及以下	21—30 岁	31—40 岁	40 岁以上	
打工时间	0—5 年	164	146	50	42	402
	5—10 年	10	96	54	20	180
	10 年以上	0	26	48	24	98
总计		174	268	152	86	680

　　打工时间在 10 年以下的农民工中，打工时间在 0—5 年的农民工有 402 人，其中 30 岁以下有 310 人，占 77.1%，30 岁以上有 92 人，占 22.9%，打工时间 5—10 年在城市农民工共 180 人，30 岁以下有 106 人，占 58.9%，30 岁以上有 74 人，占 41.1%；打工时间 10 年以上的农民工一共有 98 人，30 岁以下的共 26 人，占 26.5%，30 岁以上的共有 72 人，占 73.5%。可见，打工时间 10 年以上的农民工中，年龄 30 岁以上的农民工的比例远远大于打工时间在 10 年以内的农民工的比例，而 30 岁以上农民工普通话能力明显低于 30 岁以下农民工。因而，打工时间在 10 年以上的农民工普通话能力低于打工 10

年以内农民工，在很大程度上受年龄因素的影响。从这一点上看，年龄因素对农民工在城市时的普通话能力影响更大一些。

3. 学习普通话的起始时间

上文提到，农民工学习普通话的起始时间，可以分为外出务工之前和外出务工之后，农民工外出务工之前学习普通话的时间，又可分为：幼儿园、小学、初中和高中四个起始点。

首先，外出务工之后才学习普通话的农民工，和外出务工之前就已经学过普通话的农民工，在普通话能力上表现出了差异（交流能力 Sig = 0.000 < 0.05，发音情况 Sig = 0.000 < 0.05，运用情况 Sig = 0.000 < 0.05）。见图 43。

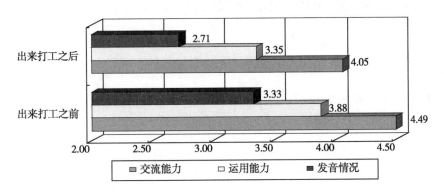

图 43　学习普通话不同起始时间的农民工在城市时的
普通话能力差异图 a

从图 43 可以看出，外出务工之后才开始学习普通话的农民工在城市时，在普通话能力的三个项目上，都要低于外出务工之前就已经学过普通话的农民工，差异比较明显。外出务工之前学过普通话的农民工在城市时，普通话的"交流能力"处于和别人"基本能交流"与"交流没问题"的交界地带，而外出务工之后才开始学习普通话的农民工在城市时的"交流能力"处于"基本能交流"的状态；对于普通话的"发音情况"，二者在同一层次内差别较大，分别偏向水平较低和较高的一方；对于普通话的运用熟练程度上，外出务工之前学过普通话的农民工在城市时，普通话的"运用能力"处于"比较熟练"的水平，而外出务工之后才开始学习普通话的农民工在城市时，普通话的"运用能力"处于"一般"的水平。

其次，外出务工之前，学习普通话的三个起始时间——幼儿园、小学、初中①的农民工在城市时的普通话能力也表现出了一些差异（交流能力 Sig = 0.022 < 0.05，发音情况 Sig = 0.000 < 0.05）。见图44。

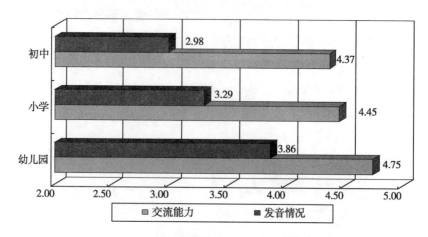

图 44　学习普通话不同起始时间的农民工在城市时的
普通话能力差异图 b

外出务工之前不同学习起点的农民工在城市时，在"交流能力"和"发音情况"上，呈现出随着学习起点早晚的变化，普通话能力也出现高低的变化，而且是学习普通话的起始时间越早，普通话的能力越高；学习起始时间越晚，普通话能力越低。

因而从整体上看，学习普通话不同起始时间的农民工在城市时的普通话能力，呈现出学习起始时间越早，普通话能力越高，学习起始时间越晚，普通话能力越低的趋势。

4. 居住方式

不同居住方式农民工在城市时的普通话能力，在普通话的"交流能力"（Sig = 0.000 < 0.05）和"发音情况"（Sig = 0.009 < 0.05）两个项目上表现出了差异。见图45。

图45显示，不同居住方式的农民工在普通话能力的两个项目

---

① 高中样本量过小，故剔除掉了。

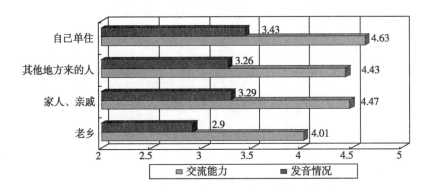

图45 不同居住方式的农民工在城市时的普通话能力差异图

"交流能力"和"发音情况"上，表现出来的共同趋势是：和"老乡"居住在一起的农民工普通话的交流能力和发音情况，在几种居住方式的农民工中，处于最差的状态。和"老乡"住在一起的农民工在城市时，普通话的"交流能力"处于"比较熟练"的状态，而和"其他地方来的人"以及"家人、亲戚"住在一起的农民工在城市时，普通话的"交流能力"处于"基本能交流"和"交流没问题"的交界地带，"自己单住"的农民工在城市时，普通话的交流能力处于"交流没问题"的状态；对于普通话的"发音情况"，虽然四种居住方式的农民工都处于"一般"的状态，但是从均值的大小可以看出，和"老乡"住在一起的农民工普通话发音情况仍是最差的，而"自己单处"的农民工发音情况最好，发音处于在"一般"和"比较标准"的交界地带。

"自己单住"的农民工的普通话能力在几种居住方式中处于最高的地位，和"年龄"以及"经济收入"变量有一定关系。能够自己单住的农民工年龄集中在21—30岁年龄段，而且高经济收入农民工所占比重较大。"自己单住"的农民工共有90人，其中60人在21—30岁年龄段，占2/3，收入在1500元以上的农民工中的比例是收入1500元以下农民工的1.5倍。而年龄在21—30岁年龄段农民工的普通话能力在几个年龄段农民工中最好，收入1500元以上农民工的普通话能力也要好于收入1500元以下农民工。因而，自己单住的农民工普通话能力在几种居住方式中最高，这和年龄以及经济收入因素有很大关系。见表19。

表 19　　　　农民工居住方式、经济收入和打工时间交叉列联表

居住方式 ＊ 年龄分段 ＊ 经济收入

经济收入			年龄分段				总计
			20 岁及以下	21—30 岁	31—40 岁	40 岁以上	
1500 元以下	和什么人住在一起	家人亲戚	86	78	62	40	266
		老乡	16	34	38	30	118
		其他地方来的人	42	32	8	2	84
		自己单住	18	30	4	2	54
	总计		162	174	112	74	522
1500 元以上	和什么人住在一起	家人亲戚	10	34	18	4	66
		老乡	0	16	8	2	26
		其他地方来的人	2	12	8	2	24
		自己单住	0	30	2	4	36
	总计		12	92	36	12	152

5. 交往对象

农民工的交往对象大部分是同质群体，包括同乡和一起打工的其他地方来的人，也有一些人的交往对象主要是北京人，这样的情况不是很多见。平时交往对象不同的农民工在城市时的普通话能力表现出了很大差异（交流能力 Sig = 0.001 < 0.05，发音情况 Sig = 0.016 < 0.05，运用情况 Sig = 0.018 < 0.05）。见图 46。

可见，平时交往对象以"老乡"为主的农民工的普通话能力，在三种情况中处于最差的状态，而平时交往对象以"北京人"为主的农民工的普通话能力最高，交往对象以"其他地方来的人"为主的农民工的普通话能力居中。因而，不同交往对象的农民工在城市时的普通话能力，沿着"老乡→其他地方来的人→北京人"的方向，普通话能力逐渐增高，相反，沿着"北京人→其他地方来的人→老乡"这样一个方向，普通话能力呈现逐渐降低的趋势。

6. 流动取向

统计结果显示，不同流动取向的农民工的普通话能力有一定差异，希望一直在北京待下去的农民工和打算在北京待一段时间就走的

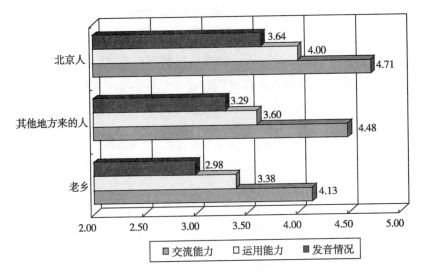

图46　不同交往对象的农民工在城市时的普通话能力差异图

农民工，在普通话能力的两个项目"交流能力"（Sig = 0.043 < 0.05）与"运用能力"（Sig = 0.010 < 0.05）上，呈现出前者比后者能力更强的状态。见图47。

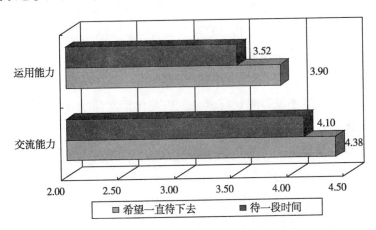

图47　不同流动取向的农民工在城市时的普通话能力差异图

"希望一直待下去"的农民工在城市时，普通话的"交流能力"和"待一段时间"的农民工相比差别不是很大，二者都处于"基本能交流"的程度，但是前者相对更好一些，偏向"交流没问题"的一方；"希望一直待下去"的农民工在城市时，普通话的"运用能力"和"待一段时间"的农民工相比差别较大，前者的"运用能力"处于"比较熟练"的程度上，后者的"运用能力"处于"一般"和"比较熟练"的交界地带，属于运用"比较熟练"的一方。

　　不同流动取向的农民工在城市时普通话能力上表现出的差异，和农民工的文化程度有一定关系。见表 20。

表 20　　　　　　　不同流动取向和文化程度的农民工交叉列联表

打算在北京待多久 ＊ 文化程度				
		文化程度		
		小学	初中	高中
打算在城市待多久	希望一直待下去	12	144	86
	待一段时间	26	78	16

　　对自己流动取向有明确态度的农民工中，高中文化程度共 102 人，其中希望在北京一直待下去的 86 人，占 84.3%，想待一段时间就回家乡的 16 人，占 15.7%；初中文化程度共 222 人，希望一直待下去的 144 人，占 64.9%，想待一段时间就回家乡的 78 人，占 35.1%；小学文化程度共 38 人，希望一直待下去的 12 人，占 31.6%，想待一段时间就回家乡的 26 人，占 68.4%。因而，文化程度越高的农民工，越希望能够一直留在北京，而文化程度越低的农民工，更倾向于待一段时间就回老家，而文化程度高的农民工在城市时的普通话能力，明显高于文化程度低的农民工。

　　7. 对自身普通话能力的期望程度

　　对自己普通话能力有所期望的农民工在城市时的普通话能力呈现出，对自身普通话能力期望程度越高的农民工，在城市时实际的普通话能力也越高，对自身普通话能力要求越低的农民工，在城市时实际的普通话能力也越低的状态（交流能力 Sig = 0.000 < 0.05，发音情况 Sig = 0.000 < 0.05，运用能力 Sig = 0.000 < 0.05）。见图 48。

　　对自身普通话程度寄予不同希望的农民工在城市时实际的普通话能力差异较大。

　　在"交流能力"上，期望自身普通话能力能进行一般交际的农民

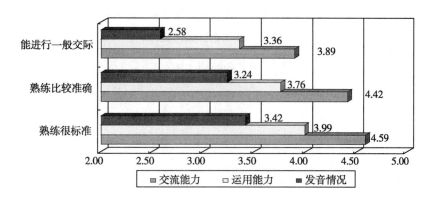

图 48　对自身普通话能力期望程度不同的农民工在
城市时的普通话能力差异图

工用普通话与人交流的能力相对较弱，处于"基本能交流"的程度，而期望自身普通话能力达到"熟练比较准确"和"熟练很标准"的农民工的交流能力，都在"基本能交流"和"交流没问题"的交界地带，前者属于"基本能交流"的层次，后者属于"交流没问题"的层次。

　　在"发音情况"上，期望自身普通话能力能满足一般交际需要的农民工的普通话发音情况最差，在发音"不标准"和"一般"的交界地带，属于发音"一般"的一方，而期望自身普通话能力达到"熟练比较准确"和"熟练很标准"的农民工的发音情况，都在"一般"的能力段上，但是后者处于"一般"和"比较标准"的交界地带。

　　在"运用能力"上，三种期望程度的农民工之间的差异不是很大，都处于"比较熟练"的层次上，但仍然是期望自身普通话能力能满足一般交际需要的农民工运用普通话的能力最弱，在"一般"和"比较熟练"的交界地带。

　　对自身普通话程度寄予不同希望的农民工在城市时在普通话能力上表现出的差异，和农民工的年龄、文化程度有一定关系。见表21和表22。

表 21 　　　　对自身普通话能力不同期望程度和不同年龄
段的农民工的交叉列联表

您希望自己的普通话达到什么程度 ＊ 年龄分段					
		年龄分段			
		20 岁及以下	21—30 岁	31—40 岁	40 岁以上
您希望自己的普通话达到什么程度？	熟练很标准	86	122	36	10
	熟练比较准确	52	90	54	30
	能进行一般交际	24	30	48	30

期望自身普通话能力达到"熟练很标准"程度的农民工一共有254 人，其中 30 岁下农民工 208 人，占 81.9%，30 岁以上农民工 46人，占 18.1%；期望自身普通话能力达到"熟练比较准确"程度的农民工一共 226 人，30 岁以下农民工 142 人，占 62.8%，30 岁以上农民工 84 人，占 47.2%；期望自身的普通话能力"能进行一般交际"的农民工共 132 人，30 岁以下农民工 54 人，占 40.9%，30 岁以上农民工 78 人，占 59.1%。可见，年龄越小的农民工对自身普通话能力要求达到的程度越高，年龄越大的农民工对自身普通话能力达到的程度要求越低，而年龄越小的农民工在城市时的普通话能力越高，年龄越大的农民工在城市时的普通话能力越低。

表 22 　　　　对自身普通话能力不同期望程度和不同文化
程度的农民工的交叉列联表

您希望自己的普通话达到什么程度 ＊ 文化程度			
		文化程度	
		小学	初中	高中
您希望自己的普通话达到什么程度	熟练很标准	10	148	82
	熟练比较准确	18	152	56
	能进行一般交际	28	72	30

表 22 显示，对自身普通话能力有要求的小学文化程度的农民工共 56 人，希望自己普通话能力达到"熟练很标准"程度的 10 人，占17.9%，希望达到"熟练比较准确"程度的 18 人，占 32.1%，希望

"能进行一般交际"的 28 人，占 50%；对自身普通话能力有要求的初中文化程度农民工共 372 人，希望自己普通话能力"熟练很标准"以及"熟练比较准确"的共有 300 人，占 80.6%，"能进行一般交际"的 72 人，占 19.4%；高中文化程度的共 168 人，希望自己普通话能力"熟练很标准"的 82 人，占 48.8%，希望达到"熟练比较准确"程度的 56 人，占 33.3%，希望达到"能进行一般交际"的 30 人，占 17.9%。可见，文化程度越低，对自己普通话能力的期望程度越低，文化程度越高，对自己普通话能力的期望程度越高，而文化程度越高的农民工在城市时的普通话能力越高，文化程度越低的农民工在城市时的普通话能力越低。

以上从"常见"社会变量、"时间"变量、"环境"变量和"心理"变量四个角度，对农民工在城市时普通话能力的共时差异作了比较分析，农民工在城市时的普通话能力在上列变量上都表现出了不同程度的共时差异。而且进一步的分析还发现，农民工在城市时的普通话能力在有些变量上表现出的差异，和其他变量有很大关系，如农民工在城市时的普通话能力在"打工时间"上表现出的差异和"年龄"有很大关系，受"年龄"因素的影响较大，再如农民工在城市时的普通话能力在"心理"变量上表现出的差异，和"年龄"以及"文化程度"变量有很大关系。

此次农民工在城市时的普通话能力差异分析中，农民工在城市时的普通话能力在"性别"这一常见社会变量上没有表现出差异，这和社会语言学一般意义上的观点——女性的标准语能力要优于男性的先导研究结论有所不同，这主要是和农民工的群体特征有关。首先，农民工群体中，男性农民工外出务工的时间比较长，女性农民工外出务工的时间相对短一些，这是导致男性和女性农民工在普通话能力上没有表现出差异的因素之一。其次，社会对农民工普通话能力要求不是很高，只要能满足生活和工作的需要就可以，所以，农民工在城市时普通话能力的提高集中表现在"交流能力"和"运用能力"上，发音标准程度改变不大，而女性比男性标准语能力强的一个重要表现是发音的标准程度。所以，男性和女性农民工在城市时的普通话能力没有表现出差异，主要是农民工群体自身特征决定的。

此次农民工在城市时普通话能力在社会变量上的共时差异，还考察了不同"来源地"农民工普通话能力的差异。农民工在城市时普通话能力在来源地上表现出的共时差异，和不同来源地农民工在城市时在语言使用上呈现出的差异状态一样，仍然呈现出东北三省一枝独秀的状态。如果剔除东北三省的样本，再进行统计分析，结果显示，其他来源地农民工在城市时的普通话能力没有太大差异。所以，不同来源地农民工在城市时普通话能力的差异，主要体现在了东北三省和其他来源地之间，这仍然是和东北三省农民工家乡话和普通话的接近程度有直接关系，关于这一点在语言使用部分已经进行了分析，这里不再赘述。

三　农民工语言态度的内部差异分析

同样，单因素方差统计检验结果显示，农民工对普通话的态度和家乡话的态度在上文所列的变量"性别""受教育程度""职业""年龄""打工时间""学习普通话的起始时间""居住方式""交往对象"和"流动取向"中也体现出差异性。

1. 农民工对普通话的态度差异分析

（1）性别

不同性别农民工，在对"普通话的评价""说普通话的心理接受程度""学习普通话的难易感受"和"对子女会说普通话的期望程度"上没表现出差异，只是在"自身普通话能力的期望程度"上，女性农民工对自己普通话能力的要求，比男性农民工高一些（Sig = 0.04 < 0.05）。见图 49。

女性农民工对自己普通话能力的期望程度均值为 4.16，而男性农民工对自身普通话期望程度均值为 3.84。因而，女性农民工对自身普通话能力的要求比男性农民工相对高一些，但是不同性别农民工对普通话态度整体差异不大。

（2）文化程度

由于小学以下和大专及以上文化程度的农民工样本量偏小，所以

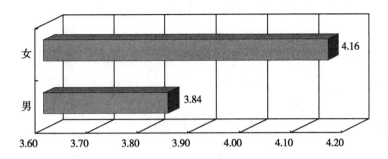

图 49 不同性别的农民工对自身普通话能力的期望程度差异图

此次只考察了小学、初中和高中三个文化程度农民工对普通话态度的情况。

首先，不同文化程度农民工对普通话的"经济地位"（Sig = 0.05）以及权势地位评价项"礼貌、修养程度"（Sig = 0.038 < 0.05）的评价有所不同。见图 50。

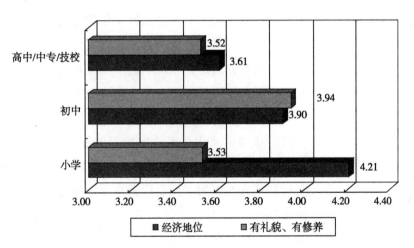

图 50 不同文化程度的农民工对普通话的态度差异图 a

图 50 显示，对于普通话的经济地位，文化程度越低的农民工越认同，初中和小学文化程度的农民工对"普通话说得好可以找到一份好工作"很认同，文化程度高的农民工对普通话的经济地位也有认同，但认同度不高，处于认同和无所谓态度的交界地带；高中和小学文化程度农民工对普通话的"礼貌、修养"地位认同程度差不多，初中文化程度的农民工的认同程度最高，即初中文化程度的农民工更

倾向于认为普通话说得好会让人觉得有礼貌、有修养。

其次，不同文化程度农民工在"学习普通话的难易感受"（Sig＝0.001＜0.05）和"对自身和子女普通话情况期望程度"（Sig＝0.007＜0.05、Sig＝0.012＜0.05）上存在差异。见图51。

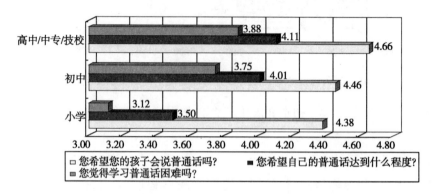

高中/中专/技校　3.88　4.11　4.66
初中　3.75　4.01　4.46
小学　3.12　3.50　4.38

□ 您希望您的孩子会说普通话吗？　■ 您希望自己的普通话达到什么程度？
■ 您觉得学习普通话困难吗？

图51　不同文化程度的农民工对普通话的态度差异图 b

结果显示，小学文化程度的农民工在这三种文化程度的在城市农民工中，学习普通话的困难感受高于其他两种文化程度的农民工，其他两种文化程度的农民工感觉普通话比较好学；小学文化程度的农民工对自己普通话能力的期望程度最低，对自己的期望集中在"熟练比较准确"上，而高中文化程度的农民工在这三个文化程度中对自身普通话能力要求最高，但是和初中文化程度的农民工的愿望差别不大，两个文化程度的农民工，都希望自己的普通话能力达到"熟练很标准"的程度；不同文化程度农民工对子女会说普通话的期望程度也不一样，呈现出文化程度越高，对子女会说普通话的要求越强烈的趋势，高中文化程度的农民工对子女会说普通话的愿望最强烈，希望子女一定会说普通话，小学文化程度的农民工虽然也希望自己的子女会说普通话，但是愿望不是非常强烈。

因而从整体上看，文化程度越高的农民工越认为普通话好学，对自身普通话能力期望程度越高，对子女会说普通话的愿望也最强烈，对普通话地位"礼貌、修养"项评价相对低一些；文化程度越低的农民工对自身普通话能力期望程度越低，希望子女会说普通话的愿望也相对弱一些，但是对普通话地位"礼貌、修养"项评价却较高。

这样的结果，在某种程度上显示出文化程度高的农民工看待普通话更理性，更多地将普通话看作是一种交际工具，更看重普通话的实用价值，而文化程度较低的农民工更多地感受到普通话作为标准语所负载的其他内容，如地位和权势的象征等，对普通话的实用价值关注不如前者。

（3）职业

不同职业农民工语言态度差异分析，选择了"美容美发、导购人员""餐饮服务人员""工厂工人""建筑工人"和"小生意人"几个职业的从业人员的态度进行比较。

首先，不同职业农民工对普通话的评价有所不同（Sig = 0.001 < 0.05、Sig = 0.003 < 0.05、Sig = 0.009 < 0.05）。见图52。

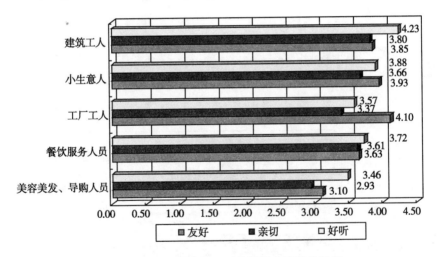

图52　不同职业的农民工对普通话态度的差异图 a

图52显示，对于普通话的三个情感评价项"好听""友好"和"亲切"，不同职业农民工表现出了不同的态度。对"友好"一项，美容美发、导购人员的认同感最弱，这一职业的农民工并不认为用普通话与同乡以外的人交谈显得友好，比较友善，而其他几个职业的农民工对这一点的认同度较高，都认为用普通话和同乡以外的人交谈显得友好，比较友善；对"好听"和"亲切"两个情感项，也是美容美发、导购人员的认同度较低，建筑工人对普通话好听的认同感最强烈。

对于普通话的权势地位"受教育程度"项的评价，不同职业农民工也有所不同，但仍是美容美发、导购人员的认同感最弱，建筑工人的认同感最强。见图53。

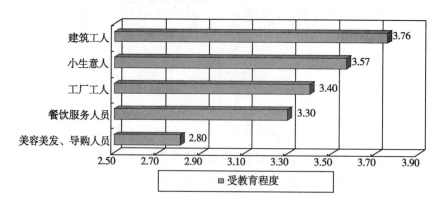

图 53　不同职业的农民工对普通话态度的差异图 b

其次，不同职业农民工"学习普通话的难易感受"和对"自身普通话能力的期望程度"上也存在差异（Sig = 0.002 < 0.05、Sig = 0.014 < 0.05）。见图54。

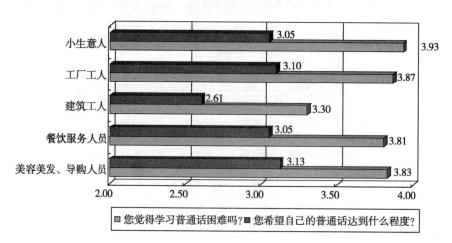

图 54　不同职业的农民工对普通话态度的差异图 c

图54显示，不同职业农民工中，建筑工人认为学习普通话有一定的困难，而其他几个行业均认为学习普通话比较容易；在对自身普通话能力的期望程度上，建筑工人的期望程度也明显低于其他几个职

业，而其他几个职业之间对自身普通话能力期望程度差别不大。

总之，不同职业农民工在语言态度上的差异，在很大程度上表现在建筑业和其他几个职业之间，建筑工人对自己普通话能力期望程度，明显低于其他几个职业的农民工，而对普通话评价又高于其他几个职业。建筑工人对自身普通话能力期望值不高跟职业特点有关，建筑行业本身封闭性很强，再加上这一行业的农民工之间地域关系占主导地位，几乎都是老乡带老乡出来干活，不会或者不说普通话也可以正常生活和工作，而且从事建筑业的农民工文化程度也较低，这都导致建筑工人对自己普通话能力期望偏低或是没什么期望；服务行业对从业人员的普通话有要求，因而从事服务行业的农民工都希望自己普通话能力能够达到"熟练很标准"或是"熟练比较准确"。

（4）经济收入

五个不同经济收入段（500 元以下、501—1000 元、1001—1500元、1501—2000 元、2000 元以上）的农民工，首先在对普通话的情感评价上表现出差异（Sig = 0.009 < 0.05、Sig = 0.009 < 0.05）。见图 55。

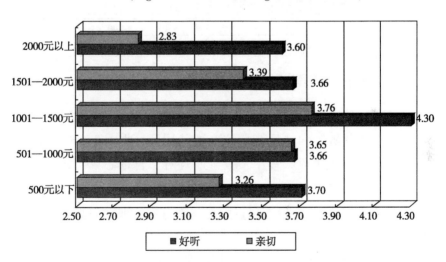

图 55　不同经济收入的农民工对普通话态度的差异图 a

对于普通话情感评价"好听"项，比较突出的特点是收入1001—1500 元的农民工认同度最强，均值 4.3，觉得普通话好听，而且偏向非常赞同的一方，其他几个收入段的农民工认同感相对弱一些，虽然也认为普通话好听，但是偏向没有明确态度的一方；对于普通话情感评价"亲切"项，也是1001—1500元收入段的农民工认同感最强烈，501—1000元收入段农民工的认同度也较高，2000元以上收入段农民工的认同感最弱。

其次，不同收入段农民工对普通话的地位评价也表现出了差异（Sig = 0.00 < 0.05、Sig = 0.033 < 0.05、Sig = 0.037 < 0.05、Sig = 0.012 < 0.05）。见图56。

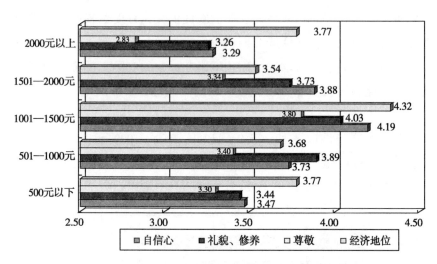

图56　不同经济收入的农民工对普通话态度的差异图 b

不同经济收入农民工对普通话的四个地位评价项"自信心""礼貌、修养""尊敬"和"经济地位"的认同度，收入在1001—1500元的认同程度在五个收入段中最高，而且对"自信心""礼貌、修养"和"尊敬"三个评价项，不同收入农民工的表现趋势，都是呈现以1001—1500元收入段为顶点的类正态分布，即中间高、两头分别递减的趋势。

再次，不同经济收入的农民工说普通话的心理接受程度也不一样（Sig = 0.020 < 0.05）。见图57。

501—1000元收入段农民工说普通话的心理接受程度最高，1001—1500元收入段农民工的心理接受程度也较好，2000元以上农民工的心理接受程度在几个收入段中最弱。

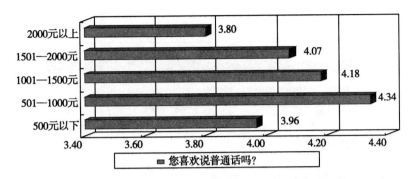

图 57　不同经济收入的农民工对普通话态度的差异图 c

综合不同经济收入段农民工在几个方面的表现，可以看出 1001—1500 元收入段农民工对普通话的认同度最好，心理接受程度也较高，而收入在 2000 元以上的农民工对普通话的认同度在几个收入段中最弱，心理接受程度也最低。经济收入偏高的农民工对普通话的态度一般持中立态度（既不同意也不反对）或是持否定态度（反对），与其他几个收入段表现出很大的不同，这在某种程度上是由于较高收入段的农民工处于农民工群体的边缘地带，具备了进入新群体的经济基础，因而他们把普通话看成是一种工具，他们的经济地位已经使他们不再在意或是认同语言作为交际工具被社会赋予的其他信息，如权势和经济地位等；而 1001—1500 元收入段农民工的收入处于中等偏上的地位，这一收入段的农民工有很大的上升空间，也具有较强的上升欲望，更看重普通话对他们实现目标的作用和价值，因而，对普通话的态度也最积极、最认同。

（5）年龄

20 岁及以下、21—30 岁、31—40 岁、40 岁以上四个年龄段的农民工，在普通话态度考察的几个方面均表现出了一定的差异。

首先，不同年龄段农民工对普通话的情感认同程度不一样（Sig = 0.010 < 0.05、Sig = 0.001 < 0.05、Sig = 0.05、Sig = 0.05）。见图 58。

30 岁以下农民工对普通话"好听""友好"和"亲切"三个情感评价项的认同情况明显低于 30 岁以上农民工。30 岁以上农民工中，31—40 岁年龄段农民工对普通话情感的认同程度低于 40 岁以上

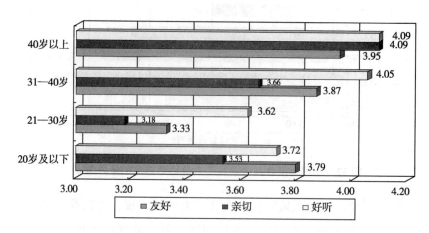

图58 不同年龄段的农民工对普通话态度的差异图 a

农民工，40 岁以上农民工对普通话情感认同程度在四个年龄段中最高；30 岁以下两个年龄段农民工对普通话"好听"的认同程度差不多，但是对于普通话的"友好"和"亲切"两项评价，21—30 岁年龄段的农民工认同度要低于 20 岁及以下农民工，而且21—30 岁在城市农民工对普通话情感认同程度在四个年龄段中最低。

不同年龄段的农民工，对普通话地位评价"平等"一项的认同度也不一样，对"平等"项的认同程度整体趋势，和上面农民工对普通话的情感认同趋势一致，21—30 岁年龄段的农民工对用普通话与人交流有平等感觉的认同度，在四个年龄段中最低，而 40 岁以上的在城市农民工仍是对普通话的平等作用最认同，20 岁以下和31—40岁两个年龄段的农民工对普通话的平等作用的认同介于二者之间。见图59。

其次，不同年龄段农民工"学习普通话的难易感受"（Sig = 0.034 < 0.05）、对"自己普通话能力期望程度"（Sig = 0.000 < 0.05）以及对"子女会说普通话的期望程度"（Sig = 0.004 < 0.05）也不一样。见图60。

在学习普通话的难易感受上，30 岁以上农民工学习普通话的困难程度要高于30 岁以下农民工；对自身普通话的期望程度，30 岁以下农民工对自身普通话能力期望程度明显高于 30 岁以上的农民工，

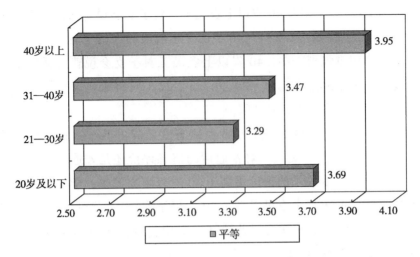

图 59　不同年龄段的农民工对普通话态度的差异图 b

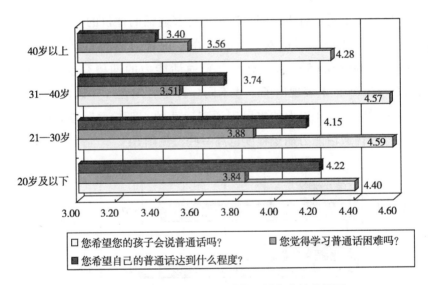

图 60　不同年龄段的农民工对普通话态度的差异图 c

40 岁以上农民工对自身普通话能力期望程度最低，31—40 岁年龄段农民工对自身普通话能力期望程度也比较低，而 30 岁以下两个年龄段的农民工，对自身普通话能力期望程度相差不大。四个年龄段农民工对自身普通话能力的期望程度，呈现年龄越小对自己普通话能力期望程度越高，年龄越大对自己普通话能力期望程度越低的态势；对子女会说普通话的期望程度，21—30 岁和 31—40 岁两个年龄段的农民工，与20岁以下以及40岁以上农民工，对子女会说普通话的期望程度不一样，21—30岁和31—40岁两个年龄段的农民工对子女会说普通话的愿望更强烈一些，40岁以上农民工对子女会说普通话的期望程度在几个年龄段中最低，20岁以下农民工对将来自己子女会说普通话的期望程度介于二者之间。

综合不同年龄段农民工对普通话态度差异的几个方面，可以看出，以30岁为界，无论是对普通话的情感评价还是普通话的地位评价，30岁以上农民工的评价要高于30岁以下农民工；学习普通话的困难感受，30岁以上农民工高于30岁以下农民工；对自身普通话能力的期望程度和对子女会说普通话的期望程度，30岁以上农民工的期望程度低于30岁以下农民工。

（6）打工时间

从整体上看，打工时间与农民工对普通话的评价的关系不是很密切，不同打工时间段的农民工，只在"说普通话的心理接受程度"（Sig = 0.000 < 0.05）和"对自己普通话能力的期望程度"（Sig = 0.013 < 0.05）上表现出了一些不同。打工时间在5年以内的农民工比打工时间在5年以上的农民工说普通话的心理接受程度要好一些，对自身的普通话能力期望程度也高一些。见图61。

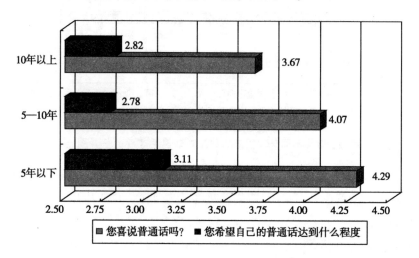

图61 不同打工时间的农民工对普通话态度的差异图

不同打工时间的在城市农民工在普通话态度上表现出的差异，在一定程度上受年龄因素的影响。打工时间在 5 年以内的农民工共有 402 人，30 岁以下的就有 310 人，占 77.1%，而 30 岁以下农民工，对自身普通话能力的期望程度高于 30 岁以上农民工。

（7）学习普通话的起始时间

关于学习普通话不同起始时间的农民工对普通话的态度差异，首先考察了外出务工之前学过普通话和外出务工之后才开始学习普通话的农民工之间的差异。二者在"学习普通话的困难感受""说普通话的心理接受程度""对自身普通话能力的期望程度"和"普通话经济地位的认同程度"上，表现出一定程度的差异（Sig = 0.006 < 0.05、Sig = 0.023 < 0.05、Sig = 0.000 < 0.05、Sig = 0.046 < 0.05）。见图 62 和图 63。

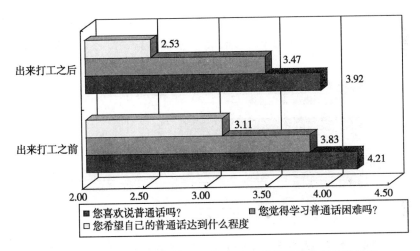

图 62　学习普通话不同起始时间的农民工对普通话态度的差异图 a

外出务工之前已经学过普通话的农民工学习普通话的难易感受，好于外出务工之后才开始学习普通话的农民工，说普通话的心理接受程度也好于后者；对自身普通话能力的期望程度，不同学习起始时间的农民工之间差异较大，外出务工之前学过普通话的农民工，希望自己的普通话能够达到"熟练比较准确"，而务工之后才学习普通话的农民工，对自身普通话能力的期望程度趋向于达到"满足一般交际"；外出务工之前学过普通话的农民工对普通话经济地位的认同程

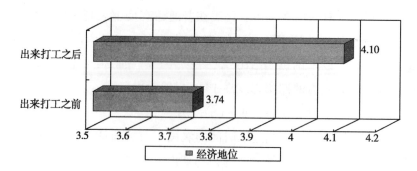

图 63　学习普通话不同起始时间的农民工对普通话态度的差异图 b

度不如后者高。

　　对于学习普通话不同起始时间的农民工对普通话态度差异的情况，还考察了外出务工之前不同学习起始时间农民工之间的差异。结果显示，外出务工之前学习普通话三个起始时间的农民工，在"学习普通话的难易感受"（Sig = 0. 000 < 0. 05），以及对"普通话说得好能够增强自信心"（Sig = 0. 006 < 0. 05）上的认同有所不同。见图 64。

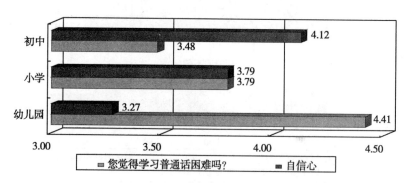

图 64　学习普通话不同起始时间的农民工对普通话态度的差异图 c

　　在学习普通话的难易感受上，外出务工之前学习普通话起始时间越早的农民工，越不觉得学习普通话困难，学习普通话起始时间越晚的在城市农民工，越觉得学习普通话困难；对"普通话说得好能够增强自信心"，学习普通话起始时间越早的农民工越不认同，相反，学习普通话起始时间越晚的农民工越认同。

　　（8）交往对象

　　平时交往对象不同的农民工，对普通话的权势地位项"自信心"

"教育程度"和"尊敬"三个项目的评价存在一定差异（Sig = 0.047 < 0.05、Sig = 0.020 < 0.05、Sig = 0.003 < 0.05）。见图65。

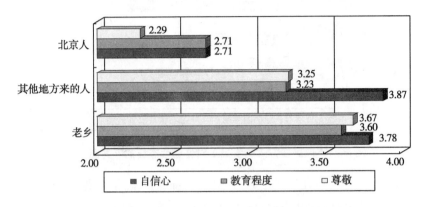

图65　不同交往对象的农民工对普通话态度的差异图

平时交往对象以"北京人"为主的农民工，对普通话的"教育程度""尊敬"和"自信心"三个项目的评价不如其他两种交往对象的农民工高，尤其是对"普通话说得好能够得到别人的尊敬"最不认同；平时交往对象以"老乡"为主的农民工，对普通话三个权势地位评价项认同感最强，和"老乡"交往频繁的农民工既同意"普通话说得好能够增强自信心"，也认为"普通话说得好给人感觉受教育程度高，能够得到别人的尊敬"；平时交往对象以"其他地方来的人"为主的农民工对普通话地位评价介于前两者之间。

（9）居住方式

首先，不同居住方式的农民工在"学习普通话的难易感受"和"对自身普通话能力的期望程度"上表现出了一些差异（Sig = 0.001 < 0.05、Sig = 0.010 < 0.05）。比较突出的一个特点，差异性主要体现在和"老乡"居住在一起的农民工的态度与其他居住方式的在城市农民工的态度之间。见图66。

和"老乡"居住在一起的农民工，学习普通话的困难感受明显高于其他几种居住方式的农民工，而且对"自身普通话能力期望程度"，也明显低于其他几种居住方式的农民工。而其他三种居住方式的农民工学习普通话的难易感受和对自身普通话期望程度差别不大。

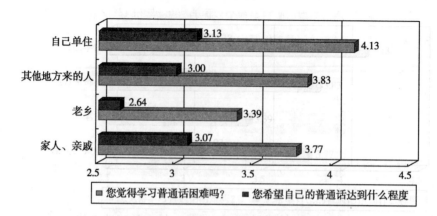

图 66　不同居住方式的农民工对普通话态度的差异图 a

相对而言，"自己单住"的农民工对自身普通话能力期望程度更高一些。上面两章都谈到过能够自己单住的农民工经济收入和受教育程度都较高，这可能是导致自己单住的农民工对自身普通话能力期望相对偏高的因素。

其次，不同居住方式的农民工对"普通话说得好给人感觉受教育程度高"的认同程度也不同（Sig = 0.014 < 0.05）。见图 67。

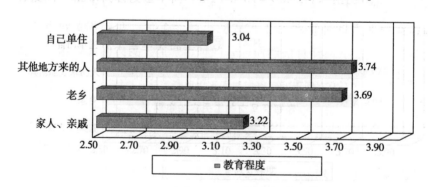

图 67　不同居住方式的农民工对普通话态度的差异图 b

和"其他地方来的人"住在一起的农民工对普通话"教育程度"项的评价最好，认同度也最高，和"老乡"住在一起的农民工，对这一项的评价次之，和"家人、亲戚"住在一起以及"自己单住"的农民工对此项的评价接近，在几种居住方式的农民工中处于偏低的状态。

　　和"老乡"住在一起的农民工大部分是建筑工人，和"老乡"住在一起的农民工总共144人，建筑工人就有100人，上文几次谈到过建筑工人由于职业特点（工作环境封闭）和从业人员（受教育程度不高）的特点，导致建筑工人对自身普通话能力期望值不高，比其他从业人员能更多地感受到普通话作为标准语所负载的其他内容，如地位和权势的象征等，这在很大程度上导致和"老乡"住在一起的农民工，对自身普通话能力期望不高，对普通话的地位评价偏高。

　　（10）流动取向

　　首先，不同流动取向的农民工，对普通话经济地位和权势地位"礼貌、修养"和"尊敬"项认同程度不一样。只打算在北京待一段时间就回老家的农民工，对普通话的经济地位和权势地位的认同程度不如希望能一直在北京待下去的农民工高（Sig = 0.046 < 0.05、Sig = 0.05、Sig = 0.041 < 0.05）。见图68。

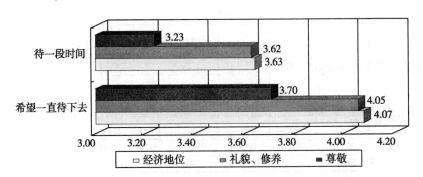

图68　不同流动取向的农民工对普通话态度的差异图 a

　　图68显示，希望能在北京一直待下去的农民工，对"普通话说得好能够得到别人尊敬、显得有礼貌、有修养"的认同程度，明显好于在北京待一段时间就准备回老家的农民工，而且，对于"普通话说得好可以找到一份好工作"的认同度，前者也明显高于后者。

　　其次，对自己流动取向有明确态度的农民工中，希望能在北京一直待下去的农民工和只打算在北京待一段时间的农民工，"学习普通话难易感受""对自身普通话能力的期望程度"和"对子女会说普通话的期望程度"也不一样（Sig = 0.032 < 0.05、Sig = 0.000 < 0.05、Sig = 0.004 < 0.05），前者比后者认为普通话更容易学习，对自身普

通话能力的期望程度高于后者，对子女会说普通话的愿望也比后者更强烈一些，希望自己的孩子"一定要会说普通话"，而后者则要求子女"会说普通话"就可以。见图 69。

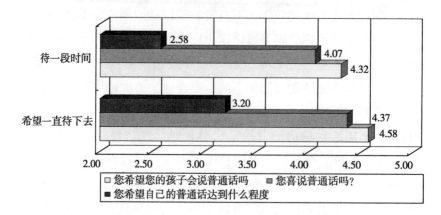

图 69　不同流动取向的农民工对普通话态度的差异图 b

　　总体上看，希望在北京一直待下去的农民工，无论是学习普通话的难易感受、对自己普通话能力的期望程度还是对子女会说普通话的愿望，乃至对普通话经济和权势地位的评价，都要高于只打算在北京待一段时间就回老家的农民工。就上述情况而言，一方面是希望在北京一直待下去的农民工融入城市愿望作用的结果，另一方面也和农民工的文化程度和经济收入有一定关系。希望在北京一直待下去的农民工的高文化程度比例，远远高于待一段时间就回老家的农民工。对自己流动取向有明确态度的农民工中，高中文化程度共 102 人，其中希望在北京一直待下去的 86 人，占 84.3%，想待一段时间就回家乡的16 人，占 15.7%；小学文化程度共 38 人，希望一直待下去的 12 人，占 31.6%，想待一段时间就回家乡的 26 人，占 68.4%。而文化程度越高的农民工对自身普通话能力期望程度越高，对子女会说普通话的期望程度越强烈；在对自己流动取向有明确态度的农民工中，收入在1001—1500 元的有 94 人，其中希望一直在北京待下去的农民工有 66人，占 70.2%，在北京待一段时间就准备回老家的农民工有 28 个，占 29.8%。上文谈到 1001—1500 元收入段的农民工对普通话的经济地位最认同，这在一定程度上导致希望一直在北京待下去的农民工对普通话的经济地位更认同。

2. 农民工对家乡话态度共时差异分析

农民工对于自己的家乡话的态度，受各种社会因素影响的情况和上述几个语言项目如语言使用等不同，很多对上述语言项目有影响的变量如"年龄"和"性别"等对家乡话的态度影响不大，而"文化程度""职业""经济收入""交往对象"和"流动取向"的影响较明显。

（1）文化程度

不同文化程度的农民工对家乡话态度的差异表现得不是很明显，只是对家乡话的情感评价"友好"项的评价存在差异。见图70。

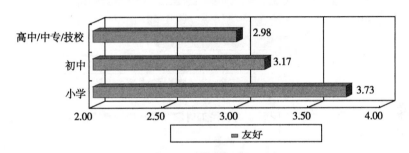

图70　不同文化程度的农民工对家乡话态度的差异图

小学文化程度的农民工对家乡话的"友好"项认同程度较高，认为和"同乡"说家乡话显得友好，而初中和高中文化程度的农民工对这一项的评价几乎没什么差异，都处于"既不同意也不反对"的状态。可见，文化程度偏低的农民工对乡音的情感认同程度要比其他文化程度农民工高一些。

（2）职业

不同职业农民工在语言忠诚上表现出了差异，即在对"子女保持住家乡话的期望程度"上有差异。见图71。

美容美发、导购人员和工厂工人对自己子女保持住家乡话的态度比较中立，也可以说不是很明确，既不同意子女保持住家乡话也不反对子女保持住家乡话，而其他几个职业，餐饮服务业、批发零售业、建筑业的农民工相对而言，对自己的家乡话比较忠诚，都希望自己的子女能够保持住家乡话，但是愿望不是很强烈，并不是希望子女一定要保持住家乡话。

农民工对家乡话地位评价"礼貌、修养"项的评价也存在差异。

图72显示,对于家乡话的地位评价项"礼貌、修养"程度,建筑工人的评价在几类从业人员中最高,比较同意家乡话所负载的礼貌、修养内涵,而其他几个职业的农民工对此项没有过多的看法,既不认为方音浓重会显得有礼貌有修养,也不认为方音浓重显得没礼貌、没修养。

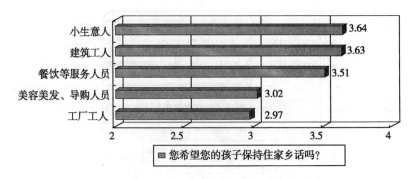

图71　不同职业的农民工对家乡话态度的差异图 a

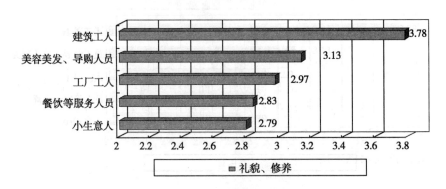

图72　不同职业的农民工对家乡话态度的差异图 b

（3）经济收入

不同经济收入的农民工对家乡话的态度,以500元为界,没有表现出差异,以1500元为界,也没表现出差异,以1000元为界,不同经济收入段农民工对家乡话的态度表现出差异。分析的结果显示,以1000元为界,三个收入段"0—1000元""1000—2000元"和"2000元以上"农民工对家乡话的态度不太一样。

首先,三个收入段的农民工对家乡话情感评价项"友好"一项,经济收入在 1000—2000 元农民工的评价较高，认同度高一些，而收入在 2000 元以上的农民工的评价较低，认同度不高，接近反对的边缘，收入在 1000 元以下的农民工态度介于二者之间。见图 73。

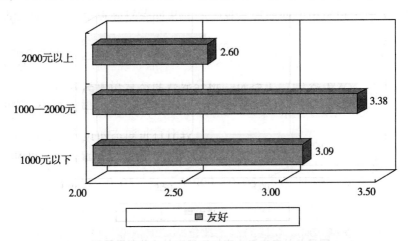

图73　不同经济收入的农民工对家乡话态度的差异图 a

而且，三个收入段的农民工对家乡话的地位评价也呈上述趋势，对于家乡话地位评价项"礼貌、修养"和"尊重"两项，经济收入在 1000—2000 元以下农民工的评价较高，认同度高一些，而收入在 2000 元以上农民工的评价较低，认同度不高，在反对的边缘。见图 74。

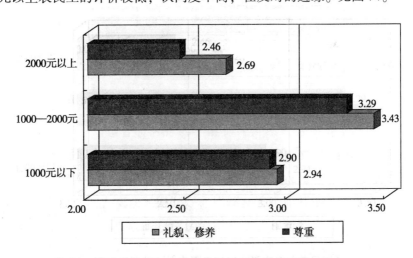

图74　不同经济收入的农民工对家乡话态度的差异图 b

从上面的分析可以看出，对家乡话的评价，收入在1000—2000元的农民工认同程度最高，对家乡话的情感归属感强，对家乡话的地位评价也高，而收入在2000元以上的农民工正好相反，无论是情感归属还是地位认同都处于"中立"的状态，收入在1000元以下的农民工的态度介于二者之间。

农民工对家乡话的态度在经济收入上的表现和农民工的"流动取向"有一定关系。从经济收入和流动取向的交叉列联表可以看出，收入在2000元以上的农民工中，85%左右的农民工都想留在北京，而想留在北京的农民工对家乡话的评价偏低，这一点见后面农民工对家乡话态度在"流动取向"上的差异分析。

（4）打工时间

打工时间长短使得农民工对家乡话的情感发生偏离，出现不同打工时间的农民工对家乡话的情感评价不同的情形。见图75和图76。

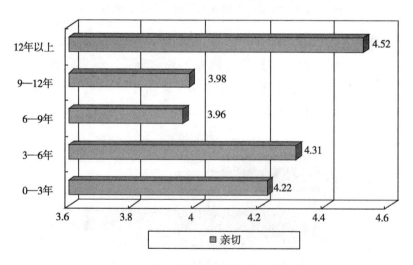

图75　不同打工时间的农民工对家乡话态度的差异图 a

对于乡音"亲切"一项，打工12年以上的农民工对乡音最留恋，在几个打工时间段的农民工中，对乡音"亲切"最认同，打工时间在6年以下的农民工，对乡音"亲切"也较认同，仅次于打工12年以上的农民工，而打工时间在6—12年的农民工，对乡音"亲切"的感觉比较模糊，虽然没有不接受乡音，但已经不觉得乡音亲切了。

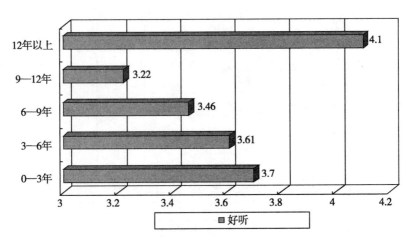

图76　不同打工时间的农民工对家乡话态度的差异图 b

对于乡音"好听"一项，农民工的态度和对乡音"亲切"态度差不多，仍是打工时间12年以上的农民工对乡音好听的认同度最高，完全同意家乡话好听，打工时间在6年以下的农民工对乡音"好听"的认同度也较高，略低于打工时间在12年以上农民工的认同度，而打工时间在6—12年的农民工，对乡音"好听"的感觉也是开始模糊起来，既不觉得乡音"好听"也不觉得乡音"难听"。

对于家乡话的地位评价"尊重"项，打工时间为0—3年和12年以上的农民工态度差不多，认同度高于其他几个打工时间段的农民工，而打工时间为6—12年的农民工对此项的认同度，在几个打工时间段中处于最低的位置，这一时间段的农民工对地位评价"尊重"项的评价，既不同意也不反对，态度趋向含混。见图77。

总体上看，农民工对家乡话的态度在打工时间上表现出的差异比较复杂，并没随着打工时间的推移呈现一个方向的变化，而是随着打工时间的变化，呈现跌宕起伏的变化，但是这种变化也有一定的趋势，如打工时间在6年以内和12年以上的农民工对家乡话的认同度较高，但在这两个打工时间段之间的6—12年的时间段里，农民工对家乡话没有明确的态度。

（5）居住方式

不同居住方式的农民工，对家乡话的地位评价表现出一个突出特

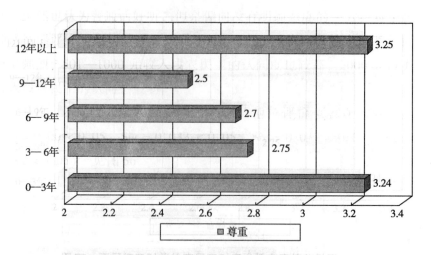

图77　不同打工时间的农民工对家乡话态度的差异图 c

点，即和"老乡"住在一起的农民工对家乡话的评价，要明显高于其他几种居住方式的农民工，而其他几种居住方式的农民工，无论是和"家人、亲戚"住在一起的，还是和"其他地方来的人"合住，以及"自己单住"，对家乡话的地位评价并没有明确的态度。见图78。

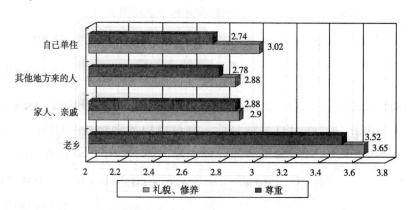

图78　不同居住方式的农民工对家乡话态度的差异图

图78显示，和"老乡"居住在一起的农民工，对家乡话的地位评价"礼貌、修养"和"尊重"两项认同度最高，其他几种居住方式的农民工"既不认同也不反对"家乡话的地位。上面几章中谈到和"老乡"住在一起的农民工大部分是建筑工人，而前面分析中发

现建筑工人对家乡话的"礼貌、修养"地位评价项认同度较高，和"老乡"住在一起的农民工对家乡话地位评价认同程度高，也在一定程度上受建筑工人的影响。

（6）交往对象

不同交往对象的农民工，对家乡话地位评价项"礼貌、修养"和"尊重"项的评价以及"对子女保持住家乡话"的态度上有一些不同，主要表现在交往对象以"北京人"为主的农民工和其他两种交往对象的农民工之间。交往对象以"北京人"为主的农民工对家乡话的地位评价较低，也不希望子女保持住家乡话。见图79和图80。

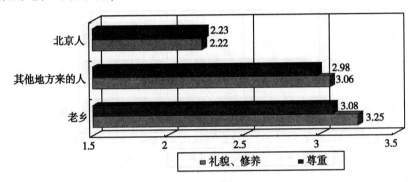

图79　不同交往对象的农民工对家乡话态度的差异图 a

图79显示，平时交往对象以"北京人"为主的农民工对家乡话地位评价最低，对家乡话的地位持否定态度，而其他两种交往对象的农民工对家乡话的地位评价处于"中立"态度，既不认为家乡话的地位高，也不认为家乡话的地位低。

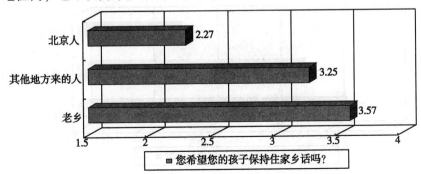

图80　不同交往对象的农民工对家乡话态度的差异图 b

图 80 显示，在对子女保持住家乡话的态度上，交往对象以"北京人"为主的农民工的态度已经处于不希望子女保持住家乡话的状态。

事实上，平时交往对象以"北京人"为主的农民工，对家乡话态度的评价偏低和"流动取向"有一定关系。通过对不同"交往对象"和"流动取向"农民工的交叉分析发现，交往对象以"北京人"为主的农民工中，有 90% 的农民工想留在北京，而想一直留在北京的农民工对家乡话的态度偏向离心，这一点见后面农民工对家乡话态度在"流动取向"上的差异分析。

（7）流动取向

流动取向对农民工的态度影响较大，不同流动取向的农民工无论是对家乡话的情感、地位评价，还是对子女保持住家乡话的愿望上，都存在差异。

对于家乡话的情感评价，想在北京待一段时间就回老家的农民工对家乡话的认同度，明显高于希望在北京一直待下去的农民工。对于乡音"亲切"一项，打算在北京待一段时间的农民工认同程度非常高，完全同意乡音亲切，希望能一直待在北京的农民工也觉得乡音亲切，但是认同程度不如前者强烈；对于乡音"好听"的认同程度，打算在北京待一段时间的农民工也持认同态度，但是认同程度不是很强烈，希望能一直待在北京的农民工并不觉得乡音好听，但也不觉得乡音难听。见图 81。

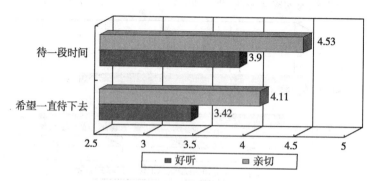

图 81　不同流动取向的农民工对家乡话态度的差异图 a

对于家乡话的地位评价项"尊重"和"礼貌、修养"程度，想在北京待一段时间就回老家的农民工对家乡话的认同程度，明显高于希望在北京一直待下去的农民工。见图82。

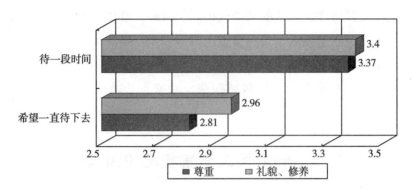

图82　不同流动取向的农民工对家乡话态度的差异图 b

所以，不论是对家乡话的情感归属，还是对家乡话的地位评价，想在北京待一段时间就回老家的农民工对家乡话的认同程度，明显高于希望在北京一直待下去的农民工。

想在北京待一段时间就回老家的农民工，和希望在北京一直待下去的农民工，对"子女保持家乡话的期望程度"也明显不同，想在北京待一段时间就回老家的农民工对子女保持住家乡话的期望程度较高，都希望自己的孩子能够保持住家乡话，而希望在北京一直待下去的农民工，对子女是否保持住家乡话的态度已经不明确了。见图83。

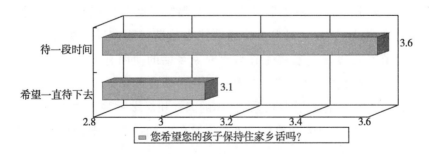

图83　不同流动取向的农民工对家乡话态度的差异图 c

总体上看，希望在北京一直待下去的农民工和打算在北京待一段时间就回北京的农民工，对于家乡话的态度确实存在很大差异。前者对家乡话的态度趋向于含混，在情感上既不对家乡话有归属感，也没有对家乡话产生反感心理，对家乡话的地位评价也是既不支持也不反对，对子女保持住家乡话的期望也很低。因而，希望一直在北京待下去的农民工，对家乡话已没有情感上的留恋和较强的保守倾向，但也没有走向完全不认同的地步；而打算在北京待一段时间就回老家的农民工在情感上对家乡话的归属感很强，对家乡话表现出了较高的忠诚度。

第三节　影响农民工语言状况的因素分析

这一部分在农民工语言状况差异性分析的基础上，进一步探讨了影响农民工语言状况的相关因素。将上述设计的变量进行相关性检验，采用多元线性回归检验，从中筛选出真正影响农民工语言使用、语言能力和语言态度的因素。

一　影响农民工语言使用的因素

将上述变量进行相关检验，多元线性回归检验的结果显示，影响农民工在城市语言使用的因素主要有"年龄""受教育程度""流动取向""居住方式""交往对象""对自身普通话的期望程度"和"学习普通话的起始时间"。其中，"年龄""居住方式""流动取向""交往对象"和"学习普通话的起始时间"影响农民工在城市时普通话的使用；"对自身普通话能力的期望程度""流动取向"和"受教育程度"对农民工在城市时家乡话的使用有影响。

（一）影响农民工在城市时普通话使用的因素分析

影响农民工在城市时普通话使用的因素相对多一些，主要有"年龄""居住方式""流动取向""交往对象"和"学习普通话的起始时间"。见表23。

表 23　　　　　　　　　影响农民工在城市时普通话使用的因素表

		Coefficients				
		Unstandardized Coefficients （非标准化系数）		Standardized Coefficients （标准化系数）	t	Sig.
Model		B	Std. Error	Beta		
	年龄	-1.55	0.53	-0.15	-2.9	0
	居住方式	1.93	0.61	0.17	3.17	0
	流动取向	1.69	0.5	0.17	3.38	0
	交往对象	-1.41	0.51	-0.15	-2.78	0.01
	学习普通话的起始时间	1.37	0.59	0.12	2.33	0.02
a	Dependent Variable：普通话使用					

　　表 23 显示，"时间""环境"和"心理"变量对农民工在城市时的普通话使用都有一定影响，影响力比较接近。其中，"时间"变量中的"年龄"因素对农民工在城市时的普通话使用影响较大，"学习普通话起始时间"对农民工普通话使用的影响在几个影响因素中最弱。二者呈现出年龄越小、学习普通话时间越早的农民工在城市时，普通话使用频率越高，年龄越大、学习普通话起始时间越晚的农民工在城市时，普通话使用频率越低的趋势；"环境"因素对农民工普通话的使用频率影响也很大，"居住方式"和"交往对象"对农民工普通话的使用频率影响都不小。和"老乡"居住在一起、交往频繁的农民工，在城市时的普通话使用频率高，其他居住方式和交往对象的农民工，在城市时的普通话使用频率低一些；关于"流动取向"这一"心理"变量对农民工在城市时的普通话使用的也有一定影响，即想留在北京的农民工在城市时普通话的使用频率高，想"回流"的农民工在城市时普通话的使用频率低。

　　（二）影响农民工在城市时家乡话使用的因素分析

　　影响农民工在城市时家乡话使用的因素有"对自身普通话能力的期望程度""流动取向"和"受教育程度"。见表 24。

表 24 影响农民工在城市时家乡话使用的因素表

		Coefficients				
		Unstandardized Coefficients（非标准化系数）		Standardized Coefficients（标准化系数）	t	Sig.
Model		B	Std. Error	Beta		
	对自身普通话期望程度	-1.79	0.17	-0.54	-10.7	0
	流动取向	0.34	0.16	0.11	2.21	0.03
	文化程度	0.49	0.25	0.1	1.99	0.05
a	Dependent Variable：家乡话使用					

从表 24 中的标准化系数可以看出，"对自身普通话能力期望程度"对农民工在城市家乡话的使用影响非常大，即对自身普通话能力期望程度越高的农民工，在城市时家乡话的使用频率越低，对自身普通话能力期望程度越低的农民工，在城市时家乡话的使用频率越高；"流动取向"对农民工在城市时家乡话的使用频率影响次之，即想一直留在北京的农民工在城市家乡话的使用频率低，想"回流"的农民工在城市家乡话的使用频率高；"受教育程度"对农民工在城市家乡话的使用频率也有一定影响，文化程度越低的农民工在城市时家乡话的使用频率越高，文化程度越高的农民工在城市时家乡话的使用频率越低。

总之，对于农民工在城市时的语言使用影响因素而言，对农民工在城市时家乡话使用影响较大的因素以"心理"变量为主，即对自身普通话程度的心理期待和对自己将来去留的主观愿望，直接影响着农民工在城市时家乡话的使用频率；与此对照，影响农民工在城市时普通话使用的因素，以客观的"时间"和"环境"变量为主，同时"心理"变量也起到一定的作用，主客观因素共同影响着农民工在城市时的普通话使用。

二 影响农民工语言能力的因素

这里只分析了影响农民工普通话能力的因素，因其家乡话的水平差异不明显，并未做分析。通过上文对农民工在城市时普通话能力的共时差异分析可以看出，农民工在城市时的普通话能力在很多变量上表现出了差异，而且通过分析也发现农民工在城市时的普通话能力在有些变量上表现出的差异，和其他变量有很大关系。所以，在方差检验的基础上，再将这些变量进行相关检验，检验的结果证实"年龄""学习普通话的起始时间""文化程度""经济收入"和"居住方式"是影响农民工在城市普通话能力的相关因素。见表25。

表25　　　　　　　　影响农民工在城市时普通话能力的因素表

	Coefficients				
		Unstandardized Coefficients（非标准化系数）		Standardized Coefficients（标准化系数）	t	Sig.
Model		B	Std. Error	Beta		
	年龄	−7.85	2.12	−0.19	−3.7	0
	学习普通话的起始时间	9.25	2.36	0.2	3.93	0
	文化程度	10.17	3.34	0.16	3.05	0
	经济收入	5.91	2.31	0.13	2.56	0.01
	居住方式	5.4	2.38	0.11	2.27	0.02
a	Dependent Variable：普通话能力					

从多元回归表可以看出，对农民工在城市时的普通话能力有影响的变量依次是"年龄""学习普通话的起始时间""文化程度""经济收入"和"居住方式"，其他几个变量如"职业""流动取向""交往对象""对自身普通话的期望程度"和"打工时间"等被剔除掉了。

对农民工在城市时的普通话能力影响最大的因素是"时间"因素，"年龄"和"学习普通话的起始时间"对农民工在城市时的普通话能力的影响力较大，即年龄越小、学习普通话的起始时间越早的农民工在城市时，普通话能力越好，年龄越大、学习普通话的起始时间越晚的农民工在城市时，普通话能力越差；"文化程度"对农民工在城市时的普通话能力影响也较大，文化程度越高的农民工在城市时，普通话能力越高，文化程度越低的农民工在城市时，普通话能力越低；"经济收入"对农民工在城市时的普通话能力影响相对差了一些，呈现经济收入越高的农民工在城市时，普通话能力越好，经济收入越低的农民工在城市时，普通话能力也越差；"居住方式"对农民工在城市时的普通话能力的影响力最弱：和"老乡"住在一起的农民工在城市时的普通话能力最低，"自己单住"的农民工在城市时的普通话能力最高。

三 影响农民工语言态度的因素

（一）影响农民工对普通话态度的因素分析

综合上文农民工对普通话语言态度的差异分析可以看出，对农民工语言态度影响较大的几个因素是"年龄""文化程度""经济收入"和"流动取向"。将单因素方差检验的变量进行多元回归检验，证实了上述分析的结果，"年龄""文化程度""经济收入"和"流动取向"确实是影响农民工对普通话态度较强的因素，而且多元回归检验的结果还显示，"学习普通话的起始时间"和"居住方式"也影响农民工对普通话的态度。见表26。

表26　　　　　　　　影响农民工对普通话态度的因素表

		Coefficients				
		Unstandardized Coefficients（非标准化系数）		Standardized Coefficients（标准化系数）	t	Sig.
Model		B	Std. Error	Beta		
	年龄	−0.33	0.08	−0.2	−3.91	0.00
	文化程度	0.41	0.13	0.16	3.08	0.00
	学习普通话的起始时间	0.26	0.09	0.14	2.79	0.01
	流动取向	0.23	0.09	0.13	2.59	0.01
	经济收入	0.2	0.09	0.11	2.26	0.02
	居住方式	0.2	0.09	0.11	2.14	0.03
a	Dependent Variable：普通话态度					

从表26中可以看出，对农民工普通话态度影响较大的是"时间"因素，"年龄"和"学习普通话的起始时间"，对农民工普通话态度

影响的回归系数分别是 - 0.2 和 0.14，影响力较大，而且是年龄越小，学习普通话起始时间越早的农民工，普通话意识越强，相反，年龄越大，学习普通话起始时间越晚的农民工，普通话意识越淡薄；其次，农民工的"文化程度"和"流动取向"，对农民工普通话的态度影响也较大；几个因素中对农民工普通话态度影响力最小的是"经济收入"和"居住方式"。

（二）影响农民工对家乡话态度的因素分析

综合上面的分析可以看出，农民工对家乡话的态度，虽然在很多变量上表现出了差异，但是农民工对家乡话的态度，在"文化程度""打工时间""交往对象"和"居住方式"等变量上表现出的差异和"流动取向""经济收入"和"职业"的关系较大，将这些变量作多元回归分析可以发现，对农民工家乡话态度影响较大的因素只有两个，即"流动取向"和"经济收入"。见表 27。

表 27　　　　　　　　　影响农民工对家乡话态度的因素表

Coefficients						
		Unstandardized Coefficients		Standardized Coefficients	t	Sig.
Model		B	Std. Error	Beta （回归系数）		
2	Constant（常量）	19.34	0.83		23.38	0.00
	流动取向	1.53	0.68	0.12	2.24	0.03
	经济收入	1.66	0.83	0.11	1.99	0.05
a	Dependent Variable：家乡话态度					

多元回归检验的结果显示，影响农民工对家乡话态度的因素，不是"时间"和"环境"变量，而是心理变量"流动取向"和常见社会变量"经济收入"，即想留在北京与否和挣钱多少直接影响到农民工对家乡话的态度。可以看出，影响农民工对家乡话态度的因素都是"上升"因素，融入城市和挣更多的钱决定着农民工对家乡话的态度，越想融入城市，挣钱越多的农民工对家乡话的态度越趋向于疏远；不想融入城市，挣钱越少的农民工对家乡话越亲近。

小结

上述三部分分别展示和分析了农民工初步城市化的语言状况、内部差异、影响因素，展示和分析的具体内容较多，本小结将上述内容进行了概括和提炼，主要内容和结论总结如下。

1. 初步城市化后农民工语言状况的基本面貌

从农民工的整体语言状况来看，农民工出来务工之前，语言状况比较简单，基本上处于单语人的状态。进城务工后，语言状况比以前复杂起来，大部分农民工都成为不同程度的双语人，使用普通话和家乡话两种语言变体，两种变体有各自使用的场合，而且由于进城务工，农民工标准语变体的能力有了很大提高，主要表现在用普通话与人交流的能力和运用普通话的熟练程度上，但是进城务工对农民工普通话发音的标准程度影响不是很大；进一步深入探究农民工的语言态度，发现受教育程度不是很高、来自全国各地的农民工，对普通话的接受程度很好，向心倾向很明显；对自己的家乡话，农民工在情感上的归属感仍旧很强，可是对于自己家乡话的态度开始分化，有50%左右的农民工对自己家乡话的地位开始持否定的态度，但是态度不是很激烈，还有30%左右的农民工对家乡话的地位评价持"中立"态度，还有一部分农民工对自己的家乡话没有态度。

2. 初步城市化后农民工语言状况的内部差异

通过对共时平面农民工的语言状况分析，发现农民工在城市时的语言状况在共时平面的很多变量上表现出不同程度的差异，这些变量主要有"性别""文化程度""职业""经济收入""年龄""学习普通话的起始时间""打工时间""居住方式""交往对象""流动取向"和"对自身普通话能力的期望程度"。农民工在城市时的语言状况在所列变量上表现出的差异见下面的分析。

（1）农民工在城市时的语言状况在"性别"变量上表现出的差异并不明显，只在普通话的使用频率上，女性农民工略高于男性农民工，还有对自身普通话能力的期望程度上，女性农民工比男性农民工高一些，其他方面未见差异。

（2）农民工在城市时的语言状况在"文化程度"变量上表现出

了很大的差异。首先，在语言使用上，文化程度的高低和农民工在城市时普通话的使用频率成"正相关"，和家乡话的使用频率成"负相关"；其次，在普通话能力上，文化程度的高低和农民工在城市时的普通话能力的高低成"正相关"；再次，在语言态度上，文化程度高的农民工，更加强烈地意识到普通话的重要性，对自身普通话能力和对子女会说普通话的期望程度都很高，但是对普通话的地位认同程度，比文化程度低的农民工低一些，文化程度低的农民工，对乡音的情感认同很强烈。

（3）农民工在城市时的语言状况在"职业"变量上表现出的差异，主要体现在"美容美发、导购人员"普通话使用频率和普通话能力最高，"建筑工人"家乡话使用频率最高，普通话能力最低，对普通话和家乡话的地位认同感最强。

（4）农民工在城市时的语言状况在"经济收入"变量上表现出的差异，主要体现在收入在1500元以上的农民工的普通话能力，要高于经济收入1500元以下的农民工；经济收入在1001—1500元收入段的农民工，对普通话和家乡话的认同度最高，心理接受程度也较好，而收入在2000元以上的农民工，对普通话和家乡话的认同度在几个收入段中最低，心理接受程度也最弱。

（5）农民工在城市时的语言状况在"年龄"变量上表现出的差异，以30岁为界，主要体现在30岁以上农民工普通话的使用频率，低于30岁以下农民工家乡话的使用频率，高于30岁以下农民工；30岁以上农民工的普通话能力，明显低于30岁以下的农民工；30岁以上农民工，对普通话的情感和地位评价，以及学习普通话的困难感受，高于30岁以下农民工，对自身普通话能力的期望程度和对子女会说普通话的期望程度，低于30岁以下农民工。

（6）农民工在城市时的语言状况在"学习普通话的起始时间"变量上表现出的差异，主要体现在学习普通话起始时间越早的农民工，普通话使用频率越高，普通话能力越高，学习普通话的困难感受越低，说普通话的心理接受程度越好，对自身普通话能力的期望程度也越高；学习普通话起始时间越晚的农民工，家乡话使用频率越高，普通话能力越低，对于普通话的经济地位和权势地位认同度越高。

（7）农民工在城市时的语言状况在"打工时间"变量上表现出的差异，主要体现在打工时间在 10 年以内的农民工普通话的使用频率和普通话能力，随着打工时间的推移呈上升趋势，受年龄因素影响，打工时间在 10 年以上的农民工普通话使用频率和普通话能力，明显低于打工时间在 10 年以内的农民工；打工时间在 5 年以内的农民工，对自身普通话能力要求高于打工时间在 5 年以上的农民工，说普通话的心理接受程度，也好于打工时间在 5 年以上的农民工；打工时间在 5 年以内和 12 年以上的农民工对家乡话的认同度最好。

（8）农民工在城市时的语言状况在"交往对象"变量上表现出的差异，主要体现在交往对象以"老乡"为主的农民工，家乡话的使用频率最高，普通话能力最低，对普通话的地位评价较高；交往对象以"北京人"为主的农民工，普通话的使用频率最高，普通话能力也最高，对普通话和家乡话的地位评价都较低，不希望子女保持住家乡话。

（9）农民工在城市时的语言状况在"居住方式"变量上表现出的差异，主要体现在和"老乡"居住在一起的农民工，普通话使用频率最低，家乡话使用频率最高，普通话能力最低，学习普通话的困难感受最强烈，对自身普通话能力期望程度最低，对普通话和家乡话的评价最高；"自己单住"的农民工，普通话能力最高，对自身普通话能力期望程度也最高。

（10）农民工在城市时的语言状况在"流动取向"变量上表现出的差异，主要体现在希望能一直留在北京的农民工，普通话的使用频率高，普通话能力也高，学习普通话的困难感受低，对自己普通话能力的期望程度较高，对子女会说普通话的愿望强烈，对普通话评价较高，对家乡话的态度趋向于含混；想在北京待一段时间就回老家的农民工，对家乡话的认同程度较高，对家乡话表现出了较高的忠诚度。

（11）农民工在城市时的语言状况在"对自身普通话能力的期望程度"变量上表现出的差异，主要体现在对自己普通话能力期望程度高的农民工，普通话能力也高，对自己普通话能力期望程度低的农民工，普通话能力相应也低。

　　3. 初步城市化后影响农民工语言状况的因素

　　虽然农民工在城市时的语言状况在上述十几个变量上都表现出了不同程度的共时差异，但是对农民工在城市时语言状况有影响的因素有八个，分别是"文化程度""年龄""学习普通话的起始时间""居住方式""交往对象""流动取向""对自身普通话能力的期望程度"和"经济收入"。其中，"交往对象"只对农民工在城市时普通话的使用有影响，"对自身普通话能力的期望程度"只对农民工在城市时家乡话的使用有影响。因而，对农民工在城市时语言状况影响较大的因素主要有六个，分别是"文化程度""年龄""学习普通话的起始时间""居住方式""流动取向"和"经济收入"。"文化程度"对农民工在城市时家乡话的使用、普通话能力和普通话的态度有影响；"年龄""学习普通话的起始时间"和"居住方式"对农民工在城市时普通话的使用、普通话能力、普通话的态度有影响；"流动取向"对农民工在城市时家乡话的使用、普通话的使用、普通话态度、家乡话态度都有影响；"经济收入"对农民工在城市时普通话能力、普通话态度和家乡话态度有影响。

第三章 农民工市民化过程中的
语言文字需求研究

农民进城务工成为农民工之后，不论是有意识还是无意识，已经开始了语言城市化的进程，而对这个庞大的社会特殊群体而言，正如上文分析中提到的不同流动取向、不同代际的农民工选择不同，因而，他们的语言城市化进程并不完全一样。有的农民工如第一代农民工，他们大部分选择在城市务工一段时间后返回家乡，或在务工期间呈钟摆式流动，对于他们而言，城市是一个中转站、是一个挣钱的场所，因而，他们的语言城市化停留在浅层次的状态，满足工作和基本生活的需要即可；而对于第二代农民工，当然，也包含一些第一代农民工，他们中的一些人留在城市里，成了城市的新市民，他们的语言城市化道路要一直延续下去，一直伴随着他们的城市化进程。

本章围绕市民化的农民工展开，探讨走在市民化道路上的农民工的语言城市化的情况。由农民工转化而来的新市民，其语言状况已基本进入新的稳定态，语言使用上的变化、语言能力的提升、语言的初步认识等方面的内容不再是探讨的重点和重心。在这一阶段，深入了解农民工群体中分化出来的这一部分群体目前实际的语言文字需求，无论是他们能够意识到并能清晰传递出来的主观诉求，还是并未意识到，但却是实现身份转变客观需要的语言调适、语言对接和语言责任等，是语言城市化在新阶段应该着力探讨的问题。这些问题的探索和研究，能够全面认识农民工的语言城市化过程，有助于满足不同阶段农民工的语言文字需求，为国家从制度和管理层面科学进行群体语言规划提供参考依据。

因而，这一部分主要围绕市民化的农民工的语言文字需求情况进行了调查分析。首先，厘清了农民工和新市民的关系。其次，根据调查研究的结果，将城市化农民工的语言文字需求分为显性和隐性两种情况，对这两种情况进行了总体分析和个案展示的探讨。最后，试着指出满足新市民语言文字需求的意义，提出解决相关问题的意见和建议。

第一节　农民工与新市民

伴随着我国的城市化进程，农民工群体内部也在发生着分化。一部分农民工重返家乡，回归到从前以农业劳作为主的生活；一部分农民工虽多年留在城市，却无居留城市的打算；还有一部分农民工或是在城市落了户，或是在城市里买了住房、子女在城市里上了学，或是有强烈的居留城市意愿，这一部分农民工是城市化的真正结果，即实现了（或是正在实现）农民工向市民化的转化。

目前，农民工和新市民是出现在人们视野中最多、使用频率最高的两个称呼农民工群体的词语，而并不多见对二者的刻意区分。笔者通过百度、中国知网、读秀学术搜索等方式检索，发现新市民和农民工的实际对应关系混乱，交织使用，需要厘清。

从词语的实际使用和界定情况看，新市民主要用来称说农民工，被狭义化理解为农民工，界定的范围宽窄不一，有的包含的群体类别混乱，和新市民的实际来源以及实际存在状态不符。下文试着列举了实际使用和界定过的新市民的一些例子。

实际使用案例一

新市民子女报名 11 年连增 家长通宵排队（标题）
……
外来务工人员子女昨日集中报名今年入学压力依旧较大。
昨日，是我市外来务工人员子女集中报名的日子。因为涉及材料较多，家长们从一年前就开始准备材料，各学校也早早贴出了详细的招生简章。即使如此，记者探访发现，仍有不少家长因为缺少必要材料而不能给孩子报名。据悉，近年来，我市外来务工人员子女数量11年来逐年增加，去年李沧区外来务工人员子女数量占该区小学一年级新生总数首次过半，达到了51.2%。虽然我市近年来新建了不少学校，但面对急剧增长的入学新生数量，各区市都称压力较大。（内容节录）①

实际使用案例二

曾经的农民工 今天的"新市民"（标题）
……

他们是外来打工者，曾经是学徒工、家政服务员、建筑工人、摆摊族……背井离乡，来到沈阳。靠着自强不息的精神，艰苦奋斗的志气，在沈城这片沃土创出了一片天地。从2006年沈阳首个"9·25农民工维权日"开始，10年里，共评选出"沈阳市优秀新市民"近百人，以表彰农民工对城市建设所作的贡献。"新市民"的称呼，体现了沈阳对农民工的认同。（内容节录）②

实际使用案例三

天津滨海新区多个街道社区邀请新市民开展迎中秋活动（标题）
……

今天（27日）是中秋佳节。连日来，天津滨海新区多个街道社区邀请辖区新市民，开展了形式多样的迎中秋活动。25日，大沽街远景社区组织外来务工人员及其子女开展了"做月饼，谢亲恩"社区主题教育活动。家长与孩子们共同了解了中秋节的来历、习俗，并一起制作了月饼；同日，杭州道街开展了主题为"浓浓中秋意 情暖

① http://news. qingdaonews. com/qingdao/2015 – 07/07/content_ 11142461.

② http://news. hexun. com/2015 – 09 – 24/179451297. html.

新市民"的联欢活动。(内容节录)①

　　从上面列举的三个实际使用案例来看，"新市民"普遍用来称说数额巨大的农村进城务工人员，被狭义化理解为农民工。而且，用于称呼农民工为新市民的这个称谓词，也有两种不同程度的理解，一种是为了避免农民工这个称谓的贬义色彩，换用一种称呼表达尊重、平等的理念，类似的还有打工者、进城务工人员、外来务工人员、准产业工人等；另一种是真正意义上的新市民，一些农民工在城市里工作和生活很长时间，有了属于自己的住房，子女在城市里就近上学等，成了城市中的新生力量。

　　界定一：新市民是农村进城务工人员、城市下岗人员和兼职的异地在校大学生等群体的集合。②

　　界定二：对于新市民的概念还没有一个公认、完整的看法，我们认为，所谓新市民，简言之是指较长时期在城市工作与生活但未取得所在城市户籍、不能或部分享受城市社会保障与服务、从事非农产业的居民。通常也可以理解为城市常住人口中的非户籍人口。③

　　界定三："新市民"就是指在城市化进程中，离开土地和农业生产活动，到城市居住并从事非农产业的居民。新市民的到来，给城市发展注入了新的活力，同时，他们中的一批优秀人才也逐步走进参政议政的行列，为长期处于弱势的外来务工者发出了声音。④

　　界定四：新市民分为广义和狭义两种情况，广义上的"新市民群体"是指除原市市民群体以外的所有新来城市工作和生活的人员。狭义上的特指在城市化的过程中，通过撤村建居，那些土地被征用之后，在户籍身份和职业上已经实现了由农民向市民的转变的群体。⑤

---

　　① http://www.022net.com/2015/9 - 27/484419373097108.html.

　　② 搜狗百科 http://baike.sogou.com/v8283341.htm。

　　③ 刘君德等：《中国大城市基层行政社区组织重构——以上海市为例的实证研究》，东南大学出版社2013年版，第41页。

　　④ 顾云卿：《梦想的旅程》，少年儿童出版社2012年版，第92页。

　　⑤ 尹鸽：《撤村建居社区新市民群体的边缘化研究——以浙江金华D社区为个案》，硕士学位论文，浙江师范大学，2010年。

从上面所列的几个概念的界定可以看出，目前关于新市民的界定有的范围宽泛些，有的范围狭窄些，如界定二和界定三都将新市民的范围锁定在农民工身上，这两个界定里的新市民基本上就等同于农民工；界定一在范围上宽泛一些，但是其中包括的群体比较混乱，从新市民的角度来看同质性较差，容易引发一些质疑，一是农村进城务工人员统称为新市民，是否合适？二是城市下岗人员为何被称之为新市民？三是兼职的异地在校大学生为新市民的构成部分，那么毕业后留下的大学生算不算？界定四将新市民分为广义和狭义，相对而言，考虑到了人们目前对新市民的实际认知和新市民的客观构成，但是还有值得推敲的地方，如这样的广、狭之分将新市民分为两种情况，一种是外来的，一种是原地转化的，而对于前者并未区分定居、长期居住或是短暂流动；对于后者也未包括非农县镇转为城市的情况。

新市民应该从其字面意思"新"和"市民"两个方面理解，"新"说明来源不是原有的、旧有的，"市民"是强调定位，例如有一些农民工并不打算留在城市里，不是真正意义上的新市民。同时，符合了"新"和"市民"两者也应该称之为新市民，从这个意义上来讲，很多其他类型的新市民也应该包含进来，如就地城市化的原乡镇居民、大学生就业等方式成为新市民的情况也应包括在内。

因而，结合我国的群体的实际存在状态和目前的研究、关注的需要，可以将新市民分为广义和狭义两种情况，广义的新市民应泛指流动到城市取得市民身份的和在原居住地转化为市民的所有人口，不应仅局限于农村进城务工人员；而狭义的新市民特指在城市里已经定居下来的或有融入意愿的农民工，即市民化的农民工。在某种意义上，用明确了广义和狭义范围后的新市民来称说市民化的农民工，更能体现这一分化出来的群体的实质。

农民工市民化是指农民工逐渐向市民身份转变，成为狭义的新市民的过程，是城市化的一个发展阶段。这一过程中包含经济结构、社会结构和空间结构等多方面的变化，而且这一变化过程中不是简单对应户籍身份的转变，即农民工由农村户籍转变为城市户籍，也不简单指农民工由从事农业活动转变为非农业活动等，这是一个复杂、涉及较多方面改变和问题的过程。这个过程中深层的改变包括思想观念、生活方式、行为方式等方面，只有将这些深层次的改变完成，农民工才能实现真正意义上的转变。

从目前的研究现状看，1989 年学者黄祖辉第一次提出农民工市民化的概念后，不同学科背景的研究者们从不同角度、多方面就农民工的市民化问题进行了不同程度的探讨，已有的研究中对社会学、经济学等角度的探讨较多，关注的是农民工市民化过程中面临的迫切的现实问题，而对农民工实现真正市民化的深层次的思想观念、行为方式等方面的探讨较少。

从我国的城市化进程看，经济和空间结构的变迁已经发展到一定程度，这些改变有目共睹，而社会结构层面的城镇文化与生活方式和价值观念的扩散还处于浅层发展状态，很多新市民在生活观念和科学文化素质方面的改变很小，思想观念依旧陈旧、落后，文化生活匮乏等。因而，包括语言文字城市化在内的文化、精神层面的城市化的重要价值和意义越来越凸显出来，其改变对于巩固和完善已有城市化的成果，实现真正意义上的城市化，乃至对我国顺利实现现代化都具有深刻影响力。

第二节　新市民的主观语言文字诉求

对于走上市民化道路的农民工[①]的语言文字需求，调研采用访谈为主的方式进行，研究所需信息以针对性的询问为主，闲谈中捕捉到的信息为辅的方式共同获得。调查结果显示，新市民对于自身语言文字的需求有一定的认识，能明确回答和阐述自己对于语言文字方面的一些需求，如对于普通话在自身工作和生活中的重要作用，对子女语言教育的较强意识等；而有一些深层的、带有全局性、关乎每一个公民的语言责任和国家语言资源保护等方面的需要等，新市民或是未意识到，或是有些朦胧意识，未有思考和感悟。

---

① 以后为了言说方便，也为了和前面章节中谈到的农民工区别开来，后文统一将市民化的农民工称之为"狭义的新市民"，简称"新市民"。

　　通过对调查结果的整理分析，新市民的语言文字需求可以分为主观诉求和客观需要两种情况。主观诉求是指农民工成为新市民之后（包括向新市民的转化过程中），自身能够明确意识到并传递出来的语言文字方面的需求，如对普通话、外语、子女语言教育等的需求；客观语言需要是指在市民化的过程中，农民工自身并没有明确意识到，但却是实现身份转变需要的语言保持、语言调适等。

　　成为新市民的农民工对语言文字的主观诉求能够比较清晰地感知，这种需求呈现多元化的状态。其中，对普通话，大部分新市民都表达了对这一共同语的需求；对职业语言培训，也普遍表现出兴趣；还有很多为人父母的新市民，表现出了对子女语言教育的期待和重视；部分新市民表示出对外语的诉求，这样的新市民很多是新生代农民工，即人们常说的第二代农民工，他们普遍受教育程度高于他们的父辈，有自己的理想和追求，务工也不是简单意义上的挣钱；还有一部分新市民传递出了对移入城市方言、新词语的知晓和使用愿望；有很少一部分新市民表达出了能顺畅将文字输入手机中的愿望，这一部分新市民年龄相对较大、受教育程度较低。

一　共性需求

1. 对普通话的认识是共识

　　调查显示，这一群体对普通话的需求很明确，几乎百分之百的新市民表示普通话对日常生活和工作都有影响，他们也会自主地学习和获取普通话，会说普通话，说好普通话，甚至讲标准的普通话是很多新市民的愿望。下面的调查案例摘录了调查对象关于普通话对其生活和工作影响的谈话内容。

案例一　王××，女性，工厂工人

　　"我丈夫在宁波打工，没听他说普通话怎么样，我到了宁波后，想在酒店宾馆之类的地方找个工作，但是对普通话的要求比较高，条件稍微好一点的都要求能讲普通话，没办法，我就先在一个工厂里找了个活儿。就是跟周围人说话，人家听得费劲，显得我不合群。"

案例二 张××，男性，送货工人

"才开始干这活儿，我不会当地话也讲不好普通话，有些送货地址弄不清楚，我得反复向周围人询问才能把东西送到地儿，耽误事儿。有次去药店买药，我跟售货员说了半天她也没听明白。我就慢慢学着说普通话。"

案例三 苗××，女性，工厂工人

"广州人讲普通话口音很重，如果我不会讲普通话跟这边的人交流很困难。会讲普通话让我很快融入了这个城市，我在这里交到了很多来自四面八方的朋友，也让我在工作中少了很多麻烦，能很好地跟同事进行沟通，我现在已经从一个普通的工人变成了一个小组长。"

类似的案例在调查中十分常见，不管是有意识还是无意识状态，新市民对普通话都处于积极主动吸纳的状态。当问及你希望自己的普通话达到什么样的程度时，只是希望会说普通话能让人听懂自己说的意思占的人数较多，这些多是年龄较大、受教育程度较低、从事职业较封闭的，如建筑业、保安、保洁等职业的从业人员；还有一些希望自己能说较好的普通话，其中年纪较轻、受教育程度较高的人普遍表示出这一愿望；更有一些希望自己能说标准的普通话，如一直在服务行业从业的人员。

当问及普通话的获取途径时，大部分新市民表示主要是通过学校教育、听广播、看电视、从交流中锻炼获取；当问及是否希望参加专门的普通话培训，一部分新市民表示在不需要交钱、不会占用很多个人时间的前提下，愿意参加培训；也有一部分新市民表示不需要进行专门的普通话培训，还有一些表示有没有这样的培训无所谓。

2. 职业语言培训被普遍接受

对于职业语言培训，很多新市民都表现出了需求兴趣。当问及你希望有专门的职业语言培训吗，大部分年轻人和女性表现出很积极的态度，这和年轻人更重视职业质量、女性更多从事服务行业的关系较大。下面的案例是从事服务行业女性对岗前培训，包括职业语言培训的想法。

案例一　林××，女性，宾馆服务员

"我普通话说得不太好，顾客有时听不懂，我也不会和人家说话，心里也想说，说了人家不爱听，感觉人家看不起我。要是能有人教教也挺好的，就是不知道能不能学会。"

案例二　李××，女性，酒店服务人员

"我们这儿不行，我有个姐妹在另一家店，人家可正规了，教你怎么叠被子、铺床啥的，还教你怎么和人说话，有的还收过小费呢。"

案例三　曲××，女性，酒店服务人员

"我刚来的时候，啥也不知道，老乡告诉点，有的还不是多愿意告诉，有时问问，不太敢多问，怕人家烦，也怕人家瞧不起，就这么干着慢慢学。后来的比我们强，有岗前培训了，挺羡慕她们的，她们比我们会说、会做。"

岗前培训对很多从业人员来说是一种直接的现实需求，他们普遍认为自己会从中受益。从职业语言培训实际开展情况看，一些新市民表示，有些语言服务类行业的用人单位没有专门的职业语言培训，甚至有的服务类行业告诫从业人员要少说话①，有的会发两本书要求自己看，但是他们一般都不会看。

---

① 访谈中有的新市民告知调查者，公司不但没有专门的语言培训，还告知他们少说话，说多了会很麻烦。

3. 对子女接受良好语言教育的需求很突出

在调查中，很多新市民谈及自己语言需求时，很自然地表达了对子女接受良好语言教育的期望。很多新市民对自己普通话、外语水平没什么要求，却希望自己的子女受到良好的普通话和外语教育等。

案例一　李××，女性，饭店服务员

"再苦再累也得让孩子多学点，不能像我们似的，让人家看不起。就是我们孩子的老师普通话也不标准……"

案例二　李××，男性，搬运工

"我不会外语，孩子会啊，在城市里苦点，孩子受的教育好啊……"

案例三　张××，男性，小工头（工地带班）

"我总玩手机，很多新词我都知道，但也有一些我不是太明白，不明白我就在百度上搜搜，现在网络这么发达。就是有一些带点外语的我有点蒙，理解不大透。将来一定让孩子学点外语，要不也是外语盲，和我们现在不会写字的差不多啊。"

二　个性需求

1. 对外语的需求更加明确、有针对性

随着我国城市化进程的加快，与国际接轨的程度愈深，对外语的需求尤其是英语的需求愈加普遍，这一点在新市民身上也得到了体现。调查中，有新市民主动谈及自己对外语的需求，下面的案例是新市民关于外语需求的谈话内容。

案例一　李××，男性，汽车修理工

"我在修车时，很多东西的说明都是外语，我挺想看懂这些东西。"

案例二　李××，女性，宾馆服务员

"我们这现在到旅游季节也老来老外，和他们交流很多时候是比划，现在会点简单的。我在学校也学过一点，都忘光了，而且也用不上。"

案例三　女性 美容师

"我给顾客做脸用的化妆品上的字都是外语，面霜和面膜很像，有一次汉字标签掉了，一个顾客告诉我看两个单词就好，她说 mask 是面膜，cream 是面霜，我就学会了，很好用的。懂点外语还是好的。"

可以看到，渴望了解的外文资料、需要服务的外国宾客、会些专业外语词汇带来的方便，传递出新市民对外语的感受越来越明确的信息。这和笔者曾经做过的调查显示有所不同，以往调查中被问及你希望会说外语吗，很少一部分农民工回答愿意，也并不确定学了能够做什么。而此次调查显示出，很多新市民对外语的需求变得有针对性了，一些从业人员能在自己的职业层面谈及自己对外语的需要。

当问及希望获得怎样的外语培训时，除了上述希望能满足工作需要外，更多的人表示没想过这样的问题；当问及如果有专门的外语培训，是否愿意参加，有外语需要的表示愿意参加，而一些年纪大的新市民表示不会参加，但有些会表达出希望自己子女能参与这样培训的愿望。

2. 对当地方言的知晓和学习需求

在调查中，还有一些新市民表现出对当地方言的知晓和学习需求。有些新市民来到语言差异较大的城市，对当地方言表现出浓厚的兴趣和知晓的愿望。下面的案例是新市民关于移入城市方言的想法。

案例一　张××，女性，打印社服务员

"我刚来广州的时候，一点都听不懂这里的话，后来时间长了，知道他们这儿的话叫白话，在这儿使用的人可多呢，我也跟着学了点，能听懂一点，对我还是有帮助的。"

案例二　王××，女性，服务员

"我刚来上海的时候，有一次在公交车上把当地人的脚踩了，那个女的瞪着眼睛骂我，我啥也听不懂，觉得很憋屈，要是像现在这样会点他们的话就好了，还能还句嘴。"

调查中也有一些在北方务工的南方人讲述了他们学说东北方言的感受，一位来沈阳的工头经常使用东北方言词汇，调查员询问其使用原因和感受时，他认为这样好和当地人接触，而且有些表达也显示出阳刚之气。

3. 对新词新语的知晓和使用也有需求

调查中，一些新市民还传递出了希望了解并能使用一些新词语的愿望，也有一些新市民能够了解并使用一些新词语，在访谈中，被调查者就称笔者为"女汉子"，而且言谈中表达了对新词语知晓的渴望。

案例一　田××，男性，大工头

"夏老师，你真是厉害，书读得这么好，是个女汉子啊……我们

被落得太远了，孩子们现在说什么我都听不懂，有时用手机看看新闻，好多词都不懂，我这没文化太吃亏啊……"

案例二　李××，男性，汽车修理工

"现在的新词太多了，听不懂啊，也跟不上啊……"

案例三　张××，男性，小工头（工地带班）

"我总玩手机，很多新词我都知道，但也有一些我不是太明白，不明白我就在百度上搜搜，现在网络这么发达。就是有一些带点外语的我有点蒙，理解不大透。将来一定让孩子学点外语，要不也是外语盲，和我们现在不会写字的差不多啊。"

4. 对文字的识别和书写也是一小部分新市民的需求

在调查研究中，研究者还发现随着手机的日益普及，很多新市民也使用短信、微信等方式进行交际，获取信息等，而一些新市民尤其是年龄大、受教育程度低的，在使用拼音输入法时对拼音和手写输入时对汉字的书写时常遇到障碍，也表达出了对拼音和汉字的书写需求。

研究者调查中接触到的几个调查对象，曾讲起自己不能顺利书写汉字，需要别人代为书写的情况。其中一个被调查者是建筑工地的工头，活干得很好，一次承担了国企的一个工程，他非常重视。在和国企项目经理等相关人员沟通过程中，他发现短信沟通的方式更好，更能满足对方的交流需求，所以，他试着使用短信沟通，而自身却无法顺利实现这一愿望，每次总是请人帮忙，他就感叹应该学学写字，老是假手于人很不方便①。还有一位被调查者，接受新事物的能力很强，

---

① 这个人是笔者亲属的工程合作伙伴，一起共事多年，曾有几次委托笔者亲属为其输入文字内容，代为发短信。但是最近笔者观察到，该人在微信上已经可以自己发图片并附上自己的感言，没有错别字。

微信出来不长时间也学着用微信，会发微信之后非常喜欢，刚开始使用语音聊天，转发别人的信息，后来发展成迫切想表达自己的想法后，文字输入对其也成了一个障碍，目前，他已经在慢慢学着记拼音。

以上分析可以看出，由农民工转化而来的新市民在语言文字方面的需求不一而足，有的新市民没有什么语言文字需求①；有的有需求，对有需求的新市民而言，上述几种需求又是多方位、多层次的，有些语言意识和需求具有普遍意义，如对普通话重要价值的认识、职业语言培训的期待和对子女接受良好语言教育的渴望；还有一些是小部分新市民需求的，如对一些外语知识、新词新语的了解，文字方面的学习等。

从新市民的角度来看，新市民需求的层次、范围、程度都不尽相同，有的需求层次高些、范围广些，希望自己的普通话说得更标准、希望自己多会一些外语、多了解一些新词新语等；有些需求层次较低，如希望自己能够会正确书写汉字等。再具体来说，如普通话的需求，被需求的程度参差不齐，有比较高的需求，普通话能力被新市民作为提升就业档次、改善自身形象的一部分，这样的农民工需要自己的普通话说得要标准、好听，用普通话表达的能力要好，这已经不仅仅停留在语言能力本身了，更上升到语言交际能力层面；而有的农民工对普通话的需求在满足工作和生活所需的层面，而从调查的情况来看，目前新市民对前者的需求很多，这和第一阶段单纯进城务工的农民工有一定区别，不想成为新市民的农民工对普通话的需求后者居多。

第三节　新市民的客观语言文字需要

上文分析的新市民的主观语言文字诉求，是一种建立在自我需求基础上的显性语言需求。事实上，除了这些显性的语言诉求之外，还

---

①　当然，也不排除有些农民工有需求但是并不能自我感知或是清晰表达出来。

有一些隐性的语言需求应该关注，这些语言需求对新市民而言有的是一种潜在的语言资源，有的是一种被动的语言适应，如充分发挥已有方言的地域价值，在城市和乡村的链接中发挥积极作用；克服融入城市过程中遇到的一些语言困境，做出一些语言调适和语言适应，改变交流方式和言语风格，摒弃已有的语言陋习，实现和城市语言氛围的良好对接等。因而，隐性语言需求更多是新市民无意识的、被动的、客观的一种语言需要。本节将就这一内容展开探讨。

（一）已有语言资源开发和利用的需要

新市民进入城市之后，语言生活会发生变化，他们将更多的注意力放在新语言技能的获取上，而对已有的语言资源，如自己的方言，客观上使用的机会逐渐减少，导致方言能力下降，而且主观上也会忽视其价值，有些人还会产生扬弃心理，认为自己的方言妨碍了自己的城市化过程，甚至要求孩子放弃学习和使用方言，认为方言没有用或是怕孩子负担重，或是怕影响普通话的学习和使用。

调查过程中显示出的情况比较复杂。从新市民的上代、自身和下代来看，具备的语言资源呈现出不同状态。笔者曾深入了解了几个新市民家庭，选择其中几个有一定代表性和特点的家庭作为个案进行展示，一个是工地工头的家庭，一个是小卖店经营者的家庭，一个是夫妻各自务工的家庭，以这三个家庭为例，分析新市民的语言资源占有情况和其中存在的问题。

家庭一

四代在一个城市生活，一位老奶奶，一对中年夫妻，中年夫妻的女儿及其女婿和一个两岁的孩子，还有中年夫妻的儿子，其中老奶奶、两岁的孩子和中年夫妻生活在一起，年轻夫妇自己单独居住，儿子读住宿高中。

老奶奶讲自己的老家话，只有中年夫妻能听懂，她的外孙女、外孙女婿及他们的孩子都听不懂她说话，周围的邻居也听不懂她说话，她基本上都是处于听的状态，而且据她女儿描述，她妈妈的话她也有些听不太懂了，有些方言词汇她也不知道什么意思了。

中年夫妻都是河南人，妻子经营小卖店，丈夫在工地务工，两人在城市里生活了十五六年了，已经购置了住房。他们彼此之间以讲家乡话为主，有时也会用普通话交流，尤其是周围有其他邻居在时。当问及他们老家话的情况时，他们自己也说，出来久了，很多老家话都不会说了，强调尤其是最近几年，主要亲戚都出来了，回家乡的时候很少了，老家话都说不太好了。

年轻的夫妻是中年夫妻的女儿和女婿，两人各自务工，丈夫打零工，妻子有时从事服务业，有时在家赋闲。妻子会说一点老家话，不太爱说，自己称老家话不好听，丈夫是黑龙江人，说东北方言，夫妻俩交谈用带有家乡味的普通话，他们的孩子由姥姥带着，说话还不太清楚。

上高中的儿子讲得一口标准的普通话，听不出太明显的地方口音，有时会使用一些东北方言词汇。曾询问这个年轻人，你会说家乡话吗？他回答说基本上不会了，能听懂一些，但也不是太懂，父母和他交流用带有老家话的普通话。

家庭二

中年夫妻，三个儿子，一个已成年，未婚，两个未成年。中年夫妻都讲四川话，丈夫经常和当地人打交道，经常使用带有口音的普通话与人交流，普通话能力好于在家的妻子；妻子经常使用家乡话，除了与丈夫交流使用外，和老家来的工友也说家乡话，普通话主要用于和小儿子以及周围的邻居交流；大儿子和二儿子一直寄养在老家，会说老家话，近几年接到城市里来，二儿子来到城市就读，普通话水平要好于大儿子，但是他们两个都不愿意在别人面前说老家话，笔者到他们家里做客，发现笔者在时他们和父母也讲普通话，笔者问及，他们说有外人在他们都会使用普通话，当问及他们对家乡话的态度时，他们俩都觉得家乡话没什么用，普通话在哪里都能用，他们的父母则感慨孩子们的心离老家越来越远了；这个家庭中最小的儿子，一直被夫妻二人带在身边，能听懂夫妻使用的大部分老家话，但是不会说，也不说，笔者问他为什么不跟着家里人学说老家话，他笑而不语。

家庭三

年轻的夫妻二人和一个七岁的孩子。妻子在酒店当服务员，丈夫做瓦匠活，七岁的孩子在他们居住地附近上学。妻子和丈夫不是来自同一个地方，因而，在这个家庭中只说普通话，尤其孩子只会说普通话，夫妻二人只有在老家来人时才说老家话。他们对家乡话没有负面情绪，但是认为孩子不会说老家话是很自然的事情，他们更关注孩子的外语教育，花钱让孩子在培训机构接受专门的外语教育。

从上述三个家庭反映出的情况看，基本上呈现出跟随子女来到城市的上代年长者只会说家乡话，普通话对他们的影响不大，他们只是生活在家庭的小范围里，语言交流范围更窄，几乎不能和孙子辈进行交流；而中年新市民具备的语言资源和语言能力较好，他们一方面能在家庭里使用家乡话，另一方面也能带有地方口音的普通话与周围人交流；而年轻的新市民，分为几种情况，有的很小跟随父母出来，基本上不会说家乡话，有的是在父母在城市扎下根之后被接出来或是投奔父母而来，或是自己到城市里打拼、闯荡居留在城市的，这样的年轻新市民也呈现出普通话能力和家乡话能力都很强的状态，但是普通话的能力要好于前面提到的中年新市民，这和他们已经接受了更好的普通话教育有很大关系，但是他们对家乡话的依恋程度比中年新市民弱，对家乡话的认同程度随着对城市生活的适应而逐渐变淡，割舍程度较严重。

从语言作为一种资源的角度看，任何一种语言能力包括语言变体的能力都是拥有者的一笔财富，对于拥有者的生存、发展、文化沿袭和传承都起着至关重要的作用；而且，上升到国家层面，语言也是一种重要的国家资源，其价值表现在社会价值、经济价值、文化价值等多个方面；从更加广泛的意义上看，语言资源也是全人类的精神财富之一。

在中国，随着改革开放的深入，工业化、现代化和信息化程度的加深，语言的经济、政治、文化等价值逐渐显露出来。但是，对于中国的很多群体而言，语言资源的价值更多处于一种客观存在、自然发挥作用的状态，并不是人们有意识选择、利用、开发的结果，农民工群体的语言资源就是这样一种存在状态。

事实上，对我们探讨的新市民群体而言，普通话在新市民的生活中扮演着不可替代的角色，也更快、更好地得到开发、利用。存在问题的是新市民具备的其他语言资源，有的是处于被隔绝和断绝的状态，有的是处于主动放弃的境地，如新市民已有的方言资源；有的是处于空白或是匮乏的状态，如新市民的外语能力、新词新语的使用能力等，而这些语言资源都是潜在的新市民身份转化的助力之一，更好地发挥该群体的自身优势。

新市民具备的方言都是其自身难得的语言资源，如能很好地加以保护、传承和利用，更能发挥新市民的自身优势。新市民具备的方言资源一方面会成为连接移出地和移入地的桥梁，发挥媒介等优势；另一方面也是和来自同一地区的人的连接纽带。如上文所举案例之一的新市民田××，借助自身的跨地域优势，联系了移入城市的投资商和他一同回老家投资建砖厂，他借助语言媒介作为中间人，使多方受益；而且，作为工头的他从家乡带出来很多工人，其中的一些人员也在同一个城市里定居下来，他们之间联系紧密、彼此照应，其中地域方言的情感链接作用不言而喻。

（二）和城市已有话语环境对接的需要

对于城市而言，城市文明建设中都会进行城市语言文明的构建，形成了相对良好的语言氛围和相对文明的民众交流方式。① 城市语言文明主要表现为语言使用的规范化、礼仪化和艺术化等。

语言使用的规范化是指在城市里已基本形成党政机关、学校、新闻单位和服务行业等各大领域讲普通话、用规范字的氛围。各城市的相关职能部门都把语言文字使用的规范化作为常抓不懈的一项内容。在城市里，如果会讲普通话，基本上不存在交流上的障碍，这一点也

---

① 城市语言文明是相对乡村而言，要好于乡村，但也不是绝对如此。本书是以普遍情况来说明问题的。

和乡村的语言氛围不同，在中国的很多乡村，如果不会也听不懂当地的方言，做一些事情时语言将会是很大的障碍。

语言使用的礼仪化是指在城市里，基本形成了一些交际礼仪。这里所说的交际礼仪，就是日常生活和各行各业人际交往的礼貌用语规约，如家庭、学校、商店、机关等交接往来中常用的"您（你）好""欢迎光临""请坐""对不起""请原谅""谢谢""麻烦您了""慢走"和"再见"等问候语、敬辞、告别语等，都是一般的礼貌用语。而且，语言的礼仪模式是多方面、多层次的，机关上下级之间、学校师生同学之间、同仁之间、服务行业人员与顾客之间、中国人与外国人之间、家庭成员之间等都有相应的礼貌语言。在城市里，上述提及的一般性礼貌用语在工作场合和公共场合经常被使用，而且市民在各种不同层面的交际中能使用相对适宜的礼貌用语和礼仪模式。

语言使用的艺术化是指在城市里也追求语言的雅化、美化和人性化等。如在城市里，可以经常看到一些城市标识语和温馨提示等，如："九河下梢，天津卫。百年历史，酿津味。高速发展，现代化。海河之水，育古今。""文明过节三字经：酒可喝，莫贪杯；钱可爱，莫受贿；读书报，莫嫌累；出门游，莫违规；接待人，莫虚伪；物惜用，莫浪费；过日子，真善美。""小草也有生命，我们要爱惜生命""来也匆匆，去请冲冲"等，这些语言形式不是仅仅停留在规范化和文明化的层面，还充分发挥语言的魅力，使整个城市变得优雅、有文化地域、有人文情怀，体现出了城市的品位。与此相对照，有些乡村的标语，就显得过于直白或是缺乏人情味，甚至有些还带有人身攻击的意味，或是带有语言暴力的倾向，如："放火烧山，牢底坐穿"（贵州施秉的标语），"武装抗税是非法行为"（河北某地的标语），"集体上访违法、越级上访可耻！"（山东省济宁市至坟上县公路旁某乡镇巨型横幅），"生男生女一个样（旁边附有李宇春的图片）"（重庆市石柱县龙沙镇的计划生育宣传画），"该扎不扎，房倒屋塌，该流不流，扒屋牵牛！"（河南某乡村的计划生育标语）。

农民工实现身份转变成为的新市民，面对已形成的这种城市语言文明氛围需要适应和调适，需要在语言上接受和经历一个城市化转变的过程。很多新市民来到城市后，在城市里买了房子，把家安在了移入地，子女也就近上了学，但是他们一开口就会让人知道他们是异乡人，而且还会受到一定程度的排斥。一方面是他们不同的地方口音让原住市民知道是移入民，有一些老市民有"排生、欺生"心理；另一方面也是新市民的一些粗俗的交谈方式和言语表达习惯，如经常讲脏话、说话粗声大气、音量过高、无所忌惮地打听别人的私事、背后对人说三道四等，让一些共同生活在城市里的其他居民感觉不舒服，采取避而远之甚至是排斥的策略。笔者所居住的楼里有一户新市民家庭，丈夫在工地干活，妻子在家里带孩子，这个妻子经常到楼下带孩子玩，也经常会在众人面前训斥孩子，声音很大，还夹杂着一些粗话，也曾有年长者规劝过这位妈妈，却没有什么作用，有时反倒加大了她对孩子的训斥力度。

对新市民而言，很多人早期的成长环境和当下生活的城市氛围存在差异，早年形成的一些固有的语言表达习惯，有一些是和整个城市语言文明氛围相抵触的，这就需要调适自己的言语表达方式，改变一些语言陋习，慢慢融入城市文明的表达氛围中。这些对于新市民而言，是城市化进程中的客观需要之一，如果不能实现和城市语言语境很好地对接，也就不能实现真正的城市化。

（三）充分发挥语言的交际功能，避免成年"自闭"

也有一些新市民来到城市之后，经常大量接触的都是家人或是老乡、亲友，很少和当地人接触，语言生活环境和生活在移出地相似，与移入地的语言环境基本隔绝，形成"城中乡"的局面。这样不利于新市民在城市中的生活，也加剧了与城市的陌生感和在城市生活的不适感。

案例一　女儿 宾馆服务员（妈妈 清洁工）

"我妈不爱和人讲话，老觉得人家瞧不起她，就喜欢和老乡说说，也老缠着我说话，感觉她挺闷的……我也希望她能试着和城里的老太太聊天，可能是聊不来吧……"

　　上述案例的情况对于早期过客式的农民工而言比较常见，因其不想在城市多逗留，只是要赚得一桶金，和城里人交流的必要性并不是很大，尤其是对于一些环境比较封闭的工作，与人交流的需求更是弱化。但是对于新市民而言情况完全不一样，在城市里长期居住，打破这种"城中乡"的生活方式是城市化过程中必须面对的问题，需要克服语言交流的障碍①，才能慢慢融入城市的大氛围里，完成真正意义上的城市化。

　　事实上，不能很好地与周围人群沟通，就会一直对周围环境保持疏离感，而这种疏离感会由于对环境的不熟悉而产生更多不适，上文列举的案例正是这样一种情况，新市民的妈妈随着孩子来到城市里，不尝试和周围人交流，在陌生的环境里寂寞感更加强烈，这样在自身苦闷的同时也给周围人增加负担，有的新市民甚至会患上抑郁症等精神疾病，新闻也曾有过这样的个案报道，新市民家庭的老人来到城市帮助年轻夫妻照顾孩子，不能融入周围人群，长期不与外人沟通，过于孤单寂寞，缺乏情感和精神上的抚慰，发生抱着孩子跳楼的惨剧。

　　因而，对于新市民而言，既然已需要长期生活在城市里，就要抱着积极融入的态度，逐步改变乡村社会多年积淀的行为和思维方式②，充分学习和利用语言这个敲门砖，发挥语言的交际功能，打开陌生环境的大门，很好地融入城市中，这也是市民化过程中新市民语言文字方面的客观需要。

第四节　新市民语言文字需求实现的意义和管理建议

　　上文分析了新市民自己能够意识到的主观语言文字诉求，和实现其真正意义上身份转变所需的一些客观语言文字需要，可以看出，新

---

　　① 关于这一点也需要社区等公共服务和职能部门等提供一些服务，帮助新市民打破在城市中的这种封闭状态，这一点将在后面进行有针对性的探讨。

　　② 这一点牵扯到乡村文化对新市民行为和思维方式的影响问题，将在"乡村文化对新市民语言城市化的羁绊"部分展开分析。

市民的这些语言文字需求与其自身的城市化和进一步的市民化息息相关。因而，如何看待和理解新市民的这些需求与我国城市化的进程乃至整个国家的发展之间的关系，以及如何采取有效方式、方法满足新市民的这些需求等问题，值得我们进一步思考和探讨。

一　新市民语言文字需求实现的现实意义

前文已经谈及，从我国的城市化进程看，经济和空间结构的变迁已经发展到一定程度，这些改变有目共睹，而社会结构层面的城镇文化与生活方式和价值观念的扩散还处于浅层发展状态，很多新市民在生活观念和科学文化素质方面的改变很小，思想观念依旧陈旧、落后，文化生活匮乏等。因而，从城市化的现阶段看，包括语言文字城市化在内的文化、精神层面的城市化的重要价值和意义越来越凸显出来，其改变对于巩固和完善已有城市化的成果，实现真正意义上的城市化，乃至对我国顺利实现现代化都具有深刻影响力。而语言文字既是文化的主要承载工具，又是文化的重要组成部分，是打开文化城市化大门的金钥匙，在文化城市化中占有举足轻重的地位。因而，满足新市民的语言文字需求，对其进行有效规划和管理是文化城市化的一部分，是实现文化城市化的必经之路。

（一）新市民语言文字需求的满足有助于提高新市民的素质

从语言文字的功能等角度看，语言文字是工具，是敲门砖，从最基础的识文断字，到较高层次的运用语言的能力，语言文字在每一个人的成长和发展中都扮演着重要的角色，发挥着不可估量的作用。新市民的语言文字需求，不论是通过自身的获取，还是通过相关职能的帮助得以满足，都将会极大地提高新市民的素质。

语言文字方面的需求得以满足和实现可以帮助新市民更好地接受新知识、新思想、新观念等。首先，以一些新市民最基础的文字识别和输入需求为例，当这些新市民能够很好地识别和书写汉字，达到能够很准确地认读、理解和运用层面，将会满足他们日益迫切的阅读和交流需要，会扩大他们的视野，让他们能自主地接受新信息，实际上是一个接受再教育的过程；再如，对一些有外语需求的新市民而言，他们外语需求的满足，在提升其专业技能层面会起到很大的推动作用。而且，一种语言也是一种视野，也会为新市民打开一片新天地，扩大他们的视域，对其的作用也会从满足工作需要，扩大到提高自身素质和修养等层面。

再者，很好地保护、运用已有语言资源，领悟其背后的文化价值、社会价值等，会更好地保护和传承文化传统，这也是新市民素质提高的表现。从语言文字的文化价值看，语言文字既是文化的载体之一，同时本身也是一种文化，从这个意义上来讲，每一种语言、每一种方言背后都是有东西的。如果新市民能够明确意识到其已有的家乡话或是在城市里学到的其他方言等都是一笔财富，需要珍视和传承，那对于提高整个国民的素质乃至文化的传承等都会有很大益处，这一点对于很多新市民而言是一种没有意识到的客观语言文字需要，需要研究者、相关职能部门的提醒和宣传，让新市民意识到保护和传承相关方言的责任和义务，以及带给下一代的影响，这一点将在下文中展开详细论述。

(二) 新市民语言文字需求的满足会优化我国的城市化过程

所谓城市化，著名的城市化学者罗西认为就是全社会人口逐步接受城市文化的过程，是人口集中的过程，也是城市人口占全社会人口比例提高的过程。城市化有三大特征，第一，人口特征。城市人口的密度和规模都应该很大，这一点许多学者和政府也都是这样认为的。第二，景观特征。城市与乡村的景观是不同的，这种区别从外表上是看得出来的。第三，文化价值观。这是城市化最为核心的内容。他认为城市化分为两个过程：人口和景观的城市化是第一个过程，而人口素质的提高和文化价值观的改变是城市化的第二个过程，只有第一个过程而没有第二个过程，那是假的城市化。①

从 1949 年新中国成立到 1978 年十一届三中全会以前，中国大陆的城市化比较缓慢，远远落后于世界城市化的速度。之后，中国进入了高速城市化的时期，主要表现在罗西所说的人口密度和规模以及景

---

① 郑也夫：《城市社会学》，中国城市出版社 2002 年版，第 107 页。

观特征的变化上，大量人口拥入城市，城市人口急剧增长，GDP 以每年 10 个百分点的速度高速增长，高于世界平均水平，高于很多国家的发展水平，代表城市景观的高楼等鳞次栉比。但在这高速发展的过程中，也显露出了很多问题，其中最突出的一个问题就是文化价值观的城市化进程滞后，使得我国的城市化过程付出了很多代价，如城市的污染问题、食品安全问题等，这些都和我们城市化进程中文化价值的城市化被忽视或是没有及时跟进有直接关系。

作为文化价值观的载体和一部分的语言城市化，其快速、合理的实现，会推动我国文化价值观的城市化，对整个文化城市化进程起到促进作用，使我国的整个城市化进程向着协调发展、稳步前进的状态迈进，而这些又在一定程度上建立在满足新市民语言文字需求之上。因而，满足和实现新市民语言文字方面的诉求和需要，会使我国的城市化进程趋于合理，优化我国的城市化进程。

（三）新市民语言文字需求的满足有助于拉动新农村的建设

在我国城市化、现代化的发展过程中，国家也同时提出了建设社会主义新农村的目标。建设社会主义新农村，是构建社会主义和谐社会的必然要求，它与解决"三农"问题相统一，城乡发展同时铺开，实现城乡共同繁荣的和谐景象。

农民是新农村建设的主体，建设社会主义新农村，一方面是经济建设，提高农民的经济收入，过上宽裕的日子；另一方面是要加强农民精神层面的建设，提高农民的素质，培养出有文化、讲文明、守法制的新型农民，这两方面都是新农村建设的核心内容。而从目前的发展情况来看，我们国家的经济建设取得很大成绩，具体到农民身上，其经济层面得到了很大改善，而反观精神层面的建设还处于建设初期或是处于匮乏的状态。因而，对于建设新农村而言，加强精神层面的建设，提高农民的素质也是迫切的现实需求。只有农民的素质提高了，才能真正实现建设社会主义新农村的目标。

而在新农村的建设过程中，新市民会起到外围拉动的作用。新市民大部分来自于农村，他们的根还在农村，回家探亲访友、祭拜先祖等活动，使他们处于在农村与城市的流动之中，是一个连接乡村和城市的纽带。而这个纽带有血缘、地缘关系做基础，使两方的人与人之间交流起来更顺畅，彼此的拉动作用更强，尤其是新市民对农村居民的带动作用更强一些。新市民在城市里接受了很多知识和信息，掌握了一技之长，提高了自身的素质，懂得了市场经济经营之道，转变了思想观念。在同老家人的接触、交流等互动中，他们的文化素质、一技之长、现代化的思想观念都在无形中对周围人进行了熏陶与渲染。而且，能在城市扎下根的新市民，往往靠着自己的勤奋、努力，积累了资本，以在外面闯荡成功的姿态回到老家，会成为一种正面示范激励留在家中的同乡奋发图强，还有的新市民也在农村置业，直接拉动新农村的建设。凡此种种，都会由于新市民和家乡父老乡亲割不断的情分，慢慢地拉动着后者的前进，也在彼此的交流中，共同缩小着城市与农村之间的差距。

二　如何开展新市民语言文字城市化的规划和管理

上文探讨了新市民语言文字市民化过程中满足其语言文字需求的意义和价值，这一部分将具体探讨如何满足和实现新市民的语言文字需求。新市民的语言文字需求，可以通过新市民自身汲取和外力帮助两种途径实现。对新市民而言，有一些他们主观层面意识到的语言文字诉求，如普通话、当地方言的学习等，他们会通过听广播、与人交流时用心学习等方式获得，而有些需求，无论是新市民主观能意识到还是意识不到的，通过新市民自身都很难满足，这就需要外力的帮助和推动，如新市民的外语需求、融入城市语言氛围需要做的一些改变等。

从目前新市民文化程度、自身修养情况和对语言文字的重视程度看，靠新市民自身关注语言文字方面的需求并加以满足和实现，不是一种有效的途径，可以说，在目前的现实情况下，新市民的语言城市化需要相关职能部门进行专门的规划和管理。下文将结合前面的调查研究，对如何开展新市民语言文字城市化的规划和管理，从总体建议和具体建议两个层面试着提出一些解决问题的方式、方法等。

（一）关于新市民语言文字城市化管理的总体建议

首先，新市民语言文字需求的整体分析显示出新市民的多种需求都应该得到相应的规划和管理。如显性诉求和隐性需要都是实现新市民语言城市化应该满足的，如果只注意到了显性的诉求，不注重隐性的客观需要，无法发挥和利用新市民已有的语言资源优势，不能更有效、更彻底地实现真正意义上的语言城市化；同时，只重视一些共性需求，对一些小众化的需求不闻不问，也无法从整体上提升新市民的素质和加深市民化程度。

其次，新市民的语言需求多样化、多层次性，决定了语言城市化进程的长期性和复杂性，因而，新市民语言文字城市化的规划和管理应该分层次、分阶段进行。先要满足一些共性需求，满足一些需求程度迫切的需求，如对职业语言培训的需求，对于很多新市民而言是一个强烈的现实需求，很多新市民将希望寄托于此，如果能很好地开展职业语言培训，对提高新市民的就业机会，乃至我们整个服务业的水平都有好处，能呈现多赢的状态。虽然我们已经开展了这项工作，但是落实程度和满足需求的程度还不够，需要相关部门再着力去解决、去优化。而对于一些需求如语言资源的保护、保存、有效开发利用等，不是短时间内能解决的，也不是政府部门能强制执行的，可以采取宣传、开展社区活动等方式慢慢渗透，属于管理的长期性工作。

最后，加强教育还是解决问题的基本和长效途径。人们常说，教育是根本大计，教育在解决很多问题方面都起到了至关重要的作用。对于新市民而言，如果他们的受教育程度得到提高，具备自己独立获取知识和信息的能力，很多语言需求方面的问题会迎刃而解，如对汉字、拼音的正确认读，顺利地实现将汉字和拼音等输入电子产品中、对新词新语的知晓和使用、对简单外文资料的识读以及和外国人简单的外语交流等。因而，加强我国国民包括知识等在内的综合素质教育，普及科学文化知识是解决很多问题的根本和长效途径。

（二）关于新市民语言文字城市化管理的一些具体建议

上文谈的总体意见，可以说是关于新市民语言文字城市化管理的一些指导思想。同样，结合已有的调查研究，要做到真正有效地对新市民语言文字需求进行规划和管理，还可以参考以下几点意见和建议。

1. 普通话的服务应重质量的提高，讲究形式的多样化、人性化

本研究的调查表明，对于早期的农民工而言，进行简单意义上的普通话培训是很有效的一种服务，满足了很多刚进城的农民工的需要。而对于在城市里逐渐扎下根和想要扎下根的新市民而言，已经是不太需要的一种服务或是满足不了新市民的更高要求了。这一点在调查中体现得比较明显，当问及有专门的普通话培训您愿意参加吗？很多新市民都表示没有时间或是不需要，但在访谈中一些新市民表示出更高的普通话需求，如要求自己的普通话说得标准、用词准确等。因而，针对新市民的普通话服务应该提高定位，不能停留在让新市民会说的层面，而应把说好普通话作为服务的重点，结合服务对象的实际情况，采取多样化、人性化的服务方式，如可以仿效汉字听写大会、汉字英雄这些比赛，也在新市民聚居的地方开展普通话标准发音比赛，可以发挥宣传、满足需求等多重效果。职能部门还可以考虑开发一些专门针对新市民学习普通话的 App，通过社区服务人员推送给新市民，并组织学习如何在手机上使用。

2. 职业语言培训应更加普及和务实

对新市民而言，目前他们获得的职业语言培训还很匮乏，而且很多用人单位不能切实落实，调查中已经反映出这一点，很多用人单位基本上是人来了就上岗，或是职业培训走过场。因而，加强职业语言培训要解决的首要问题是落实，这需要用人单位自身加强对语言服务质量的重视，同时也需要强有力的监管体制；其次，加强职业语言培训要解决的问题是培训内容的针对性和有效性问题。从目前的培训内容看，很多职业语言的培训更多的是放在强调说普通话和使用一些礼貌用语上，对于本行业内一些专业术语，规范表达，如何做到声音柔和、动听等更具体的语言运用方面的内容的培训比较少见，因而，丰富职业语言培训的内容是当务之急；而且不同行业应该根据自己的职业语言特点，拟定更有针对性的职业语言内容进行培训，而不应该只是停留在比较空泛的层面，如服务行业不分餐饮、住宿、娱乐等类别，统一培训一些基础性的礼貌语言，还不能真正发挥职业语言培训的作用；另外，随着国际化趋势的日益加速，来往于中国的外国人日

益增多，如何能用职业外语和外国人交流，满足外国来宾的需要也不是遥不可及的事情，也应纳入到语言职业培训当中来。

3. 其他

还有一些新市民的语言需求，可以由一些部门如各地语委、社区，通过做一些具体工作予以解决。如各地适度开展方言的宣讲活动，宣传方言的资源价值；加大城市语言文明的宣讲力度，引导新市民采取适宜的交流方式；整理和民生有关的新词、新语，装订成小册子，由社区下发到新市民手里等；社区采取更人性化、更有针对性的服务，关注新市民的语言交际情况，关心新市民的语言适应等问题。

第四章 农民工语言城市化过程和
影响因素分析

前面两章在实地调查研究的基础上，揭示了农民工城市化后的语言状况和市民化过程中的语言文字需求，可以看出农民工在城市化之后，语言生活发生了很多变化，有些语言能力变得日益重要起来，如普通话的能力；而有些已有的语言能力使用频率下降或是被束之高阁，如自己的老家话；还有些以前不会或是很少涉及的语言能力也闯入视野，如说外语的能力，而且在进一步的城市化后，即成为新市民，很多语言适应、语言责任也随之而来。可见，农民工语言城市化是一个动态的过程，每一阶段伴随的语言变化和产生的语言需求等不一样。

农民工语言城市化究竟是怎样一个动态过程，这一过程中有什么样的变化趋势，变化的过程分为几个阶段，语言城市化需要经历哪几个层次等，影响这个动态过程的因素有哪些，是本章要梳理和进一步探讨的内容。

第一节 农民工语言城市化的过程分析

从农民离开土地进城务工开始，其语言生活就一直处于变化过程中。这些变化包括发音的改变、词汇的丰富、语言能力的提高等，但从总体趋势上看，呈现出一个一致的变化趋势，即使用的语言变体种类得以丰富和补充，标准语变体能力得以提升；在这个整体发展趋势下，农民工的语言城市化和该群体的城市化基本一致，分为语言"工"化和"市民"化两个大的阶段，表现为"实用化、适用化"

"标准化、专业化"以及"文明化、文化化"三个不同的语言变化的深化层次。

一　一个变化趋势

首先，和农民进城务工成为农民工一致，农民工语言上也迈开了城市化的第一步。相较在乡村时，最明显的变化莫过于开始需要频繁地使用普通话这个民族共同语，不论这种普通话能力是以储备状态被激发出来，还是从零起点状态逐渐在城市里获得，一点不用普通话的格局被打破，绝大部分农民工都需要用普通话这个工具和人交流、获取工作或是相互沟通。当然，早期的农民工也有始终不使用普通话的，即便如此，他们也被浓郁的普通话氛围包围着，能够在语言上感受到冲击和震荡，这也是一种变化；还有一些对语言感悟力强的农民工，学习一些当地的方言，为其生活工作打通更便捷的渠道，在调查中，一些曾在广州、上海、东北等地打工的农民工都曾表示学会一点当地话。

随着农民工城市化进程的加深，无论是第二代农民工还是新市民的出现，在语言城市化上也进入了新的阶段。第二代农民工和转变为新市民的农民工在语言能力上要好于初期或是一般意义上的农民工，这种语言能力一方面和他们所处的国家发展不同时期有关，如第二代农民工的共同语能力更多的得益于教育的普及和国家的大力推广，也和他们自身的努力和刻意提升有很大关系，好的语言能力让他们能很好地在城市里扎下根，能够很好地和城市人交流、合作，在城市里很好地生活下去。

因而，来自不同地区，务工之前语言变体种类不同的农民工，开始城市化进程之后，无论处于城市化的哪个阶段，也无论农民工群体如何发展变化，他们在语言上变化的总体趋势是一致的，即语言变体种类发生了变化，得到不同程度的丰富和补充。

其中，语言城市化的效果集中体现在标准语变体能力的变化上，不同城市化阶段的农民工的标准语变体能力得到不同程度的提升。如在城市化初期主要表现在使用标准语变体的频率增多上，而随着在城市时间的推移，表现在使用标准语变体的熟练程度上，之后，表现在使用标准语变体的标准程度上等，这些在上文的具体调查结果分析中都有所体现。

尽管有些农民工又返回家乡，回到最初的语言环境和语言使用状态，但不是简单意义上的回归，和出来务工之前完全意义上的农民时期的语言能力、语言态度等方面有了很多不同之处，这是经历过城市化洗礼之后的回归，是变化后、丰富后、提升后的回归，也成为我们国家新时期全国性双语、多语语言环境的构成基础之一。

二　两个发展阶段

对于农民工而言，正如上文中多次谈及的那样，来到城市务工，迈开了城市化的第一步，被称为第一代农民工。这一代农民工更多的是在国家政策的引导和推动下，来城市里淘金，居留城市的愿望整体比较淡薄，当然，其中也不乏一些发展得很好，自然留在城市里的。

随着我国城市化进程的不断推进，出现了第二代农民工，这些新生代农民工和第一代农民工在很多方面表现出了差异，其中最主要的一点是有了更强烈的居留城市的意愿，正如前文在介绍新生代农民工中所述，新生代农民工居留城市愿望的比例远高于第一代农民工，而且他们在与周围比较时，更愿意和城里人相比，种种迹象都表明了他们融入城市的强烈愿望。

也正是第一代农民工中在城市打拼成功或是由于种种原因留在城市里，加之第二代农民工中想成为市民的农民工，他们共同组成了城市化中的又一新型群体——新市民，他们共同实现或是正在实现着农民工城市化的第二个阶段——"市民"化。因而，农民工城市化的过程是"农民→农民工→新市民"这样一个系列。

可以看出，从农民到市民要经过两步，中间要经历农民工的过渡阶段，而且从城市化的结果来看，有三种城市化的结果，一是仍做回农民，二是只完成第一步城市化阶段成为和停留在农民工状态，三是进一步转化为市民。这样，在我国逐渐由农民、农民工、新市民三者形成了一个由农业化向工业化过渡的连续体，如下所示：

农民　→　农民工 →　农民

农民　→　农民工 →　农民工

农民　→　农民工 →　新市民

和农民到市民的城市化阶段相匹配，农民工的语言城市化之路也要经历这样两个阶段，第一阶段是农民"工"化的语言城市化阶段，第二阶段是农民工"市民"化的语言城市化阶段。同样，对于农民工的语言城市化，和群体的身份相一致，也会产生不同的结果：如果最终成为市民，要经历完整的语言城市化的两个阶段；如果止步于农民工，那么一般只经历语言城市化的第一阶段。

对于每一个阶段而言，该群体语言城市化的内容和达到的状态不一样，语言城市化的第一阶段处于自发状态，主要用于满足工作和生活的基本需要，如在需要的公共和工作场合等，能用标准语变体讲话、让对方基本了解自己想表达的意思等；而到了语言城市化的第二阶段，有了更高、更明确的要求，不仅仅停留在语言适用的层面，还要满足生活和工作更高的需求，如追求发音吐字的清晰性、标准性，表情达意的准确性等；进一步而言，作为市民还要承担一些城市文明建设需要的语言责任和义务等，这些都对语言提出了更高的要求。而这些内容靠群体自发、自觉和自律的方式不容易实现，需要相关职能部门进行专门的规划和管理，再加之群体的理解和配合才能很好地实现。

因而，农民工语言城市化也可以分为语言"工"化阶段和语言"市民"化阶段，这两个阶段的语言城市化内容不一样，对语言能力要求的程度有着差异性和层次性，语言"工"化阶段处于语言城市化的初级阶段，而语言"市民"化处于语言城市化的中、高级阶段。这两个阶段的语言城市化可以分为三个层次，详见下文关于语言城市化"三个推进层面"的分析。

三　三个推进层面

上文的分析表明，我国农民工语言城市化的突出变化表现为语言变体种类的丰富和标准语变体能力的提高，整个过程和农民工到市民一样分为两个发展阶段，在此基础上，农民工的语言城市化还可以进一步细分为三个层面。第一层面属于初步语言城市化层面，语言为工作、交流服务，可称之为语言适用层面；第二层面属于中度语言城市化层面，语言要为在城市里生活得更好，更平等获得工作机会等服务，这一阶段追求语言的规范化、标准化，可称之为语言的标准化阶段；第三层面属于深度语言城市化层面，语言要为实现身份的真正转变，融入城市语言环境服务，可称之为语言文明化、文化化阶段。

语言城市化的初级层面，语言只要城市化到满足工作需要，能用普通话和周围不懂自己家乡话的人的交流即可，语言的工具性在这一阶段发挥着最大的价值和作用，语言的规范性、人文性等并不是追求的目标，可称之为语言适用化阶段。在农民向"工"转变的初级阶段，也是农民工发展之初，语言城市化处于这一层面。很多农民工只要会说简单的普通话，就能在城市里务工和生活，这也与农民工出现初期主要从事一些封闭性的重体力工作有很大关系，对话语沟通、语言能力等的要求不高，适用即可。

进入城市化的第二层面，语言仍然主要发挥着工具的价值，但是这个时期的农民工在主动和被动两个层面对语言有了更高的需求，说标准、规范的普通话，发音清晰准确、用词准确，使用规范的语法形式，表情达意准确、到位等成为需要的内容。城市化发展到一定阶段，服务行业从业人员的需求量与日俱增，语言沟通能力、语言实际运用能力、语言标准化程度等都成为考量一个从业人员的指标之一，这就促使进入发展新时期和成熟期的农民工市场对农民工的语言能力提出了更高要求，语言的标准化、专业化成了追求的新目标；同时，随着城市化程度的加深，有上升愿望的农民工或是已成为新市民的农民工，也开始意识到语言能力是自身能力的一种，是自身形象的一部分。这样城市化对语言的需求和语言能力的提升二者之间相互促进，共同推动语言城市化中度城市化层面的发展。语言中度城市化阶段以能运用标准的普通话并能娴熟运用职业语言为主要内容。

到了第三层面，也进入了语言城市化的最高层面，这一阶段主要是针对新市民而言的。为了成为一个真正意义上的新市民，融入城市的语言氛围中，新市民要和城市文明化建设一起实现语言的文明化、艺术化，还要担负起城市新移民的责任，对已有语言资源进行保护等，可以将这一阶段称之为语言文明化、文化化阶段。这一阶段对新市民而言是一种适应，是一种调适，也是一种重建的过程。新市民不但要摒弃掉以往在乡土社会中形成的很多不良语言习惯，如前文中提到过的公共场合的大声言语、在众人面前肆意训斥孩子、爱对别人说三道四等；同时，还要和城市语言氛围对接，也如前文论述的关于城市已形成了相对文明化、文雅化的语言氛围，新市民要融入其中，还要和原有市民一起建设更加文明、带有文化气息的城市语言环境。

因而，农民工语言城市化的三个层面分别为语言的实用化、适用化，语言的标准化、专业化和语言的文明化、文化化三种递进的层次。这三个层次之间有着大致的分界，但也没有确切的界限，三者是一个渐进的过程，有时会有重叠的部分。如从语言的实用化、适用化层次向语言的标准化、专业化演进的过程就是一个连续状态，而对于语言的标准化、专业化和语言的文明化、文化化而言，有时候是齐头并进。

总之，农民工的语言城市化过程，体现出一个总体趋势，分为两个阶段，具体表现为三个层面，每个层面的具体内容和面临的具体问题都不一样，随着我国城市化的逐步推进，语言城市化的程度也逐渐加深，第二、第三层面语言城市化的需求越来越迫切。

第二节　影响农民工语言城市化的因素分析

国家"十二五"规划中指出"要积极稳妥地推进城镇化，把符合落户条件的农业转移人口逐步转为城镇居民"，将农民工等农业转移人口变为城镇居民是城市化的走向之一，意味着农民工最终转化为市民势在必行，是大势所趋。国家"十三五"规划中进继续"推进以人为核心的新型城镇化。深化户籍制度改革，促进有能力在城镇稳定就业和生活的农业转移人口举家进城落户，并与城镇居民有同等权利和义务。实施居住证制度，努力实现基本公共服务常住人口全覆盖"。"十三五"规划又在推进户籍制度改革的基础上，明确提出农村转移人口要和城镇居民一样享有同等权利和义务。具体到语言层面，农业转移到城市的人员，不但要融入城市已有的语言氛围，实现真正意义上的市民化；同时也要承担城镇居民应承担的语言责任，为国家和城市的语言资源保护、城市语言文明建设等贡献自己的力量。

从目前语言城市化的状态来看，城市化几个层面的实现状态不容乐观，面临着不同程度的问题和挑战。就语言城市化的第一层面而言，处于基本实现的状态，绝大部分农民工都能使用熟练程度不等、水平不等的双语进行交流，但也存在一些农民工仍无法和城里人交流，在城市生活闭塞而苦闷；从语言城市化第二层面的实现情况看，目前属于实现的实践过程中，实现的程度不是很高，很多农民工做不到语言的标准化和职业化等，也在一定程度上限制了其城市化的进程；从语言城市化的第三个层面看，目前的实现程度很低，得到的重视程度不够。

从实现三个层面城市化所需的周期看，实现第一层面城市化所需的时间不用很长，而实现第二和第三层面的目标还需要较长的时间周期，这一方面和第二、第三阶段语言城市化本身实现起来需要较长时间有一定关系。同时，也受到制度和已有体系的制约，人口的大流动，对原有制度和体系形成围压态势，流动人口的需求和制度、政策之间会产生矛盾；而其他一些因素，如受教育程度等导致的素质低下、短视、观念简单等，旧有文化影响下的行为和思维方式的羁绊都会影响语言城市化的进程。

一　制度和发展之间的矛盾

农民工是我国工业化、现代化过程中的产物，是城市化发展道路与户籍制度综合作用的产物，从其产生到发展过程中的每一个阶段都深深地打上了制度的烙印。从最初户籍制度的制约，农民工身份的尴尬，到我们国家推行户籍制度改革，农民工身份的慢慢转变，每向前发展一步，都受到了户籍制度的制约。

直到今天，农民工的城市化之路都在制度的制约和松绑中慢慢前行。虽然，国家"十二五""十三五"都明确指出要积极稳妥地推进城镇化，把符合落户条件的农业转移人口逐步转为城镇居民，但仍然无法满足农民工这个庞大社会群体融入城市的需求，很多农民工仍不能很好很快地实现身份转变，尤其对第二代农民工而言，虽有成为市民的愿望强烈，却也只能徘徊在城市的边缘。

截至2014年，我国城镇人口总量占总人口的比重为55.47%，从这一数据看，我国的城市化之路还有较长的一段路要走，城镇人口的比重还有很大的上升空间。而且，从最近几年的趋势看城镇人口总数虽一直处于上升状态，但每年的增长率在一个百分点左右，增幅不大，增长速度缓慢，以2011年到2014年这几年为例，可以看出这种增长趋势，见图84。

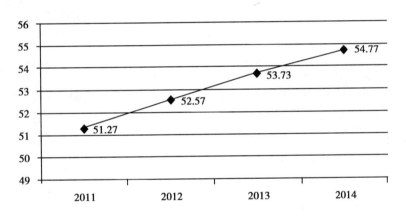

图84　2011—2014年城镇人口占总人数比重图

虽然我国城镇化人口的增长速度缓慢，但就在这样的增长速度下，很多城市的各项制度和原有体系都面临着挑战。以北京市为例，北京市自我国工业化、城镇化建设以来，吸纳了大量的外来人口，面临着外来人口引发的各种问题，要应对外来务工人员的居住、安全、就业、子女上学、社会保障等诸多方面的管理问题，而现有的一些制度、体系和设施应对这些情况十分困难，产生了很多矛盾。一方面，外来人口在城市里颇感不公平，受到各种歧视，被城市原有居民排斥，在城市中属于边缘化的群体；另一方面城市原有居民也深感外来人口带来的压迫感和城市资源被争抢的危机感。因而，在我国的城市化进程中产生了很多亟待

解决的新矛盾，这些矛盾的存在，限制和制约着农民工前进的方向。图
85 反映出北京 2014 年外来人口的数量和居住的环数，可以看出外来人
口数量巨大，给北京市带来了巨大压力，而且外来人口主要居住在北京
市五环和六环，属于北京的外环圈，这种居住地理位置在一定程度上也
反映出外来人口在城市中的融入程度。

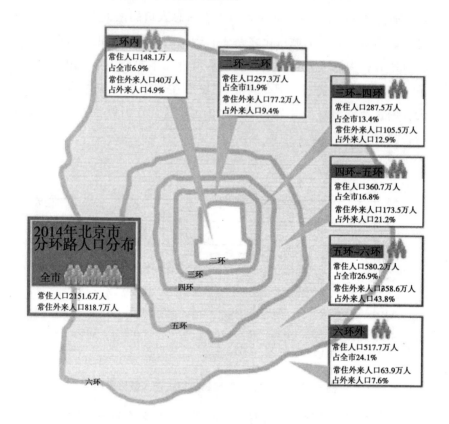

图 85　北京市人口分布示意图

上面简单分析了我国的制度和农民工的实际发展需求之间的不对
等性，二者之间产生了很多矛盾，因而，虽然国家明确提出要实现人
口城镇化，但是在很多相关制度的制定和建设等方面还处于滞后状
态，未能很好地满足现有的需求量和提供人口流动的各种配套设施
等。今后的较长一段时间，国家仍需加强、加快改变现有制度和体系
的力度、速度，制定一些带有前瞻性的规划，更加科学合理地规划我
国的城市化之路。

语言城市化是我国城市化的一部分，制约着我国城市化进程的因素同样制约着语言城市化，语言城市化属于文化城市化的内容，是我国城市化的薄弱环节，但同时也是应该予以重视的内容。现阶段推动语言城市化的相关制度和政策还属于匮乏的状态，已有的管理主要针对解决第一个阶段语言城市化的内容，而对于第二阶段和第三阶段语言城市化的指导和科学管理的政策等还未成型，十分缺乏，这必将影响语言城市化的进程。因而，完善现有制度和政策，对于语言城市化而言也是当务之需、当务之急。

二　受教育程度的制约

不论是第一代农民工、第二代农民工，还是实现身份转变的新市民，他们的受教育程度集中在初中和高中层次上，虽然他们在农村中属于学历相对较高的层面，但是来到城市后，他们在受教育程度上总体属于中等偏下的状态。而且，由于整个教育氛围和教育理念的差异，同等教育程度的农民工和城市居民在视域和理解能力、接受能力等方面也存在差异。

受教育程度的制约，农民工的城市化道路走得也很艰难。很多农民工来到城市后面临的一些问题和受教育程度有很大关系，他们中的很多人无法很好地和人沟通，把自己的想法清晰、准确地传递出来，更做不到独立看懂和理解一些和自己切身利益相关的文本如工作合同或是规章制度、法律条文等。他们更多的是靠亲属或是同一个地区的人代为联系工作、安排住处，解决遇到的纠纷和问题等，亲缘和地缘关系在他们的生活和工作中起着至关重要的作用。

教育是推动人类社会向着良性、有序发展的重要手段之一，受教育程度对人的生存和发展影响颇深。一个社会人的教育主要有家庭教育、学校教育和社会教育，对于农民工群体而言，外出务工之前，乡土生活中家庭教育和学校教育是他们教育的主要来源，而对于中国广大的农民而言，明确的家庭教育比较缺乏，也就是说，外出务工之前，农民工所受的教育主要来自于学校；来到城市之后，学校教育体现出价值、发挥了作用，包括他们在学校里受到的语言教育、知识教育等都对其与人交流、合作等起着至关重要的作用。很多人利用在学校中学得的语言能力和知识获取工作，赚得钱财，甚至帮助别人获取就业机会，成为群体中的佼佼者或是领军人物。相反，很多人的受教育程度低，又没有其他生存优势，如一技之长，只能从事低水平、辛苦的工作。

受教育的程度制约了农民工的市民化之路，一项关于《吉林省外出农民工市民化程度实证研究》报告阐明，农民工市民化实现程度与其文化程度正相关。该项研究是吉林国调总队以全省 9 个地区、19 个县市、1600 个农村住户的农民工监测调查数据为基础，结合 2014 年内开展的"市民化意愿调查"和"农民工输入地试点调查"，测算出吉林省 2013 年外出农民工市民化的实现程度为 51.9%。报告从 4 个方面对"文化程度与外出农民工市民化程度正相关"进行论证：一是从综合指标测算的情况看，大学及以上文化程度的农民工市民化程度明显领先，大学及以上文化群体实现程度为 65.4%，明显高于初高中文化程度的 51.4% 和小学及以下文化程度的 44.8%；二是从不同文化层次的外出农民工在经济支撑维度的实现程度看，大学及以上、初高中和小学及以下文化程度三个层次的农民工，该项指标的实现程度分别是 88.5%、68.1% 和 57.9%，表明文化水平的提升带动知识技能的提高，对于城市就业和提高收入水平有着积极的作用；三是不同文化层次人群的生活保障健全程度也影响着农民工市民化程度。初高中及以下人群生活保障的实现程度分别为 51.0% 和 54.3%，明显低于大学及以上文化程度农民工人群 67.1% 的水平。在购买社会保险、随迁子女教育、购置住房等方面均处于弱势地位，在平等享有社会公共服务方面面临着诸多问题，这些往往成为农民工市民化的障碍；四是不同文化群体自我认知水平差异较大。目前，吉林省农民工群体自我认知的整体水平不高，仅为 43.1%，但初中、高中以下文化程度的人群在自我认知层面的实现程度比平均水平还要低 6.6 和 0.9 个百分点。集中表现在身份认同、城市归属感和自身生活满意度等方面对于城市生活的融入尚有差距。①

---

① 《中国信息报》2014 年 12 月 22 日。

　　上面的研究用具体数据揭示出受教育程度和农民工市民化的正相关性，对于农民工市民化过程中的语言城市化，文化程度的正相关性同样适用。而且，结合我国目前语言教育现状，农民工的语言城市化之路确实需要教育甚至是教育的改革来保驾护航。对我国的语言教育而言，目前，中国的语言教育蕴含在语文教育之中，我国的语文教育从学生进入校园之后就一直伴随着学生成长。但是从语文教育的理念和教育效果看，教育理念仍然存在争议和不足，对于语文教学的实质一直处于争论状态，有的观念偏"文"，有的观念偏"言"，对于"言"的认识也不一而足，有的支持"工具性"，有的支持"人文性"，有的试图在二者之间找到平衡点。在这样的理念纷争之下，语文的教育一直处于摇摆状态甚至是各行其道，最终又都殊途同归于高考的指挥棒下。因而，语文的教学效果可想而知，也就存在了主观上教师尽管很重视，客观上学生的学习效果很不理想的问题，这种效果的不理想不是简简单单表现在考试成绩不高、厌学等方面，更深层的表现是受了很久的语文教育，受教育者仍然无法做到用准确的词语，简洁、完整的语句，清晰的逻辑表达自己的所思、所想、所愿等，也做不到文通字顺的书面语表达。

　　农民工受教育程度的制约，加之语言教育本身的问题，其语言能力可想而知。他们中的很多人都无法真正有效地发挥语言的交际功能，在他们身上凸显出我国民众语言交际能力的薄弱；同时，也受教育程度的制约，很多农民工无语言意识、无语言责任感，这表现在他们对语言能力、语言价值没有明确的感知，缺乏语言责任感，这些都将制约语言的城市化之路。因而，我国农民工的语言城市化之路要想走得顺畅，还需要加强教育，在明确而且正确的理念指导下，提升我国民众的语言交际能力和语言意识，既能达到运用和驾驭语言的能力，同时也能有较好的语言观念和语言意识，更好地指导民众和语言行为，使民众做出正确的语言选择，合理利用自身的语言资源等。

三　乡土文化的羁绊

　　关于文化有很多种阐释，涵盖的范围不一，有的将其概括为人类一切物质文明和精神文明的总和，有的只取精神层面的内容。无论怎样，正如社会学家费孝通概括的："'文化'指的是一个民族，或者群体，共有的生活方式与观念体系总称。"① 费先生的这个阐释强调了文化的民族性或说群体性，因而，文化带有群体性、集体性、共同性烙印。

乡土文化也称为传统农耕文化，正是与农民、家族、土地紧密相连，是带有土地味儿的农民生活方式和观念体系。20 世纪三四十年代，费先生在对中国社会结构的研究中，就把中国乡村的传统文化形象表述为"五谷文化"。"'五谷文化'的特点之一，是人和土之间存在着特有的亲缘关系。"即从根本上表现为"守土"。费先生认为，归根结底，中国传统农耕文明的自给自足特性与农业技术生产力的低下引发了传统乡村中农民与土地的特殊感情②。

中国传统的乡土文化是在几千年自给自足的农业基础上形成的，是一种以家族为中心、重礼治轻法治、重安居不轻易迁徙的生活方式和态度。乡土文化中的基本单位是家族，生活围绕家族展开，以家族为中心。以家族为中心的生活方式是在长期的农耕劳作中，相互帮扶、相互依赖、相互通婚，形成的一个以血缘关系和亲属关系联结成的一个团结共同体；同时，家族也是一个管理共同体，在家族中产生了种种约定俗成的戒律来约束全体族员行为的家族规范，并且此种规范以潜移默化的方式在代际中传播，经过长时间积累、沉淀而形成具有一定持久性的家庭观念。和城市生活中以家庭为单位相比，家族具有更大的约束力，同时也具有很强的保护力。在乡土社会中，生活中的大事小情，各种问题都可以在家族内部解决。而城市中形成的现代文明，是建立在工业化基础之上，脱离土地，以家庭为基本单位，依托国家的每个家庭就像是一个大机器中的小零件，势单力薄，但同时也获得了更大的活动空间，这种生活方式对个人能力的要求较高，但同时也充分发挥或是充分锻炼了个人的生存能力。

---

① 费孝通：《土地里长出来的文化》，《费孝通文集》第四卷，群言出版社 1999 年版，第 176—180 页。

② 费孝通：《乡土中国》，上海世纪出版集团、上海人民出版社 2007 年版，第 7 页。

和家族制相适应，乡土文化重礼治而不重法治，这和当今社会的法治理念不同。"依礼而治"是统治者维持农村稳定、调解人际关系的一种主要手段。在传统乡土社会中，一旦有大事小情，如婚配嫁娶、红白喜事，或是发生冲突和纠纷，往往是请家族中声望较高的长老或族长出面调解。主事人在调解中以保持原有秩序的稳定为己任，注重调解和双方利益的共赢，以达到重归于好的目的。"礼"作为一种共同行为规范和规约渗透到每一个族人的生活中，经过长期的教育、教化形成了一种内在习惯。在这样的"礼治"之下，人为的因素占主导地位，有威望者、年长者是裁决者，而且具有绝对的权威，带有浓重的"人治"色彩。这和我们当今提倡的有问题"诉诸法律"的理念针锋相对，"礼治"氛围下人们把诉诸公法看得很淡，甚至是排斥。

乡土文化是一种守望相助的文化，是一种安居乐业、故土不离的文化。乡土社会具有封闭性，以村落划界，自给自足，靠天吃饭，由于生产力水平相对低下，很少需要与外界进行物品交换或是贸易往来，形成了"鸡犬之声相闻，老死不相往来"的生活模式。这种封闭性也形成了思维的保守性的特点，一直生活于狭小范围，容易导致心胸狭窄、对外界、变动等抱有恐惧感，故土难离、害怕变动成为乡土文化带给身居其中之人的一种观念。在这样的观念浸淫之下，乡土社会中成长起来的人往往在碰上家人、族人、乡里人或熟人尚能应付自如，但见到外人或陌生人则表现为局促不安，深怀畏惧警惕之心，少言寡语，迟缓木讷。如果需要面对变动，如离开故土就会缺乏安全感，常常需要成群结伴出门，而且还是依赖小团体中的"能人"，缺乏挑战精神，不愿意尝试新鲜事物，对于新事物、新思想具有很强的抵触情绪。

农民工出来务工之前，一直生活在乡土社会中，虽然有的农民工进城前并未务农，身份不是严格意义上的农民，如第二代农民工，但是他们也同样生于农村、长于农村，乡土文化深植于他们的内心，潜移默化地影响着他们的行为模式和思维方式。当他们来到城市，开始城市化道路之后，除了制度等制约外，一直以来接受的乡土文化也使他们对城市开放、兼容并包的现代化文明产生隔阂，不容易接受和理解，外在表现为唯唯诺诺、胆小怕事、缺乏安全感，内心也对市民的生活方式和价值观念无法认同，产生心理上的疏离感，甚至是抵触情绪。

在已有乡土文化的影响下，农民工的城市化之路走得越远会越困难。农民工城市化之初的问题，如就业环境恶劣、待遇低下、各种保障体系匮乏等，随着国家大政方针的实施和跟进，很多问题逐步得到妥善解决，这些层面问题的解决，为农民工进一步城市化为新市民打下了物质基础和制度保障。但是，农民工想要深度城市化为新市民，乡土文化成为一种深层的羁绊，乡土文化与现代化、工业化的冲突将日趋明显，这些文化之间的博弈会持久绵长，决定着农民工是否能城市化为真正意义上的新市民。目前，很多农民工已经在城市里购房，长期居住，日常生活起居与市民无二，但在价值观念等方面无法和整个城市文明形成共鸣，没有认同感，旧有沿袭的乡土文化时时影响着他们的行为，在一定程度上阻碍了他们城市化的脚步。

对于农民工的语言城市化同样如此，兼有文化承载工具和文化构成部分的语言，自身需要城市化，还担负着助力新市民文化城市化的重任。而在这一过程中，农民工一直以来的乡土文化时时牵绊着其语言城市化的脚步，让新市民无法以一种开放的心态，充分发挥语言的交际功能，实现和老市民的良好沟通和良性互动；同时，也无法让新市民意识到语言城市化的必要性和重要性，无法在语言城市化的三个层面尤其是后两个规范化和文明化层面上，充分发挥自身的主观能动性。

第五章 农民工语言城市化引发的
学科和应用方面的思考

上文分析了语言城市化的过程和影响语言城市化的因素，基本上澄清了语言城市化的一个变化趋势、两步走的过程和三个发展阶段，梳理了国家制度配套相对滞后和群体本身过速发展之间的矛盾，以及教育的普及和质量，传统的乡土文化等对农民工语言城市化的影响和制约。本章将在上文分析的基础上，进一步分析农民工语言城市化过程中引发的一些问题和思考，有学科理论层面的探讨，论证了农民工的言语社区性，揭示了这一新型言语社区带给言语社区理论的新内容；也有语言应用层面的思考，如民众语言交际能力的培育和提高、方言的保护和合理利用、民众语言观念的树立等。

第一节 农民工言语社区论

本次研究中，通过对城市农民工语言使用、语言能力和语言态度三个宏观语言项目的研究，发现了该群体到了城市，开始语言城市化之后，在语言使用、语言能力的改变走向，语言态度的感知上表现出趋同性，有成为一个言语社区的可能性。因而，在前文展示和分析的基础上，这一部分探讨了农民工群体的言语社区性。

农民工言语社区性的探讨采用的论证标准，是徐大明发表的《言语社区理论》一文中提出的确定言语社区的一些原则和有效地测量指标，具体如下：

（1）"社区第一位，言语第二位。"徐文澄清了言语和社区的关系，指出社区是第一位的，语言是第二位的。语言产生于社区之中，一个言语社区不一定对应着一种语言；但是频繁的言语互动是产生和保持一种语言变体的基本条件。强调要避免按照"言语"来确定"言语社区"的谬误，就必须先确定社区，再确定社区使用的语言变体，"社区"可以由社会学的标准来确定，"言语社区"则由社会语言学的标准来确定，因而，要想研究一个言语社区，或是证明一个言语社区，首先它应该是社会学意义上的社区，或是能证明其是社会学意义上的社区。而徐文谈到的语言学标准，最主要的两个是："语言使用规范的一致性和语言态度的一致性。"

（2）语言使用规范的一致性。对于语言使用规范的一致性，徐文以新加坡华人社区为例说明，双语社区语言使用规范，是言语社区成员在语言使用方面有共同遵守的潜规则，在语言使用方面有共同的语言实践，由于新加坡华人在英语、华语、方言的使用上没有呈现出上述特征，因而新加坡华社不是一个人们表面看起来的双语社区，可能是由两个或是更多的双语社区构成的。而且徐文中提到的双言制理论指出，比较稳定的双语社会的情况是：社会通用的几种语言变体各有其适用的场合，一般可以分成用于比较高端的社会经济场所的"高变体"，和比较低端的场所的"低变体"，整个社会对此有一致的看法和一致的实践，违反这些惯例将招致非议甚至导致经济活动的失败或停止。

（3）语言态度的一致性。对于语言态度的一致性，徐文选择功利性评价、情感认同和归属感指标，测量华社成员对两种语言态度的一致性，测量的结果显示新加坡华社的态度呈分化态势，在语言评价和语言认同上没有主流趋势，因而也无法结成一个双语社区。对于语言态度的一致性达到多少才能作为衡量的标准，徐文认为语言态度的一致性目前还没有明确的精确度，但至少要有统计上明显的主流趋势。

（4）其他指标，如交际密度指标，沟通度指标等。徐文指出一个言语社区，作为一个有形可见的物质性活动范围和一个有社会心理基础的社会群体，可以由一系列定量指标的组合来限定。这些指标，除了语言使用规范和语言态度同一性指标外，还可以包括交际密度指标、沟通度指标等。①

一　农民工的言语社区性

这一部分在上述标准的基础上，论证了农民工的言语社区性，论证程序：第一，根据"社区第一性，言语第二性"的原则，城市农民工成为一个言语共同体之前，要先弄清楚农民工是不是一个社区；第二，证实农民工的语言能力和语言使用，与进城务工之前有很大不同，这是农民工形成"新"言语社区的基础；在此基础上，证实在城市农民工的语言使用有共同遵循的准则，语言态度有趋同性，这是农民工言语社区存在的依据。

（一）农民工的社区性

按照社会学的理论，社区可以分为区域性社区和非区域性社区。区域性社区主要指的是具有相对明确的地理和空间范围的社区，这种社区以共同的居住地以及对周围财产的共同使用权为基础。非区域性社区则相反，它没有明确的地理和空间范围的限定，也不以共同的居住地及对周围财产的所有权为基础。非区域性社区强调的是人们相互之间的社会互动，强调人们之间的交往和联系，以及这种交往过程中所产生的感情和情操的联结。还有人明确地把这种社区称为"精神社区"，"它只内含着为了一个共同目标而进行的合作和协调行动"，同"地点"没有关系。在这里，非区域性社区形成的基础是人们之间具有强度的互动②。

社会学者李汉林和王琦等人设计了关系强度、满意度、失范三个量表，通过对北京、上海、广州三个城市每个城市 200 个共 600 个样本的取样，检验与分析了农民工"与谁交往"和"交往、互动的基础"等问题。调查的结果显示，农民工自己认为称得上社会交往和联系的对象中，绝大部分属于农民工同质群体的成员。只有很少的一些农民工把城里的熟人和其他人算作他们与之交往和联系的对象，也就

---

① 徐大明：《言语社区理论》，《中国社会语言学》2004 年第 1 期。

② 柯兰君、李汉林主编：《都市里的村民——中国大城市的流动人口》，中央编译出版社 2001 年版。

是说在城里的农民工所信任的仍然是以血缘和地缘关系为基础的初级关系。只有当他们在制度内不得不去寻求支持和帮助的时候，才会把信任的目光投向城里的其他群体。因而，农民工交往中的强关系主要是由同质群体构成，弱关系则主要包括异质群体，在同质群体中，其关系呈现由血缘向地缘关系逐渐向外推开之势；在异质群体中，则以工具理性为标准而形成差序格局。这样，在城里的农民工需要相互交往的支持，并以此作为一种基本的满足；与此同时，他们更高层次的满足则是为了整合于城市社会，是为了更多、更融洽地和城里人打交道。李汉林等社会学者的研究，最终证实在城里的农民工按照差序格局和工具理性的结构形成和构造出来一个社会关系网络——非区域性社区，相互之间的非制度化信任是构造这种虚拟社区的基础，而关系强度则是这种社区组织与构造的一种重要方式。

（二）农民工群体的言语社区性

农民工进城务工后，语言使用和语言能力发生了群体性的变异，为形成一个全新的农民工言语共同体奠定了基础。上文多次谈到，对于农民工所拥有的普通话和家乡话，外出务工前后，两种语言变体的交际功能发生了变异，而且进城后的普通话能力，比其在家乡时有了很大提升。农民工语言使用和语言能力的改变都是一种群体性变异，在不同变量上也表现出了不同程度的差异性。[①] 因而，农民工由于进城务工，语言能力和语言使用的改变，使其已完全不同于外出务工之前在家乡时以地域为界所归属的言语社区，具备了形成一个新言语社区的潜质。

社会学者已经证实了农民工在城市里结成了一个非区域性社区，一个精神社区，而且城市农民工在语言使用和语言能力上的群体变异性，使其具备了结成一个新言语社区的可能性。下面根据语言使用和语言态度，论证在城市农民工的言语社区性。

在语言使用上，务工的农民工在不同的场合，或是面对关系不同的交谈对象时，语言选择呈现出规律性，其普通话和家乡话分工已经

---

① 详细分析见第二章和第三章的论述。

比较明确，语言使用上有潜规则制约，即越是正式的场合，越是面对一般关系或是陌生的人，选择普通话的概率越高；与此相对应，越是非正式场合，越是面对熟悉、亲近的人，选择家乡话的概率越高。

在语言态度上，在城市农民工对普通话和家乡话的态度都有主流趋势。对普通话肯定、积极的态度占主流，态势很明显，正面评价占主导地位，负面评价几乎都在20%以下；对家乡话的态度相对复杂一些，总体上看，对家乡话的态度呈现两个方向，对家乡话在情感上认同的占多数，对家乡话的地位、功能评价持否定态度的所占比重较高。

对于语言行为和语言态度的一致程度达到多少可以作为衡量成为言语社区的标准并没有定论，可以确定的一点是对于任何一个言语社区而言都不可能存在百分之百的整齐划一。社会语言学的贡献就在于发现了语言的异质有序性，这种有序是一种趋势，是一定的概率，至于很多人指出强求言语社区成员在行为和态度上完全一致，是理想化不符合语言的实际使用和存在状态，和社会语言学的理念相违背。至于一致性究竟达到多少，目前还没有统一的标准，但至少要有统计上的明显的主流趋势。笔者也认为有统计上的明显的主流趋势是一个很重要的判定依据，而且还进一步认为，对于语言行为和语言态度的要求应有所区别。语言行为是客观的，可以相对准确测量，对语言行为的趋同性要求可以相对高一些；而语言态度涉及的因素很多，是一个不容易测量的内容，对语言态度的趋同性要求应低一些，但前提不变——至少要有一个主流趋势。

因而，在社会学者证明农民工是一个精神社区的基础上，本次研究从语言学的角度，继续证实了城市农民工形成了一个新的言语社区。这个"农民工言语社区"是一个多层次的结构体，表现出了多角度的层化态势，具有独特的言语社区性，这一点在下文的"农民工言语社区的特点"中详细展开阐述。

二 农民工言语社区的特点

农民工言语社区因其群体基础的特殊性、流动性，使农民工言语社区具有了很多新的特点，如言语社区存在的社区基础是精神层面的情感链接，构成的言语社区是一种新型的"后双言制社区"，是一个强同质性和强异质性的矛盾共同体，具有短时性、变动性等。

（一）　农民工言语社区是一种新型"后双言制社区"

弗格森指出，"双言制"（Diglossia）是指"一种比较稳定的语言状况，除了这种语言的基本方言（包括一种标准语和几种地区性的标准语），还有一个非常不同的、高度规范（语法上往往更复杂）的变体。这种变体是较早时期的或另一集团的大量书面文学作品的语言，基本上要通过正式教育才能学会，用于书面语和正式谈话的场合，但这个集团的成员在日常会话中并不使用它"。弗格森的这个定义很严格，有其产生的社会历史条件，是特定历史和社会条件的产物。当社会条件变化以后，尤其是在当今世界，很难再用弗格森提出的如此严格的双言制来确定双言社区。因而，徐大明等人在其合著的《当代社会语言学》中，提出"后双言制"（Post-diglossia）的概念，这个概念保留了弗格森双言制的精髓，仍然强调语言变体的"高、低"之分，但是也考虑到了由于社会和政治形势的变化，以及教育的普及，原来泾渭分明的双语变体的象征和实际作用已经产生了交叉和混合，但是原来高低变体的相对地位仍然以一定程度的功能分化的形式表现出来。[①]

以"后双言制"理论来看，农民工共同体是一个后双言制社区。上文的研究表明，农民工使用普通话和家乡话两种语言变体，而且这两种语言变体在功能上有明确的分工，普通话一般用于工作中和同事、顾客交谈或是公共场合与人交谈时使用，家乡话主要用于和家人以及朋友交谈时使用，在这一点上，共同体成员有着很一致的实践；而且，农民工对这两种语言变体也有不一样的态度，对于"高变体"普通话，大部分共同体成员无论是在情感上还是理性上，对普通话都是持积极肯定的态度；对于"低变体"家乡话，共同体成员在情感有归属感，但在客观的社会、经济地位上并不认同。因而，农民工对

---

①　徐大明等：《当代社会语言学》，中国社会科学出版社 1997 年版，第 166—169 页。

两种语言变体的使用和态度的社会分化比较明显，是现代社会历史条件下的后双言制共同体。而且，农民工后双言制共同体还和一般的双言制言语社区模型不同，一般意义上的双言制社区模型是一个高变体对应一个低变体，一个高变体对应两到三个低变体的情况不多见，而农民工后双言制社区是一个高变体对应多个低变体。见图86。

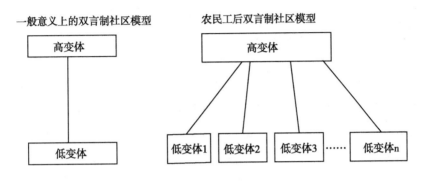

图86 双言制言语社区模型

因而，农民工双言制共同体，不仅是现代意义上新兴的后双言制社区，而且这种新兴双言制社区还是一种"新型"双言制社区，在一定程度上丰富了言语社区理论。言语社区模型从最初颇遭非议的拉氏单语社区模型，发展到双言、双语、多语社区模型，及至今天出现农民工言语社区这种一对很多的后双言制社区模型，无疑进一步丰富和补充了言语社区理论和言语社区模型。

（二）农民工言语社区成员的强同质性与强异质性

农民工言语共同体成员具有强同质性和强异质性，这两点听起来似乎矛盾，但却是农民工言语社区的特色之一。强同质性指农民工言语社区成员的社会本质相同，都是从农村来到城市，从事性质相同的职业，产生的社会历史条件相同。因而，他们是同质性很强的群体；强异质性指农民工言语社区成员来自不同的地域，操不同的语言地域变体。虽然农民以来自北方方言区的居多，但也有很多来自南方方言区的，而且即便来自同一个方言区的农民工也隶属于不同的次方言区，如东北三省的农民工和四川的农民工虽同属北方方言区，但是又分属狭义的北方方言区和西北方言区等，甚至属于同一次方言区的农民工又分属于更小的方言片。因而，在这一点上在城市农民工言语社区又具有很强的异质性。

农民工言语社区成员的强异质性，从使用者的角度支持了拉波夫等人提出的"异质有序"变异理论。拥有不同地域变体的在城市农民工，在语言使用和语言态度以及语言能力的变化方向上，表现出了如此强烈的一致性和方向性，以至可以结成一个新的言语社区，这是对语言变异理论强有力的支持。

（三）农民工言语社区的短时性

农民工言语共同体还具有短时性的特点。农民工言语社区，是中国特定历史时期下的一种产物。这种特定社会历史条件下产生的言语共同体具有短时性的特点，这和以地域和民族关系自然结成的言语社区有所不同。靠地域和民族关系结成的言语社区，社区成员比较固定，社区存在的时间较长，而农民工言语社区不是这样。农民工虽不是国内外历史上现在才有的产物，但是像中国目前出现的这样大规模的民工潮，实属前所未有，而且这种大规模的民工潮是1980年以后逐渐兴盛起来，到90年代形成蔚为大观，其历史也不过二十多年的光景，从这一点上讲，农民工言语社区的形成具有短时性。而且，从农民工的发展前景来看，这一特定历史时期的产物，在某种程度上是我国二元经济体制下的一种畸形产物，如何解决农民工的身份地位问题，已经得到了国家的密切关注，并在加紧制定、出台有关政策，同时也在探索适宜中国的社会格局。一旦上述问题得到解决，农民工言语社区将会产生分化，甚至其存在的根基会被瓦解，农民工言语社区也会随之消解，因而，从发展前景看，农民工言语社区也具有潜在的短时性。

当然，农民工言语社区还具有其他特点，如农民工言语社区成员的强流动性。农民工言语社区和以国家、民族、地域关系等结成的言语社区不一样，后者具有很强的稳固性，社区成员具有很强的稳定性，而农民工言语社区的成员具有很大的流动性，不断地会有新的成员进来，又会有旧的成员退出，但这并不影响农民工言语社区的实质，农民工言语社区的实质就是靠城市里的暂时流动人口结成的言语精神共同体。

总之，农民工实践言语社区的存在，对于言语社区理论是丰富、是补充，也是突破。农民工言语社区的存在，再次打破了言语社区地域、民族界限的局限，这一点正如非区域性社区打破传统社会学中的社区概念。言语社区一直是和民族、地域紧密联系在一起的，通常一个民族或是生活在一个地区的人就会构成一个言语社区。而农民工不是这样，他们是在我国社会大发展时期出现的新兴群体，他们来自全国各地，操不同的方言，又为了生存、生活的需要学会普通话，成为不同程度的双语人；由于他们相同的来源背景、相近的城市生活和打工经历，相近的语言变化历程，使得他们在语言行为上表现出很大的趋同性，在语言态度上也表现出很强的倾向性，这些都和以往的言语社区有所不同。城市农民工言语社区扩大了言语社区研究的范围，将言语社区研究的范围由局限在地域言语社区研究，扩大到精神言语共同体研究，是对言语社区研究的丰富和补充，实现了地域和精神两个层面的齐头并进，对深化人们对言语社区的理解有很大的促进作用。而且，这个新型农民工言语社区具有的新特点，赋予了言语社区理论很多新的实践内容，丰富和补充了言语社区理论。

第二节　底层民众面临的语言应用问题

农民工在语言城市化过程中，体现出了一些语言应用方面的问题，如我国民众的语言实际运用能力，也就是运用语言与人交际的能力整体水平不高，没有明确的语言交际能力培育和锻炼意识，对自己所拥有的语言资源不明确，不会充分发挥已有语言资源的优势，没有适应的语言观念等，这些问题值得深入思考，下文分别就这几个方面问题进行了探讨。

一　底层民众语言交际能力的培养问题

由于语言障碍和语言能力较低，很多农民工只能从事工作环境封闭、条件较差的工作。调查中很多农民工直言语言障碍是找工作的障碍之一，调查中也显示出农民工对普通话地位评价很高，对普通话的经济地位认同度最高，70%以上的农民工都认为普通话说得好就能够找到一份好工作。所以，提高农民工的语言实际运用能力，就我国目前的情况主要指普通话的实际运用能力，是改变农民工生存、生活状态的有力途径之一。

而且很多农民工在城市里都有被误解或遇到很多沟通障碍的经历，这些问题和语言表达能力不够，不能很好地诉说自己的愿望、说清楚事情的来龙去脉等有很大关系。很多农民工在正式场合叙述事情时有的是茶壶煮饺子——肚里有货倒不出来，有的是说话没有重点、答非所问等，反映出我国很多民众存在的一个普遍性问题——语言交际能力薄弱。

我国民众语言能力的教育和培育工作一直蕴含在基础语文教育之中，但是受高考和整体认识等因素的制约，语言能力的培养在语文教育中受重视和明确程度不够。以我国普通语文教育为例，对于民众"听""说""读""写"四个方面的语言能力而言，"读"（阅读、默读）的能力得到的锻炼最充分，从小学、初中到高中一直都强调和围绕这一能力开展，"写"的能力也有相关的日记、作文等内容加以训练，而"听"和"说"的能力一直处于被忽视的状态。

对于"听"的能力，普遍被认为只要智力正常的学生，这一能力在上小学之前就已经完全具备，而恰恰是这种普遍的没有被很好地反思的认识，才让我们今天越来越多地面对很多成年人不能很好地听进去和正确理解别人说的话这一问题。事实上，"听"的能力也要在基础教育阶段得到重视和有效的训练和锻炼，培养孩子能够注意力集中地听进去别人所说所讲，正确理解别人说的话的习惯极为重要。

对于"说"的这项很重要的语言交际能力之一，受到的重视程度远远不够，很少有学校设置专门的口语表达课或是给出足够的课时来完成对这一语言能力的培养。而"说"的能力在每一个民众的日常生活和工作中扮演着很重要的角色。一个人如果能很清晰地表达自己的所思所想，明确提出自己的要求和主张，别人也能很好地接受他所传递的信息，去了解、满足说话者的意图。

对于我国民众而言，目前这一能力整体处于不理想或是低下的状态，很多民众不能用准确的语句清晰说出自己的意图和愿望。对于农民工而言更是如此。虽然是农村中的佼佼者，属于农村中受教育程度较高的群体，但是受我国整体语文教育不重视"说"这一能力的影响，加之农村生活环境的闭塞，更使得这一群体的语言交际能力普遍处于低层次。很多农民工到城市里无法和城里人交流，也不能有效表达自己的诉求，思想苦闷，有时会采取一些极端如暴力手段等发泄自己的不满，造成社会的不安定。

农民工群体虽然生活在城市里，有的已经实现了身份的转变，成了新市民，但事实上仍处于城市里的村民或是孤立状态，交际范围更多限于同质群体，和城里人只是工作或是一些必要性接触，没有深度交流。社会学的调查结果显示[1]，当问及"与谁交往"时，回答和"本地城里人"的只占5.8%，当问及"在城市里遇到困难或是经济上遇到麻烦时你会找谁"时，农民工首先想去寻求的和首先能够得到的，仍然是同质群体的帮助和支持。造成在城市里仍然"城乡"分割的局面有很多原因，但是语言确实是阻碍农民工和城里人交流、沟通的很大障碍。很多农民工坦言，他们不愿意开口说话，怕自己的方音和蹩脚的普通话遭到城里人的歧视，虽然很多年轻的农民工很向往城市的生活，但是他们碰到了包括语言在内的很多束缚，这种状况不利于农民工的自身发展和我国的城市化进程。因而，提高农民工的语言能力，尤其是农民工的普通话交际能力，是城市化进程中摆在我们面前的现实问题，这个问题处理得好，对改善农民工的生存、生活状态，推动我国的城市化进程，构建和谐社会都有益处。

前面的分析表明，影响农民工语言能力的相关因素不是外出务工时间长，或是主观愿望强烈，"年龄""学习普通话的起始时间"和"受教育程度"是影响农民工语言能力的主要因素。因而，要改善和提高农民工的语言交际能力，首先，要加强普通话的推广范围，加强

---

[1]　李汉林：《关系强度与虚拟社区——农民工研究的一种视角》，李培林主编：《农民工——中国进城农民工的经济社会分析》，社会科学文献出版社2003年版，第103页。

普通话的推广力度，深入农村，从小抓起，加强学校教育是提高农民工普通话能力的根本途径。加强学校教育，主要是要加强农村教师的普通话能力，提高农村教师的普通话意识，尤其是要加强小学教师的普通话意识，提高小学教师的普通话能力。从我国农村的现状来看，农村孩子一般在农村完成小学，到附近的县城就读中学，农村小学教师的普通话能力明显要低于县镇中学教师的普通话能力，有的农村教师完全用当地话授课①。所以，要想提高农民工的普通话能力，就要加强和提高农村教师的普通话能力，将普通话的推广在农村落到实处，国家和当地政府以及各相关职能部门，如农村所属市区的语委经常组织一些推普员深入农村，宣传学习普通话的重要性，发放推普传单和手册，举办推普知识讲座，对农村教师定期开展免费普通话培训活动等。

其次，要改善和提高农民工的语言交际能力，还要加强语言"说"的能力的培养。同样，要在我国的语文教育中加强和明确"听""说""读""写"四项语言能力均衡发展的重要性，尤其是在基础教育阶段要更加重视"说"的能力的培养，让孩子从小就能用清晰的声音，准确的用词，完整的语句进行描述、叙述和讲述等，这就需要重新明确语文教育的目标，明确语言能力培养课程的设置等，也需要原有教师改变重"文（文章）"轻"言（语言）"的倾向。

总之，在农民工的城市化过程中，显现出了我国民众语言交际能力亟待提高的问题。提高我国民众的语言能力，会让很多群体受益。对农民工而言，其语言能力的提高，可以真正打破城市中的"城乡"壁垒，有助于推动我国的城市化进程，有利于我国城市化的稳步前进。而且，农民工群体本身是一个庞大的群体，近些年都徘徊在2亿人左右，在我国人口中所占比重很大，这一群体语言交际能力的改善，对我国民众整体语言能力的提高有很大裨益。

二　方言的保护和合理利用问题

新中国成立以后，为适应国家、社会发展的需要，在全国大力推

---

① 在访谈中，很多农民工都谈到他们在小学时老师一般不用普通话授课。

广普通话。我国的推普工作，从 20 世纪 50 年代至今，取得了令人瞩目的成就，普通话在我国社会生活中越来越显示出其重要作用，讲"普通话"的意识深入人心。现在，全国能使用普通话交际的人已达到 53.06%。① 但是伴随着我国推普工作的积极开展，也出现了一些新的问题，其中比较突出的是"方言保持"问题，这个问题和人们对方言的态度直接相关。

据前文农民工对普通话态度调查结果显示，国家大力宣传推广普通话，推普工作开展得积极稳妥，措施得力，人们对普通话的接受和认同程度很高，几乎没有抵触情绪，但是对家乡话的态度却显示出一些值得关注的现象。首先，影响农民工在城市里家乡话的使用主要是心理因素，因而，在某种程度上，使不使用家乡话，使用家乡话的频率等，在很大程度上是受农民工心理的支配。对自身普通话能力期望值高的在城市农民工，使用家乡话的频率明显低一些，想一直待在北京的在城市农民工家乡话的使用频率也明显的低一些，这就出现了追求和推崇普通话与保持家乡话之间的矛盾，农民工改善自身的形象、融入城市的愿望越强烈，对家乡话的扬弃行为越明显。

其次，农民工对家乡话忠诚情况调查结果显示，只有 50% 左右的在城市农民工，明确表态要其子女保持住家乡话，同时有 50% 左右的在城市农民工，对其子女保持住家乡话持"无所谓"或是"反对"的态度，这个现象令人担忧；而且调查结果还显示，对农民工家乡话使用和态度影响较大的因素是"上升"因素，即留在城市里或是挣更多的钱直接影响农民工家乡话的使用和对家乡话的态度，现实利益的驱动导致人们在语言上做出选择。

虽然国家推广普通话是为了促进交流和沟通，不是要消灭方言，但是目前很多人过度重视普通话，忽略自己的母语变体，甚至产生扬弃心理，城市农民工的调查很明显地体现出这一点。对家乡话的这种厌弃、扬弃的心理和状态，不仅限于农民工群体，其他移民、包括非

---

① 中国语言文字使用情况调查领导小组办公室编：《中国语言文字使用情况调查资料》，语文出版社 2006 年版。

移民如少数民族，都面临着普通话和方言、普通话和少数民族语言的取舍问题，都不同程度地存在放弃家乡话、本民族语言的心理和行为。上述情况已成为我国语言领域一个普遍现象，虽然我国在推广普通话的过程中，从来都没有说过要消灭方言，或是限制少数民族语言的使用，但是现实的结果是民众一边倒地选择了普通话，而忽视甚至是扬弃自己的方言或是少数民族语言。这个问题涉及民众语言观念的问题，下文第三点将就这一问题展开分析，这里只是客观描述这种现实情况。

任何一种语言、方言都有其存在的价值，是一个国家、地方、民族人连接的纽带，是一种国家、民族、地域身份的象征，是一种认同的载体，所以，不论你在哪个国家、哪个地域，听到和自己说同一种语言、发同一种乡音的人都会倍感亲切。这种曾经共同使用的语言、方言，会打破时空的限制，拉近人和人之间的距离。正如前面分析中提过，农民工往往依靠亲缘和地缘关系在城市中相互帮扶，地缘关系在农民工城市化的初期起着极为重要的作用，而随着农民工城市化程度的加深，作为地缘关系象征的方言开始随着地缘关系的淡化而被忽视，越来越多地被束之高阁，甚至被主动改造和放弃。事实上，随着农民工城市化程度的加深，直至成为新市民，方言都可以在其生活中发挥作用，正是这种带有异地特色的新移民，可以更多、更充分地利用这种自身优势，发挥语言、方言的作用和价值，成为流出地和流入地的中间人和连接者，实现多地、多方的共赢。

每一种语言、方言，都承载着很多优秀的民族、地方传统，扬弃了自己的母语变体，在某种程度上就是放弃了一种文化。这属于文化层次，也是一个要很长时间才能被真切感受到的问题，和很多有形的、物质化的遗产一样，一旦消失，便成为人类历史上不可挽回的损失。

目前，国家在大力推广普通话的同时，也应当加强群体的母语变体意识，消除人们理解上的误区，"积极推普"和"方言保持"齐头并进，应该是现阶段乃至以后更长时间里的语言文字工作的重要任务之一。而且，要想很好地保护一种语言和方言，重在"用"，要给各地方民众提供更多说方言的机会，提供更多的平台让民众能展示自己的方言，慢慢意识到方言之用、方言之美。

三　民众语言观念的树立问题

上文谈到了民众语言交际能力的培养问题，主要是要加强交际中普通话能力的培养问题，接着又谈及了方言的保护和利用问题，这二者在现实中是一对矛盾，很多人为了普通话放弃了方言，但事实上，这里牵扯的是语言观念的问题。

很多行为是和观念直接相连，观念支配行为，一个正确的认识会处理和协调好很多棘手的问题。对于农民工面临的普通话运用和方言保护的矛盾问题，如果能在语言资源观、语言技能观下去观照，得到的解读将是两者都需要、都重要，都是自身发展过程中的一种资源，一种技能，二者将不再是一对矛盾，而是可以齐头并进、互相包容的两种能力，包括一些农民工面临的外语学习的问题，都是个体语言能力的构成部分，和已有的语言能力属于共生共荣的局面。

在农民工的调查中发现，很多农民工没有明确的语言观念或是根本没有语言观念。有些农民工被问及对普通话和方言的看法，想想后会说一些，说得很少，主要是觉得普通话有用，对于方言，能明确说出来的是如果孩子还学习方言会导致学习负担重，大部分农民工没有什么具体的想法和感受，还有一部分农民工即便是被问及也没有看法。调查中笔者和调查员深切地感受到，农民工群体基本上没有语言观念。这样导致产生出完全实用主义的语言选择行为，普通话有现实价值，能在城市里很好地生活和工作，就重视、加大学习的力度，在这一点上并没有问题；但是因为离开了家乡话的语境，对家乡话产生厌弃、扬弃的心理也是实用主义选择的结果，这是一种只顾眼前、没有正确语言观念指导产生的不良倾向，尤其是不让孩子学习和掌握自己的家乡话，相当于斩断了下一代和老家的连接纽带，把地方文化彻底淹没在城市化中，这一点与我们在城市化过程中，将很多古代建筑轻率地夷为平地类似。

可以说，帮助农民工群体乃至整个国民树立正确的语言观念也尤为重要。语言在整个社会发展中属于上层建筑，又是其中一个特殊的组成部分，如何看待语言，树立什么样的语言观更是值得探讨。古往今来，语言在社会活动中扮演的角色并不是举重若轻，一个国家的语言观念正确、语言政策制定得当，会促进国家政治、经济等诸多方面的和谐和繁荣发展，这样的例子比比皆是。以色列选择古希伯来语作为共同语，极大地促进了曾散落各国、重新返回祖国的主体民族——犹太民族的团结和整个国家的稳定；新加坡的学习和推广华语运动，采取和中国普通话接轨的政策，也很好地促进了新、中两国的政治和经济合作，而且，新加坡境内的民众会很多种语言和方言，民众靠这种多语技能获得了更好的发展，也具有更广阔的视野。

语言观有很多，语言工具观、语言人文观，就目前而言，对新移民而言，适应的语言观念应该是语言资源观。语言工具观是语言的本质观，也是语言的朴素使用观，民众在实践中正是把语言当作一种工具，但是这种观念会导致有用时用、不用时丢弃的情况，对方言的扬弃正是这样一种情况；语言的人文观在某种意义上是一种语言延伸观、附加观，语言作为一种工具在被人使用过程中打上了人的烙印，承载了文化的印记，具有人文性，人文性是一个包含文化、思想等更多深层次内涵的观念，对于农民工群体乃至我国众多的人民大众而言，现阶段还不是一个很容易接受的观念。而语言资源观，把语言包括方言都看成是一种资源，和我们生活中的空气、水等具体可感的资源一样，都有着价值，一旦拥有，便可留存，可以随时发挥其功效。语言资源更加具备其他一些有形资源所不具备的特点，大脑储存的便携式，可以不受时空等的限制，因此，帮助农民工乃至我国的普通民众树立语言资源观符合时代和现实需要。

要树立明确的语言资源观，有必要对语言资源观进行一些分析和探讨。语言资源分为全人类语言资源、国家语言资源和个体语言资源，三者之间是一种包含关系，其中个体语言资源是基础。对于具体的语言使用者，其语言资源从语言类别的角度看，包括人们所拥有的语言和方言，如母语、母方言、其他语言、其他方言等；从语言本身构成角度，包括人们习得和学习的语言的各种要素、结构、规则、范畴等。而人们占有的语言资源，主要通过自身在语言使用过程中表现出的语言行为，客观具备的语言能力，主观的语言意识等方面表现出来。

从当今世界看，语言资源的重要价值日益凸显，语言资源利用、开发得当，会促进社会的和谐发展；而语言资源配置不合理，会引发很多社会问题。我国重视少数民族的语言资源，制定合理的少数民族语言政策，尊重少数民族的语言权益，为没有文字的少数民族创制文字，加强少数民族语言规范化、信息化，增强少数民族语言活力，这些政策对促进我国的安定团结，各项事业发展，构建和谐语言生活起到了重要的作用；澳大利亚充分认识到语言资源的经济价值、政治价值、社会价值和交际价值，重视境内各种语言的均衡发展，重视语言人才的培养，投入大量资金开发语言项目，这些都极大地促进了澳大利亚社会的稳定发展。相反，比利时荷兰语和法语的矛盾冲突影响了比利时的社会生活；瑞典不承认芬兰语的合法地位，引发民族矛盾冲突。

因而，重视我国基础民众、底层民众的语言观，帮助其树立正确的语言资源观，会对我国的整个社会发展都有益处。尤其我国的城市化发展到今天，经济建设已经高速发展了很多年，是时候等一等包括语言观念在内的很多精神层面城市化的发展，让后者的脚步跟上前者发展的脚步，二者步调一致，甚至是文化城市化走在前列，充分发挥指引作用，我国的城市化之路才能走得更好，引发的问题才会更少。

附录1　城市务工人员语言状况调查问卷

尊敬的朋友：

你们好！

为了解进城务工人员的语言情况，需要您的帮助。请您不要有什么顾虑，本调查只是想了解您的家乡话和普通话的一些相关情况，您回答的问题我们只是作为研究资料使用，不会用于其他目的。不要求填写您的姓名和工作单位，问卷中的答案无所谓对错，只希望您能如实回答所提问题，十分感谢你们在百忙之中的合作！

一　个人背景信息（请您在选项上打"√"）

1. 性别

（1）男　　　　　　　　　（2）女

2. 您出生在_____年

3. 您的家乡是_____省（自治区）_____市_____县/镇_____乡/村

4. 您的文化程度?

（1）没上过学　　　　　　（2）小学

（3）初中　　　　　　　　（4）高中/中专/技校

（5）大专及以上

5. 您出来打工一共多长时间了?_____年零_____月

6. 您来北京多长时间了?_____年零_____月

7. 您现在的工作?

（1）美容美发、导购人员　　（2）餐饮服务人员

（3）工厂工人　　　　　　　（4）保洁人员

（5）建筑工人　　　　　　（6）保安

（7）钟点工　　　　　　　（8）厨师

（9）小生意人（蔬菜、粮油等）（10）其他（请注明）

8. 您的收入大概在？

（1）0—500 元　　　　　　（2）501—1000 元

（3）1001—1500 元　　　　（4）1501—2000 元

（5）2000 元以上

9. 您打算在北京待多长时间？

（1）说不清　　　　　　　（2）希望一直待下去

（3）待一段时间

10. 您在北京和什么人住在一起？

（1）家人、亲戚　　　　　（2）老乡

（3）其他地方来的人　　　（4）自己单住

11. 您在北京的朋友大部分是哪里人？

（1）老乡　　　　　　　　（2）其他地方来的人

（3）北京人

12. 近期你接触（收看/阅读/收听/浏览）下列媒体的情况？请在右边您认为合适的格子内打"√"。

收看频率 汉语媒体	几乎天天	经常	有时候	很少	没有
电视					
报纸					
广播					
杂志					
互联网					

二　语言问题

13—1　您出来打工之前，在老家时用普通话与人交流的情况怎么样？

（1）听不懂 （2）能听懂，不会说

（3）会说一点 （4）基本能交流

（5）交流没问题

13—2 您出来打工之前，在老家时普通话的发音情况怎么样？

（1）很不标准 （2）不标准

（3）一般 （4）比较标准

（5）标准

13—3 您出来打工之前，在老家时对普通话的运用情况怎么样？

（1）很不熟练 （2）不熟练

（3）一般 （4）比较熟练

（5）很熟练

14. 您出来打工之前，在家乡时的语言使用情况？请在右边您认为合适的格子内打"√"。

	全部用家乡话	较多用家乡话	普通话和家乡话用得差不多	较多用普通话	全部用普通话	无此情况
和家人说话时						
和朋友闲聊时						
和老师说话时						
和同学说话时						
工作时跟一起干活的同伴交谈时						
和来买东西的人交谈时						
到邮局、储蓄所等公共场所说话时						

15. 您来北京后觉得在语言上习惯吗？

（1）很不习惯 （2）不太习惯

（3）一般 （4）比较习惯

（5）习惯

16. 您是从什么时候开始学普通话的？［请选择（1）的朋友，在后面括号的时间里再选择一个答案］

（1）出来打工之前（幼儿园、小学、初中、高中）

（2）出来打工之后

17. 您觉得学习普通话困难吗？

（1）很困难　　　　　　　　（2）有点儿困难

（3）一般　　　　　　　　　（4）比较容易

（5）很容易

18. 您喜欢说普通话吗？

（1）很不喜欢　　　　　　　（2）不喜欢

（3）无所谓　　　　　　　　（4）比较喜欢

（5）很喜欢

19—1　您现在用普通话与人交流的情况怎么样？

（1）听不懂　　　　　　　　（2）能听懂，不会说

（3）会说一点　　　　　　　（4）基本能交流

（5）交流没问题

19—2　您现在普通话的发音情况怎么样？

（1）很不标准　　　　　　　（2）不标准

（3）一般　　　　　　　　　（4）比较标准

（5）标准

19—3　您现在对普通话的运用情况怎么样？

（1）很不熟练　　　　　　　（2）不熟练

（3）一般　　　　　　　　　（4）比较熟练

（5）很熟练

20. 您希望自己的普通话达到什么程度？

（1）没什么要求　　　　　　（2）能进行一般交际就行

（3）熟练比较准确　　　　　（4）熟练很标准

21. 您在北京时，以下场合中家乡话和普通话的使用情况？请在您认为合适的格子内打"√"。

	全部用家乡话	较多用家乡话	普通话和家乡话用得差不多	较多用普通话	全部用普通话	无此情况
和家人说话时						
平时和同乡的朋友闲聊时						
工作时跟同乡的同事交谈时						
工作时跟不是同乡的同事交谈时						
和顾客交谈时						
到商场、邮局、银行等公共场所与人交谈时						

22. 您在学校读书时，大部分老师一般用什么话上课？

（1）我的家乡话　　　　　　（2）普通话

（3）他自己的家乡话

23—1　您希望您的孩子会说普通话吗？

（1）不希望会　　　　　　　（2）不太希望会

（3）无所谓　　　　　　　　（4）希望会

（5）要求他们一定会

23—2　如果您希望您的孩子会普通话，请您从下面选出一个您认为最重要的理由。

（1）和不同地域的人沟通

（2）对以后的学习、工作有很大帮助

（3）希望孩子成为城里人

（4）国家大环境影响

24—1　您希望您的孩子保持住家乡话吗？

（1）不希望保持　　　　　　（2）不太希望保持

（3）无所谓　　　　　　　　（4）希望保持

（5）一定要他们保持

24—2　如果您希望孩子保持住家乡话，请您从下面选出一个您认为最重要的理由。

（1）便于和长辈们沟通

（2）便于和其他说家乡话的人交流

（3）有利于继承和保留地方文化

（4）祖辈的遗训，如"宁卖祖宗田，不丢祖宗言"等。

24—3　如果您不希望孩子保持住家乡话，请您从下面选出一个您认为最重要的理由。

（1）没有实用价值　　　　（2）可能会被看成没有文化

（3）语言学习负担太重　　（4）政府不提倡

25. 对下面的句子，您的看法是什么？

（此题由调查员询问被调查者，"完全同意"记作5，"比较同意"记作4，"既不同意也不反对"记作3，"比较反对"记作2，"完全反对"记作1，"没什么看法"记作0。）

（1）家乡话听起来让人觉得亲切

（2）和非同乡说普通话显得友好

（3）用普通话和人交谈有一种平等的感觉

（4）方言浓重的人给人感觉受教育程度高

（5）普通话听着让人觉得亲切

（6）家乡话的社会地位高

（7）普通话说得好可以找到一份好工作

（8）家乡话听着好听，听着舒服

（9）方言浓重的人给人感觉礼貌、修养程度高

（10）普通话说得好能增加人的自信心

（11）家乡话的用处很多

（12）用普通话能够准确表达要说的意思

（13）普通话听着好听，听着舒服

（14）普通话说得好、说得标准受人尊敬

（15）和同乡说家乡话显得友好

（16）普通话说得好、说得标准给人感觉受教育程度高

（17）普通话说得好、说得标准给人感觉礼貌、修养程度高

附录2 农民工普通话水平测试问卷

录音材料（请您用普通话读下面的字、词，并用普通话说一段话）

1. 读单字40个（20分）

爸　哥　爱　婆　飞　早　后　站
陈　张　风　兄　此　日　儿　地
家　姐　秒　牛　天　亲　两　姓
但　书　瓜　快　岁　坐　乱　顺
床　红　女　月　全　云　翁　唉

2. 读词30个（30分）

村庄　　安全　　高手　　吃饭　　破灭　　河流
龙骨　　年画　　北京　　节省　　水鸟　　铁丝
奋发　　做人　　电子　　向上　　开外　　穷尽
允许　　内科　　缺少　　一半　　手指　　一家
不变　　爷爷　　晚上　　照片儿　一会儿　门口儿

3. 口语录音（50分）请您在下面谈话题目中选择一个，围绕这个题目用普通话说上一段话，三分钟左右。

谈话题目：

（1）请说说您对家乡话和普通话的看法
（2）请说说您学习普通话的感受
（3）请说说您来北京以后的感受
（4）请说说您难忘的一件事

（您也可以选择上述四个题目之外您感兴趣的话题用普通话说说，我们只是想了解您的普通话情况。）

参考文献

陈健民：《中国语言与中国社会》，广东教育出版社 1999 年版。

陈松岑：《语言变异研究》，广东教育出版社 1999 年版。

陈原：《社会语言学》，学林出版社 1983 年版。

陈章太：《二十世纪的中国社会语言学》，《二十世纪的中国语言学》，北京大学出版社 1998 年版。

戴庆厦：《语言调查教程》，商务印书馆 2013 年版。

戴庆厦等：《社会语言学概论》，商务印书馆 2004 年版。

费孝通：《土地里长出来的文化》，《费孝通文集》第四卷，群言出版社 1999 年版。

费孝通：《乡土中国》，上海人民出版社 2006 年版。

高一虹：《社会语言学通览》，外语教学与研究出版社 2001 年版。

郭熙：《中国社会语言学》，浙江大学出版社 2004 年版。

国务院研究室课题组：《中国农民工调研报告》，中国言实出版社 2006 年版。

胡明扬：《北京话初探》，商务印书馆 1999 年版。

胡明扬：《社会语言学研究论集》，北京语言大学出版社 2002 年版。

柯惠新等：《调查研究中的统计分析法》，北京广播学院出版社 1992 年版。

柯兰君、李汉林：《都市里的村民——中国大城市的流动人口》，中央编译出版社 2001 年版。

黎昕主编：《中国社区问题研究》，中国经济出版社 2007 年版。

李培林：《中国社会分层》，社会科学文献出版社 2004 年版。

李培林主编：《农民工：中国进城农民工的经济社会分析》，社会科学文献出版社 2003 年版。

李强：《农民工与中国社会分层》，社会科学文献出版社 2004 年版。

李宇明：《中国语言规划三论》，商务印书馆 2015 年版。

林焘：《北京话研究四十年概述》，《中国语文研究四十年纪念文集》，北京语言大学出版社 1993 年版。

陆学艺主编：《当代中国社会流动》，社会科学文献出版社 2004 年版。

沈立人：《中国农民工》，民主与建设出版社 2005 年版。

沈立人：《中国弱势群体》，民主与建设出版社 2005 年版。

王立：《汉语词的社会语言学研究》，商务印书馆 2003 年版。

肖金成：《改革开放以来中国的城市化进程》，《投资建设三十年回顾——投资专业论文集》，经济管理出版社 2009 年版。

谢俊英：《进城务工人员语言状况调查与分析》，《语言规划理论与实践》，语文出版社 2006 年版。

徐大明等：《当代社会语言学》，中国社会科学出版社 1997 年版。

徐大明主编：《社会语言学实验教程》，北京大学出版社 2010 年版。

徐大明主编：《语言变异与变化》，上海教育出版社 2006 年版。

游汝杰、邹嘉彦：《社会语言学教程》（第二版），复旦大学出版社 2009 年版。

赵世举主编：《语言与国家》，商务印书馆 2014 年版。

真田信治等：《社会语言学概论》，上海译文出版社 2002 年版。

郑也夫：《城市社会学》，中国城市出版社 2002 年版。

中国语言文字使用情况调查领导小组办公室：《中国语言文字使用情况调查资料》，语文出版社 2006 年版。

周庆生：《语言与人类：中华民族社会语言透视》，中央民族大学出版社 2000 年版。

祝畹瑾：《社会语言学译文集》，北京大学出版社 1985 年版。

毕海荣：《论语言共同体》，《学术交流》1998 年第 4 期。

曹志耘：《北语语言所十年述略》，《语言教学与研究》2011 年第 4 期。

曹志耘：《汉语方言研究的思考》，《山东大学学报》（哲学社会科学版）1987 年第 1 期。

曹志耘：《论语言保存》，《语言教学与研究》2009 年第 1 期。

曹志耘：《中国社会语言学大有可为——在首届社会语言学国际学术研讨会上的总结发言》，《语言教学与研究》2002 年第 6 期。

曹志耘：《中国语言资源保护工程的定位、目标与任务》，《语言文字应用》2015 年第 4 期。

陈家伍：《农民工教育培训的时代价值》，《河南农业》2014 年第 12 期。

陈建民、陈章太：《从我国语言实际出发研究社会语言学》，《语文建设》1988 年第 4 期。

陈建民、祝畹瑾：《语言的市场价值》，《语言文字应用》1992 年第 2 期。

陈建平：《社会语言学的理论基础》，《广东外语外贸大学学报》2002 年第 3 期。

陈松岑：《新加坡华人的语言态度及其对语言能力和语言使用的影响》，《语言教学与研究》1999 年第 1 期。

陈学敏：《中小城镇农民工市民化倾向调查——以 J 县农民工为例》，《陕西农业科学》2014 年第 12 期。

陈颖：《语言服务视角下城市国际语言环境建设研究》，《北华大学学报》2014 年第 6 期。

陈章太：《〈国家中长期语言文字事业改革和发展规划纲要〉与国家语言生活》，《语言文字应用》2013 年第 1 期。

陈章太：《当代中国的语言规划》，《语言文字应用》2005 年第 1 期。

陈章太：《关注中国语言生活》，《北华大学学报》2011 年第 5 期。

陈章太：《近期中国社会语言学的几个热点》，《世界汉语教学》2001 年第 1 期。

陈章太：《略论我国新时期的语言变异》，《语言教学与研究》2002 年第 6 期。

陈章太：《论语言资源》，《语言文字应用》2008 年第 1 期。

陈章太：《我国当今语言生活的变化与问题》，《中国教育报》2006 年 4 月 30 日。

陈章太：《我国的语言资源》，《郑州大学学报》2008 年第 1 期。

陈章太：《语言变异与社会及社会心理》，《语文建设》1988 年第 3 期。

陈章太：《语言资源与语言问题》，《云南师范大学学报》2009 年第 4 期。

陈章太：《再论语言生活调查》，《语言教学与研究》1999 年第 3 期。

陈章太：《中国社会语言学在发展中的问题》，《世界汉语教学》2002 年第 2 期。

程云蕾：《论我国农民工市民化现状及时代特征》，《农业经济》2015 年第 4 期。

程展：《城市化进程中亟需构建文明的城市语言》，《现代语文：语言研究版》2012 年第 10 期。

大海：《推动农民工市民化应从"知心"开始》，《昆明日报》2015 年 12 月 24 日。

戴庆厦：《中国的语言国情及语言政策》，《黔南民族师范学院学报》2015 年第 2 期。

戴庆厦、邓佑玲：《城市化：中国少数民族语言使用功能的变化》，《陕西师范大学学报》2001 年第 1 期。

戴妍、高一虹：《大学生对普通话和上海方言变语的评价》，《新乡师范高等专科学校学报》1996 年第 4 期。

戴昭铭：《世纪之交的中国社会语言学——"九五"回顾和"十五"展望》，《求是学刊》2000 年第 6 期。

丁静：《提高新生代农民工市民化能力的思考》，《郑州大学学报》2014 年第 3 期。

丁信善：《〈社会语言学〉评介》，《外语教学与研究》1990 年第 3 期。

杜香：《素质提升助力农民工的市民化》，《沈阳干部学刊》2015 年第 3 期。

付义荣：《关于农民工语言研究的回顾与反思》，《语言文字应用》2012 年第 4 期。

付义荣：《南京市语言使用情况调查及其思考》，《南京航空航天大学学报》2004 年第 3 期。

付义荣：《新生代农民工的语言使用与社会认同——兼与老一代农民工的比较分析》，《语言文字应用》2015 年第 2 期。

付义荣：《也谈人口流动与普通话普及——以安徽无为县傅村进城农民工为例》，《语言文字应用》2010 年第 2 期。

高莉琴、李丽华：《乌鲁木齐农民工语言调查研究》，《新疆大学学报》2008 年第 5 期。

高一虹等：《回归前香港、北京、广州的语言态度》，《外语教学与研究》1998 年第 2 期。

高一虹等：《英语学习与自我认同变化——对大学本科生的定量考察》，《外语教学与研究》（外国语文双月刊）2003 年第 2 期。

郭乐欣：《农村城市化中农民工的问题》，《青岛职业技术学院学报》2004 年第 2 期。

郭熙：《面向社会的社会语言学：理想与现实》，《语言文字应用》2005 年第 3 期。

郭熙：《语言规划的动因与效果——基于近百年中国语言规划实践的认识》，《新疆师范大学学报》2013 年第 1 期。

侯敏：《有关我国语言地位规划的一些思考》，《语言文字应用》2005 年第 4 期。

胡春娟：《公共图书馆：助力农民工市民化》，《图书馆论坛》2014 年第 8 期。

黄进：《本土性与再生性社会资本对农民工市民化的影响研究》，《中国劳动》2015 年第 22 期。

黄清华：《"新东方"学员英语学习动机与自我认同变化》，《中国社会语言学》2002 年第 4 期。

黄行：《我国的语言和语言群体》，《民族研究》2002 年第 1 期。

黄行：《语言识别与语言群体认同》，《民族翻译》2009 年第 2 期。

贾静：《农民工市民化渐行渐近》，《淮南日报》2015 年 10 月 3 日。

姜振华、胡鸿保：《社区概念发展的历程》，《中国青年政治学院学报》2004 年第 4 期。

雷怡安：《"成为真正的城市人"——农民工"市民化"进程调查》，《四川党的建设》（城市版）2015 年第 12 期。

李培林：《流动民工的社会网络和社会地位》，《社会学研究》1996 年第 4 期。

李培林、李炜：《近年来农民工的经济状况和社会态度》，《中国社会科学》2010 年第 1 期。

李培林、李炜：《农民工在中国转型中的经济地位和社会态度》，《社会学研究》2007 年第 3 期。

李培林、田丰：《中国新生代农民工：社会态度和行为选择》，《社会》2011 年第 3 期。

李鹏、吕欣：《关于农民工市民化进程中三大难点问题的讨论》，《中国经贸导刊》2014 年第 13 期。

李强：《中国城市贫困层问题》，《福州大学学报》（哲学社会科学版）2005 年第 1 期。

李强：《中国大陆城市农民工的职业流动》，《社会学研究》1999 年第 3 期。

李易谦、夏露露：《农民工市民化研究综述》，《智富时代》2015 年第 9 期。

李予军：《从社会语言学角度看城市化发展与语言的变迁》，《北京城市学院学报》2006 年增刊第 1 期。

李宇明：《当代中国语言生活中的问题》，《中国社会科学》2012 年第 9 期。

李宇明：《当前语言生活的热点问题》，《华夏文化论坛》2010 年第 00 期。

李宇明：《多维关注中国语言规划问题》，《中国社会科学院报》2010 年 10 月 12 日。

李宇明：《发掘语言的经济价值——〈语言产业引论〉序》，《语文建设》2014 年第 1 期。

李宇明：《关于中国语言生活的若干思考》，《北华大学学报》（社会科学版）2011 年第 5 期。

李宇明：《论语言生活的层级》，《语言教学与研究》2012 年第 5 期。

李宇明：《语言服务与语言消费》，《教育导刊》2014 年第 7 期。

李宇明：《语言资源观及中国语言普查》，《郑州大学学报》（哲学社会科学版）2008 年第 1 期。

刘博：《新生代农民工的"差异化生存"与双向社会心态》，《当代经济管理》2015 年第 9 期。

刘楚群：《当代语境下城市和谐语言生活的构建》，《城市发展研究》2013 年第 1 期。

刘凤英：《实现农民工市民化的思路与路径研究》，《河北科技师范学院学报》（社会科学版）2014 年第 4 期。

刘杰：《新生代农民工再社会化的路径机制研究综述》，《农村经济与科技》2015 年第 9 期。

刘荣:《农民工市民化意愿及其影响因素研究》,《社会工作》2015 年第 6 期。

刘娅:《城市化进程中的新市民素质提升探讨》,《现代企业教育》2014 年第 24 期。

刘玉屏:《农民工语言使用与语言态度调查——以浙江省义乌市为个案》,《农业考古》2009 年第 6 期。

刘玉屏:《农民工语言行为的社会文化解读——以浙江省义乌市为个案》,《当代修辞学》2008 年第 3 期。

刘玉屏:《农民工语言行为的社会学研究》,《求索》2010 年第 8 期。

刘玉屏:《农民工语言再社会化实证研究——以浙江省义乌市为个案》,《语言文字应用》2010 年第 2 期。

龙惠珠:《从职业背景看语言态度的分层》,《外语教学与研究》1999 年第 1 期。

吕新雨:《"民工潮"的问题意识》,《读书》2003 年第 10 期。

马芸菲:《农民工市民化不只是为了去库存》,《中国经济导报》2015 年 12 月 26 日。

毛丹:《"农民工市民化"的低目标与高目标》,《浙江社会科学》2015 年第 12 期。

毛延生、辛丹:《农民工群体语言适应研究:现状与展望》,《宁波大学学报》2014 年第 1 期。

苗艳梅:《关于社区及社区类型的研究述评》,《湖北广播电视大学学报》2000 年第 2 期。

聂洪辉:《社会学视野中的城市化新市民》,《桂海论丛》2004 年第 5 期。

宁越敏:《中国城市化的特点、问题及治理》,《南京社会科学》2012 年第 10 期。

"农民流动与乡村发展"课题组:《农民工回流与乡村发展——对山东省桓台县 10 村 737 名回乡农民工的调查》,《中国农村经济》

1999 年第 10 期。

《农民工市民化程度与文化水平正相关》，《中国信息报》2014 年 12 月 22 日第 2 版。《破除农民工市民化的制度性障碍》，《21 世纪经济报道》2015 年 12 月 16 日第 1 版。

潘青：《旧城镇化推动下的农民工市民化与新时期农民工市民化推动下的新城镇化分析研究》，《吉林省教育学院学报》（下旬）2015 年第 10 期。

彭莹：《农民工市民化滞后的危害性及其对策浅析》，《经济研究导刊》2014 年第 35 期。

浦东新区语言政策和语文生活研究课题组：《上海浦东新区普通话使用状况和语言观念的调查》，《语言文字应用》1996 年第 3 期。

屈哨兵：《城市化进程中的方言习用和国家认同》，《语言战略研究》2016 年第 2 期。

阮畅：《语言变异研究综述》，《唐山学院学报》2003 年第 1 期。

邵志洪：《语义变异与语用变异》，《四川外语学院学报》1999 年第 3 期。

沈依青：《语言态度初探》，《清华大学学报》（哲学社会科学版）1997 年第 2 期。

史加辉：《论城市文化建设中的语言参与》，《新闻爱好者》2009 年第 4 期。

宋国恺：《城乡结合部研究综述》，《甘肃社会科学》2004 年第 2 期。

苏金智：《国内外语言使用情况调查概述》，《语言文字应用》1999 年第 4 期。

苏金智：《中国语言文字使用情况调查中的双语双方言问题》，《语言文字应用》2002 年第 1 期。

唐琼：《研究农民工城市融入的三个维度》，《绵阳师范学院学报》2014 年第 6 期。

唐运良：《农村学校推广普通话之我见》，《基础教育研究》2005

年第 8 期。

滕丽娟、徐佩文：《新生代农民工城市社会认同及影响因素探析》，《大连教育学院学报》2015 年第 2 期。

田田：《我国城镇化进程中农民工市民化研究》，《天中学刊》2015 年第 3 期。

王超：《我国城市化进程中农民工市民化研究》，《西北民族大学学报》（哲学社会科学版）2014 年第 2 期。

王春光：《农民工的社会流动和社会地位的变化》，《江苏行政学院学报》2003 年第 4 期。

王得杏：《社会语言学的诸领域》，《外语教学与研究》1985 年第 3 期。

王桂新、胡健：《城市农民工社会保障与市民化意愿》，《人口学刊》2015 年第 6 期。

王静：《"四元一体"的新生代农民工教育培训研究——以宁波市为例》，《科技展望》2015 年第 21 期。

王立岩：《农民工市民化意愿影响因素研究》，《城市》2014 年第 7 期。

王玲：《农民工语言认同与语言使用的关系及机制分析》，《北华大学学报》2010 年第 3 期。

王玲：《言语社区内的语言认同与语言使用——以厦门、南京、阜阳三个"言语社区"为例》，《南京社会科学》2009 年第 2 期。

王玲：《语言生活中的弱势群体——概念、界定和原因分析》，《外语研究》2013 年第 1 期。

王玲、刘艳秋：《城市语言环境变化与城市语言冲突事件》，《安徽师范大学学报》（人文社会科学版）2013 年第 5 期。

王秋歌：《新时期农民工教育培训探究》，《中国成人教育》2015 年第 1 期。

王远新：《河北省抚宁县朝鲜族村的语言使用状况和双语教学》，《民族教育研究》2004 年第 6 期。

王远新：《论我国少数民族语言态度的几个问题》，《满语研究》1999 年第 1 期。

王远新：《社会语言学的语言观和方法论》，《中央民族大学学报》2005 年第 2 期。

王竹林：《农民工市民化目标设计与路径探析》，《商业研究》2010 年第 4 期。

魏后凯等：《农民工市民化现状报告》，《中国经济周刊》2014 年第 9 期。

邬美丽：《语言态度研究述评》，《满语研究》2005 年第 2 期。

吴萌：《我国农民工市民化现状分析与对策研究》，《科技创新与生产力》2014 年第 3 期。

吴学安：《城镇化离不开农民工市民化》，《经济日报》2015 年 12 月 2 日第 13 版。

夏建中：《现代西方城市社区研究的主要理论与方法》，《燕山大学学报》2000 年第 2 期。

夏历：《"言语社区"理论的新思考——以在京农民工言语共同体为例》，《语言教学与研究》2009 年第 5 期。

夏历：《城市农民工语言态度调查研究》，《社会科学学战线》2012 年第 1 期。

夏历：《城市农民工语言学习研究》，《修辞学习》2007 年第 5 期。

夏历：《农民工市民化过程中的语言文字需求调查研究》，《社会科学辑刊》2015 年第 6 期。

夏历：《农民工言语社区探索研究》，《语言文字应用》2007 年第 1 期。

肖建安：《论语言的变化与变异规律》，《北华大学学报》2000 年第 2 期。

肖萍、兰玉英：《成年人学习普通话研究》，《西南民族大学学报》2005 年第 2 期。

谢建社等：《社会变迁下的中国"农民工"》，《求实》2004 年第 5 期。

谢俊英：《城市化进程中的农民工语言问题》，《云南师范大学学报》2011 年第 3 期。

谢晓明：《关注农民工的语言生活状况》，《江汉大学学报》2006 年第 4 期。

邢振江、刘太刚、史娟：《城镇化进程中农民工市民化问题探析》，《商业经济研究》2015 年第 30 期。

徐爱东、吴国锋：《农业转移人口市民化微观决策机制研究》，《西部论坛》2015 年第 3 期。

徐大明：《言语社区理论》，《中国社会语言学》2004 年第 1 期。

徐大明：《语言资源管理规划及语言资源议题》，《郑州大学学报》2008 年第 1 期。

徐大明：《中国社会语言学的新发展》，《南京社会科学》2006 年第 2 期。

徐大明、王玲：《城市语言调查》，《浙江大学学报》2010 年第 6 期。

徐建华：《新常态下新生代农民工市民化的主要路径》，《中共青岛市委党校青岛行政学院学报》2015 年第 5 期。

徐琦：《社区的概念与理论起源》，《运城学院学报》2005 年第 1 期。

许松：《农民工市民化的现实路径——稳定就业是关键》，《中国就业》2015 年第 1 期。

杨超：《西方社区建设的理论与实践》，《求实》2000 年第 12 期。

杨晋毅：《试论中国新兴工业区语言状态研究》，《语言文字应用》1999 年第 1 期。

杨晋毅：《中国城市语言的若干思考》，《中国社会语言学》2004 年第 1 期。

杨晋毅：《中国新兴工业区语言状态研究（中原区）（上）》，《语言研究》2002 年第 1 期。

杨晋毅：《中国新兴工业区语言状态研究（中原区）（下）》，《语言研究》2002 年第 2 期。

杨铃：《四川方言区在校学生的语言态度分析》，《西南民族学院学报》（哲学社会科学版）2001 年第 4 期。

杨萍、王小川：《农民工市民化：理论解析、现实困境与理性选择》，《云南农业大学学报》（社会科学）2015 年第 5 期。

杨天荣、杨国玉：《农村转移人口市民化意愿与行为选择研究》，《经济问题》2015 年第 10 期。

杨永林：《社会语言学四十年》，《外语教学与研究》2001 年第 6 期

展灿灿：《新生代农民工市民化的"公共性"缺失》，《长沙民政职业技术学院学报》2014 年第 2 期。

张红燕、张迈曾：《言语社区理论综述》，《中国社会语言学》2005 年第 1 期。

张辉：《语言变异的本质与制约》，《福建外语》2000 年第 2 期。

张建强：《"地方普通话"研究刍议》，《广西社会科学》2005 年第 7 期。

张迈曾、郑荣萱：《社会语言学变异研究的若干问题》，《大连外国语学院学报》1999 年第 1 期。

张伟宾：《农民工市民化，步子可以再快一些》，《农民日报》2015 年 5 月 13 日。

张先亮、陈菲艳：《城市化进程中的语言和谐》，《浙江社会科学》2012 年第 3 期。

张玉鹏：《新生代农民工"半市民化"的困境分析》，《农业经济》2014 年第 12 期。

赵蓉晖：《最近十年的中国社会语言学》，《新疆大学学报》2005 年第 3 期。

赵振宇、杜红琴：《农民工进城动因及对城市就业影响实证分

析》，《华北电力大学学报》2002 年第 4 期。

甄月桥等：《新生代农民工心理健康状况及群体差异分析——以杭州为例》，《中国劳动》2015 年第 22 期。

郑峰、陈学云：《基于供求分析的农民工市民化》，《滁州学院学报》2014 年第 1 期。

郑海翠、张迈曾：《言语社区理论研究的发展》，《中国社会语言学》2004 年第 2 期。

周大鸣：《外来工与"二元社区"——珠江三角洲的考察》，《中山大学学报》（社会科学版）2000 年第 2 期。

周大鸣：《中国农民工的流动——农民工输入地与输出地的比较》，《广东青年干部学院学报》1999 年第 4 期。

周大鸣、孙箫韵：《农民工"转工"研究——企业农民工流动研究之二》，《思想战线》2010 年第 1 期。

周大鸣、杨小柳：《从农民工到城市新移民：一个概念、一种思路》，《中山大学学报》（社会科学版）2014 年第 5 期。

周庆生：《西方社会语言学面面观》，《语言文字应用》1999 年第 2 期。

周庆生：《语言规划发展及微观语言规划》，《北华大学学报》（社会科学版）2010 年第 6 期。

周庆生：《中国社会语言学研究述略》，《语言文字应用》2010 年第 4 期。

周盈：《促进农民工市民化方能让农民工不再早退》，《中国就业》2014 年第 12 期。

周运清、刘莫鲜：《都市农民的二次分化与社会分层研究》，《中南民族学院学报》（人文社会科学版）2003 年第 1 期。

周运清、王培刚：《农民工进城方式选择及职业流动特点研究》，《福建论坛》（经济社会版）2002 年第 6 期。

朱婧：《"社区"解读》，《社科纵横》2005 年第 5 期。

朱力：《准市民的身份定位》，《南京大学学报》2000 年第 6 期。

庄玮等:《农民工市民化水平影响因素分析——基于新疆的实证调查》,《调研世界》2015 年第 7 期。

程姝:《城市化进程中农民工市民化问题研究》,博士学位论文,东北农业大学,2013 年。

郭凤岚:《宣化方言变异与变化研究北京》,博士学位论文,北京语言文化大学,2005 年。

邱永明:《新市民文明行为及教育研究》,硕士学位论文,华东师范大学,2010 年。

任占弟:《和谐社会建构中的新市民培育》,硕士学位论文,南京师范大学,2007 年。

尹鸽:《撤村建居社区新市民群体的边缘化研究——以浙江金华 D 社区为个案》,硕士学位论文,浙江师范大学,2010 年。

Florian Coulmas, *The Handbook of Sociolinguistics*, Foreign language Teaching and Research Press, 2001.

M. A. K. Halliday, *Language as Socia Semiotic*: *The Social Interpretation of Language and Meaning*, Foreign language Teaching and Research Press, 2001.

Peter L. Patrick The Speech Community (第三届城市语言调查学术研讨会提交论), This article will appear in JKChambers, Ptrudgill & Schilling-Estes (eds.), Handbook of language variation and change. Oxford: Blackwell.

Ronald Wardhaugh, *An Introduction to Sociolinguistics*, Foreign language Teaching and Research Press, 2000.

Darrin Hicks, The New Citizen, *Quarterly Journal of Speech*, 2007.

Lennart, New Citizens for a New Society, International Review of Education/Internationale Zeitschrift für Erziehungswissenschaft/Revue internationale l'éducation, 1990.

Tito Boeri, New Citizens, Old Borders, *Finance & Development*, 2004.

Agnieszka Bron, From an immigrant to a citizen: language as a hindrance or a key to citizenship, *International Journal of Lifelong Education*, 2003.

Langston, Emily. Producing the ideal national citizen: an analysis of language, power and the individual in New Order Indonesia /Emily Langston, Centre of Southeast Asian Studies, *Monash Asia Institute*, Monash University, 2001.

Ernest, New Languages for the New Asia, *The Modern Language Journal*, 1951.

Shibao Guo, Immigrants as active citizens: exploring the volunteering experience of Chinese immigrants in Vancouver, Globalisation, Societies and Education, 2014.

Alexander Kiderman, Yehudit Brawer-Ostrovsky, Michael. A Weingarten. Medical cultures in collision, *European Journal of General Practice*, 1995.

Andrew M. Lindner; Emma Connell; Erin Meyer, Professional journalists in "citizen" journalism, *Information Communication & Society*, 2015.

Annemarie Iddins, Debating Darija: Telquel and language politics in modern Morocco, *Media Culture & Society*, 2015.

Weiwei Huo; JinLian Luo; Kwok Leung Tam, Idiosyncratic deals and good citizens in China: the role of traditionality for recipients and their co-workers, *The International Journal of Human Resource Management*, 2014.

后　记

忙碌中偶感时光流转，青春年华易逝，曾闪过举行个郑重其事的青春告别仪式的念头。当将陆陆续续的调查研究整理成册，自己研究的阶段性成果即将面世的时候，已然明白这是青春留给我的最好印记。

2004 年跨入中国传媒大学的大门，师从陈章太先生，开始了攻读博士学位之路。这条路需要勤奋但并不难走，回想起来都是满满的充实。报考之时已经开始思考今后的科研方向，那时选定了农民工群体，成为延续至今的研究对象。入学后，在陈先生的指导下，几经思考和论证，确立了农民工的语言状况为主要研究内容，选定北京市作为调查点，历经预调查、正式调查等实证过程，2007 年在调查结果分析的基础上完成了博士论文。

毕业之后，来到沈阳师范大学文学院任教，研究工作延续着，又先后对南京和沈阳等地进行了调查，并关注着该群体的发展变化。持续关注中注意到了一些农民工开始二次身份转化，慢慢转变为"新市民"。因而，将该群体"工"化阶段的语言状况和"市民"化阶段的语言文字需求结合在一起，初步构架起农民工语言城市化的脉络，概括出了"一个变化趋势""两个发展阶段""三个推进层次"的城市化模式，对自己这些年研究进行了阶段性的概括和提炼，是以成为此书。

时至今日，从 2004 年算起已经过了 12 个年头，不敢称这份成果是十年磨一剑，只是对于一个问题的研究一直持续着，希望能给恩师、给每一位给予我学养的前辈的一份回报，给自己的一个交代。

最后的感慨是感谢和汗颜。一路走来，太多的学者给了我给养，太多的学生给了我支持，家人也是我前进的动力，只能在这里笼统地说一声谢谢！同时，也深知自己的研究中有很多不足之处，常常为之汗颜。因此，时时告诫自己，不要停下学习的脚步，要不断地成长。

夏　历

2016 年 9 月 29 日

书于沈阳五彩阳光城家中